电网数字化转型中的网络与信息系统供应链安全策略研究

主　编　郝福忠
副主编　杨宇方　张伟剑　狄立　吴嘉婧

·广州·

版权所有　翻印必究

图书在版编目（CIP）数据

电网数字化转型中的网络与信息系统供应链安全策略研究 / 郝福忠主编；杨宇方等副主编 . -- 广州：中山大学出版社，2024.9. -- ISBN 978-7-306-08182-7

Ⅰ . F426.61-39

中国国家版本馆 CIP 数据核字第 20241AM235 号

DIANWANG SHUZIHUA ZHUANXING ZHONG DE WANGLUO YU XINXI XITONG GONGYINGLIAN
ANQUAN CELÜE YANJIU

出 版 人：	王天琪
策划编辑：	曾育林
责任编辑：	曾育林
封面设计：	曾　斌
责任校对：	杨曼琪
责任技编：	靳晓虹
出版发行：	中山大学出版社
电　　话：	编辑部 020 - 84113349，84110776，84111997，84110779
	发行部 020 - 84111998，84111981，84111160
地　　址：	广州市新港西路 135 号
邮　　编：	510275　传　真：020 - 84036565
网　　址：	http://www.zsup.com.cn　E-mail：zdcbs@ mail.sysu.edu.cn
印 刷 者：	广东虎彩云印刷有限公司
规　　格：	787mm×1092mm　1/16　17 印张　323 千字
版次印次：	2024 年 9 月第 1 版　2024 年 9 月第 1 次印刷
定　　价：	68.00 元

如发现本书因印装质量影响阅读，请与出版社发行部联系调换

编委会

主 编：郝福忠
副主编：杨宇方　张伟剑　狄　立　吴嘉婧
委 员：党芳芳　董铭浩　徐春明　闫丽景
　　　　董奥冬　刘　晗　李　帅　魏　云

作者简介

郝福忠：男，高级工程师，硕士/博士，国网河南省电力公司数字化部主任，长期从事电力行业数字化、网络安全、人工智能等领域的研究。

杨宇方：男，高级工程师，硕士，国网河南省电力公司数字化部副主任，长期从事电力行业数字化、网络安全、能源大数据等领域的研究。

张伟剑：男，高级工程师，学士，国网河南省电力公司数字化部安全技术处处长，长期从事电力行业网络安全、人工智能等领域的研究。

狄　立：男，高级工程师，硕士，国网河南省电力公司数字化部安全技术处专责，长期从事电力行业网络安全、区块链等领域的研究。

吴嘉婧：女，中山大学软件工程学院副教授，博士，主要研究方向为电力行业网络安全、区块链等。

党芳芳：女，高级工程师，硕士，国网河南信通公司网络安全中心主任，长期从事网络安全专业管理、技防措施优化及网络安全技术研究工作。

董铭浩：男，助理工程师，学士，国网确山县供电公司网络安全专责，从事网络安全技防体系、网络攻击渗透等领域的研究。

徐春明：男，工程师，学士，长期从事信息安全、网络安全工作，在电网、电信领域有着丰富的实践经验。

闫丽景：女，工程师，硕士，国网河南信通公司网络安全中心专责，主要研究方向为网络安全、人工智能。

董奥冬：男，工程师，硕士，国网焦作供电公司网络安全专责，长期从事网络安全管理和实战攻防工作。

刘 晗：女，工程师，学士，国网河南信通公司网络安全中心专责，长期从事网络安全技防体系研究等工作。

李 帅：男，工程师，硕士，国网河南信通公司网络安全中心专责，从事网络安全自主可控装备技术研究工作。

魏 云：女，工程师，硕士，国网新乡供电公司数字化工作部网络安全专责，主要研究方向为人工智能、信息安全等。

前　言

　　本书旨在探讨电力行业在数字化转型过程中所面临的网络与信息系统（ICT）供应链安全挑战，并提供相应的解决方案和策略。随着信息技术的不断发展和电力行业的日益数字化，电网系统的安全性越来越受到关注。网络安全、数据隐私和供应链风险等问题日益突出，亟须相关领域的研究和探索。

　　本书的核心目标是帮助读者深入了解电力行业的 ICT 供应链安全问题，并提供实用的建议和方法来应对这些挑战。通过对电力 ICT 供应链的现状和安全风险进行全面的分析和探讨，读者将能够更好地理解电网数字化转型中可能面临的威胁和机遇，以及如何采取有效的安全措施来应对这些挑战。

　　本书的内容涵盖了电力 ICT 供应链的各个方面，从供应链的组成部分和体系结构到安全风险的防范策略，以及新技术在电力行业中的应用和影响。每一章都深入探讨了特定的主题，并提供了实用的建议和解决方案，旨在为读者提供全面的视角和实践指导。

　　笔者希望本书能够成为电力行业从业者、研究人员和学生的重要参考资料，为他们在电力 ICT 供应链安全领域的学习、研究和实践提供有益的指导和启发。最后，衷心希望读者能够从本书中获得启发，并为电力行业的数字化转型和安全发展做出积极的贡献。

全体编者

目 录

第1章 引言 ··· 1
1.1 电网数字化转型背景 ··································· 1
1.2 网络与信息系统的关键作用 ··························· 7
1.3 ICT安全风险概述 ······································ 13
1.4 本书内容介绍 ··· 24

第2章 电力ICT供应链现状 ····························· 25
2.1 电力ICT供应链的组成部分和体系结构 ············ 25
2.2 软件发展现状 ··· 34
2.3 硬件发展现状 ··· 50

第3章 电网数字化转型中的ICT供应链安全风险 ···· 65
3.1 恶意软件与病毒 ··· 65
3.2 网络和通信风险 ··· 76
3.3 数据安全与隐私问题 ··································· 83
3.4 供应链管理与漏洞 ····································· 94

第4章 ICT供应链安全风险防护策略 ················· 102
4.1 恶意软件与病毒的防护措施 ························· 102
4.2 网络和通信风险的缓解策略 ························· 113
4.3 数据安全与隐私问题的保护措施 ··················· 122
4.4 供应链管理漏洞的修复与监控 ······················ 129
4.5 紧急响应计划和业务连续性策略 ··················· 137

第5章 电力系统各环节安全防护实践 ················· 142
5.1 供给侧 ·· 142
5.2 配置侧 ·· 150
5.3 消费侧 ·· 164

第6章 风险管理体系的运营与实施 ……………………………… 173
6.1 风险管理体系的概述 ………………………………………… 173
6.2 组织架构与责权设计 ………………………………………… 181
6.3 运营与执行方案 ……………………………………………… 190

第7章 数字新技术的风险和机遇 ………………………………… 202
7.1 人工智能与机器学习 ………………………………………… 202
7.2 区块链与智能合约 …………………………………………… 214
7.3 虚拟现实与元宇宙 …………………………………………… 221
7.4 云计算与边缘计算 …………………………………………… 231

第8章 总结与展望 ………………………………………………… 241
8.1 本书内容总结 ………………………………………………… 241
8.2 电力ICT供应链安全风险趋势 ……………………………… 244
8.3 未来展望 ……………………………………………………… 249

参考文献 …………………………………………………………… 255

第 1 章 引 言

通过阅读本章节，读者将深入了解电网数字化转型过程中网络与信息系统供应链的世界。首先，笔者探讨了电网数字化转型的背景，详细解析了其政策背景、意义、发展现状以及与网络与信息系统的紧密关系。第二部分聚焦于网络与信息系统（Information and Communications Technology，ICT）的关键作用，全面介绍了 ICT 的背景、多样的角色分类，并对国内外发展现状进行了深入阐述。第三部分关注 ICT 安全风险，包括对恶意软件与病毒、网络和通信风险、数据安全与隐私问题、供应链管理与漏洞的概述，以帮助读者更好地理解电网数字化转型中可能面临的挑战。最后，第四部分简要介绍了本书的整体内容，包括对引言章节和后续章节的概括。

1.1 电网数字化转型背景

1.1.1 电网数字化转型的意义

2020 年 9 月 21 日，国务院国有资产监督管理委员会正式印发《关于加快推进国有企业数字化转型工作的通知》。这份文件系统地阐述了国有企业数字化转型的基础、方向、重点以及具体措施，同时为国有企业数字化转型掀开了崭新的篇章。通知中指出，国有企业应当响应习近平总书记关于促进数字经济与实体经济深度融合的号召，积极运用 5G、云计算、区块链、人工智能、数字孪生和北斗通信等前沿信息技术，针对企业独特的业务需求和发展趋势，构建创新的 IT 架构模式，如"数据中台"和"业务中台"，同时建立高效率、可复用的新一代数字技术基础设施，加速形成集团级的数字技术赋能平台，并且不断提升核心架构的自主研发能力，为业务的数字化创新提供高效的数据支持和一体化服务支撑[1]。2023 年 3 月，国家能源局发布《关于加快推进能源数字化智能化发展的若干意见》，明确提出加快推进能源数字化智能化发展的总体要求和各项任务举措。它围绕需求牵引、数字赋能、协同高效、融合创新这四个原则，指出要加强传统能源与数字化智能化技术相融合的新型基础设施建设，释放能源数据要素价值潜力，强化网络与信息安全保障，有效提升能源数字化智能化发展水平，促进能源数字经济和绿色低碳循环经济发展，构建清洁低碳、安全高效的能源体系[2]。

能源系统的职责在于支撑社会经济的可持续发展，并为国计民生战略大局提供必要支持。虽然我国已经成为全球最大的能源生产和消费国之一，但我们依然面临着对化石能源的高度依赖，以及由此引发的能源结构安全性和能源消费清洁性等各种问题。2020年，我国在第十五届联合国大会上提出了力争2030年前实现碳达峰、2060年前实现碳中和的目标。实现碳达峰碳中和目标，既展示了我国积极履行国际责任的决心，也凸显了党和国家对我国能源体系转型的迫切需求。电力行业是我国碳排放的主要源头，其排放量在全国碳排放总量中占据了高达40%的比例。未来十年，电力行业将继续成为能源增长的主导力量。更重要的是，这些新增的电力需求与国家的经济发展以及人民的日常生活息息相关，属于不可或缺的刚性需求。它们对于推动我国的经济转型和提升居民未来生活水平起到了至关重要的作用。

因此，电网数字化转型对实现我国双碳目标具有重大意义，主要包括以下三个方面。

（1）数字化是适应能源和数字革命共同发展趋势的必然选择。随着现代信息技术和能源技术的深度交融及广泛运用，能源转型的数字化和智能化特质日益显著。为满足新能源大规模高比例并网和消纳的需求，同时支持分布式能源、储能、电动汽车等交互式、移动式设备的广泛接入，我们需要充分利用数字技术为电网注入新动力。通过促进能源、电网、负荷和储能之间的协调互动，推动电网向更加智能、更加普遍、更加友好的能源互联网迈进。这将有助于持续提高能源供给的环保水平、终端消费的电气化水平以及系统运行的高效性。

（2）数字化是对提升管理和改善服务的迫切需求。我国拥有全球最高电压等级、最强大的能源资源配置能力，以及规模最宏大的特大型电网，为适应日益多元化、个性化和互动化的客户需求，亟须通过数字化和现代化手段进行管理变革，以实现电力生产消费全过程的实时感知、可视可控和高效精益化经营管理。在此背景下，数字化技术的应用成为关键，以提升电力服务的精准性、便捷性和智能性，从而提高客户的获得感和满意度，全面提高电力发展的质量、效率和效益。

（3）数字化是培育新动能、开创新局面并促进新增长点形成的强大动力。推动大型企业实现新旧动能的转换，培养竞争新优势，已经成为国内外企业普遍选择的方向，加速数字化进程已成为共识。此外，近几年全球蔓延的新冠疫情也使得数字化转型更进一步，线上消费、新零售等数字经济新形态层出不穷，蓬勃发展。经过这些年的发展，我国电网在网络、平台、用户、数据等方面拥有丰富的资源。在电价持续降低、电网企业经营压力巨大的严峻形势下，深挖资源价值和潜力，以数字化改造提升传统业务效益、促进产业升级，开拓能源数字经济市场这一巨大蓝海，是我们走出发展困境、培育新动能、开辟新空间的必由之路。

1.1.2 我国电网企业数字化转型进程

近年来，为了全面落实党和国家的重大战略部署，我国电网企业也在数字化转型的道路上不断前行。如图 1.1 所示，电网数字化转型可以分为四个阶段。

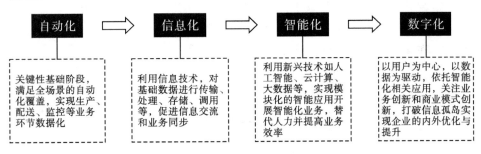

图 1.1 电网数字化转型的四个阶段

（1）自动化。关键目标是实现全场景的自动化覆盖。这意味着电力系统的生产、配送、监控等业务环节的生产力将得到提升，通过自动化技术实现数据化。自动化覆盖主要包括对关键性基础设施的自动控制，以提高运行效率和响应速度。这一阶段的关键任务是确保电力系统在各个场景下都能实现自动化，为数字化转型打下坚实的基础。

（2）信息化。阶段二利用信息技术对基础数据进行传输、处理、存储和调用。这一阶段的重点在于促进信息交流和业务同步。在信息化阶段，电力系统能够更有效地管理和利用数据，提高决策的准确性和效率。这一阶段包括了建设信息平台、引入数据库系统，以及确保各个业务模块之间的信息流畅传递。

（3）智能化。利用新兴技术，例如人工智能、云计算以及大数据等，构建具有模块化特性的智能应用。这一阶段的目标是开展智能化业务，逐步替代人力劳动，提高业务效率。通过引入智能算法和分析工具，电力系统可以更好地理解和应对复杂的运营环境，提高系统的自适应性和智能化水平。

（4）数字化。最终阶段是数字化，将用户置于中心，以数据为驱动力，依托智能化应用关注业务创新和商业模式创新。在这一阶段，重点是打破信息孤岛，实现企业内外信息交流的优化与提升，令电力系统更灵活地适应用户需求，提高服务质量，实现数字化运营与管理。这一阶段标志着电力系统全面进入数字时代，注重创新和用户体验。

国家电网有限公司始终把数字化置于优先地位，将其作为推动电网和企业创新发展的关键手段。从"十一五"开始，三个五年计划的实施，成功地建设了央企领先的企业级信息系统，实现了核心业务的全面线上化。同时，能源与数字的深度融合也促进了各种新业务、新业态和新模式的快速发展。2021年，国家电网能源研究院有限公司编制的《能源数字化转型白皮书（2021）》正式发布（图1.2）。这份白皮书从新型基础设施、新型数字技术、新型产品服务、新型市场培育的视角，探究数字化对能源行业的本质性影响。它也进一步说明能源数字化转型将为传统能源行业的产业升级、业态创新、服务拓展及生态构建注入新动能，在推动质量变革、效率变革、动力变革中持续发力，提升能源高质量发展水平[3]。

图1.2　国家电网《能源数字化转型白皮书（2021）》

在推进新型数字基础设施建设的过程中，国家电网重点关注以下三个方面的工作：

（1）巩固数字化发展基础。数字化转型的成功建立在确保数据准确采集、高效传输以及安全可靠利用的基础之上。在这个过程中，网络、平台等软硬件基础设施的支持至关重要。国家电网一直在积极推动数据管理工作，面对电力数据采集规模庞大、专业领域广泛、数据类型繁多等特点，建立了跨部门、跨专业、跨领域的一体化数据资源体系。此外，遵循"盘点—规范—治理—应用"的理念，国家电网强化了数据的分级分类管理，建立了最小化的数据共享负面清单，推动数据的规范授权、融会贯通以及灵活获取，通过实现"一次录入、共享应用"来构建一个智慧物联体系。国家电网还加强了"两级部署、多级应用"的措施，完成了北京、上海、陕西三地的集中式数据中心建设，并加速了对27家省公司数据中心的升级改造工作，以实现核心业务数据的统一接入、集中汇总和存储。

（2）提升数字化保障能力。为了确保数字化转型的成功，国家电网一直在努力提升组织、技术和安全等方面的能力建设。在组织建设方面，国家电网专门设立了推动数字化转型工作的专业部门，形成了层次清晰、高效协同的数字化发展组织体系。同时，国家电网与科研机构、产业单位和互联网公司等外部合作伙伴建立了强大的数字化支撑力量，特别是成立了国家电网大数据中心，专门从事数据运营、大数据分析挖掘等工作，以增强公司的数据管理和应用能力。在技术攻关方面，国家电网通过自主研发、联合攻关和集成应用等多种方式，推动先进信息技术和能源技术的融合创新，加大对电力芯片、人工智能、区块链、电力北斗等新技术的攻关力度，从而强化了数字化转型的技术支撑。

（3）加速业务数字化转型。国家电网积极借助数字技术对传统电网业务进行全面升级，以推动生产质量的提高、经营效率的增强和服务水平的提升；推进电网生产数字化，全面强化电网规划、建设、调度、运行和检修等各个环节的数字化管理。其中，广泛推广应用的图数一体、在线交互的"网上电网"系统，为各电压等级电网提供了强大支持，实现了在线可视化诊断评价、智能规划和精准投资，达成了"电网一张图、数据一个源、业务一条线"的目标。国家电网不仅在电网领域推动数字化转型，还着重推进企业经营的数字化，重点优化人力、财务和物资等核心资源配置，通过数字技术提升精益管理水平。在财务管理方面，构建多维精益管理体系，深度融合业务与财务，实现对每个业务单元投入产出效率的精准核算；在物资管理方面，初步建立现代智慧供应链，实现物资业务全流程在线办理，推动智能采购电子化、数字物流网络化以及全景质控的可视化，实现每年投标成本降低70%的显著效果。

为加快数字电网建设，2019年南方电网设立了数字电网研究院有限公司（南网数研院），先后印发实施《南方电网公司数字化转型和数字电网建设行动方案》《南方电网公司数字化转型和数字电网建设促进管理及业务变革行动方案》等。在 2020 年，南方电网发布了《数字电网白皮书》，强调数字电网的发展将借助云计算、大数据、物联网、移动互联网、人工智能、区块链等新一代数字技术，对传统电网进行全面数字化改造。该转型旨在充分利用数据这个生产要素，通过数据流的引领和优化，推动能量流和业务流的协同发展，从而提升电网的灵活性、开放性等[4]。近年来，南方电网积极打造数字电网关键载体，探索以"两化协同"（数字化、绿色化协同）促进"两型建设"（新型能源体系和新型电力系统建设），有效推动广东、广西、云南、贵州、海南南方五省区基本形成清洁电源供给格局，也在以下三个方面取得了巨大的工作成果。

（1）持续推动数字与实体的融合，深入推进企业的数字化转型进程。南方电网不仅在数字化转型上赢得了战略主动、形成了战略优势，还通过数字电网全面推动发、输、变、配、用各环节数字化、智能化，促进传统电网规划建设、生产运行、调度模式、市场交易转型升级，实现各类管理业务、管理指标和管理要素的"在线化、可视化、透明化"，全面促进企业提质增效。目前，南方电网已建成了网级统一机巡系统，实现线路通道数字化 23.8 万千米、无人机自动巡检 110 万千米、220 千伏及以上线路全覆盖。364 座变电站实现远方巡视为主、人工检查性巡视为辅的巡视模式，99.5% 的变电站实现无人值守，108 座变电站开展远程操作试点，累计建设或改造智能台区、智能配电房 1.9 万座，全网配电自动化有效覆盖率达 83.6%。南方电网全域物联网平台累计接入输电线路 3447 条、变电站 1519 座、配电站房 8140 座，感知终端接入突破百万级，有力支撑智能远程监测、缺陷与故障实时预警和精确定位、人身作业风险防控、车辆运行监控等业务开展。

（2）积极创新数字化服务，为构建普惠且便捷的数字社会提供支持。南方电网依托数字技术不断推动服务创新，践行"解放用户"理念，全面构建"敏捷前台、高效中台、坚强后台"现代供电服务体系，全面实现用电服务在线化。目前，互联网业务比例保持在 98% 以上，实现全网、全渠道刷脸办电、一证办电，实现客户办电"一次都不跑"，办电时长从 12 小时缩短至 3 分钟，有力地支撑了用电营商环境领先和能源消费生态构建。同时，南方电网充分采用云计算、微服务、人工智能等新技术开发的南方区域统一电力交易平台，全部功能实现云化、微服务化，实现绿电市场数据互通，打通与国家可再生能源信息管理中心的数据交互通道。目前，该平台已支撑了南方区域 90% 中长期电量在线交易，率先实现绿电交易零的突破。

（3）充分发挥数据要素的新动力，为经济社会的高质量发展赋能。当前，新一代数字技术的广泛应用，正成为加速推动社会绿色低碳转型发展的重要手段。南方电网研发的"夸父"系统，可为风电场、光伏电站、分布式光伏和调度机构提供高精度、低成本、轻量化的短期、超短期和中期功率预测服务，预测准确率可在国家标准要求基础上提升3%~7%。截至2023年4月底，南方五省区清洁能源电量占比51.8%，新能源发电利用率超过99%。南方电网加速推进煤气油电等能源数据汇聚融合，系统打造"1+3+N"产品体系和"赫兹数智"数据品牌，上线双碳大脑、电力看征信等330个大数据分析应用，全面推广数据资产凭证服务，有力地促进了数据要素价值释放。此外，南方电网面向南方五省区建成的首个碳排放数据库，实现了12万个发电单元、133个行业碳排放核算全覆盖。目前，深圳大梅沙零碳示范区每年人均碳排放量仅为0.65吨，可再生能源消费比重为12.6%，均达到近零碳指标。

总的来说，以数字化智能化为载体，推动电网行业转型升级和绿色低碳循环发展，既是客观的现实需求，也是新时代发展的必然选择。数字化在电网发展中的应用不仅仅体现在数字技术方面，还包括对电网管理、业务、商业和治理模式的深刻变革。推动电网数字化转型有助于优化资源配置，提高资源与需求匹配的准确性和时效性，实现智能分析、精准投资、精益管理和优质服务，从而提升电网业务的在线化和智能化水平，促进传统电网向新型能源基础设施的转变。通过数据贯穿整个电网业务流程，深化物理系统与信息系统的深度融合，加强电网智能分析控制水平，能够有效解决传统电网业务发展方式中规模和经济性协调、能源消纳与环保要求并行发展等难以实现的问题，为电网形态延展、价值创造、模式创新和运营管理模式升级提供有力支持。在电网数字化转型过程中，网络与信息系统（ICT）占据着重要地位，能有效支持电力系统的运行、监控和管理。例如，电力企业通过信息系统对电力系统的实时状态进行监控和调度，以确保电力供需平衡。因此，本书将进一步探讨网络与信息系统（ICT）在电网数字化转型中的关键作用和安全策略。

1.2 网络与信息系统的关键作用

电力系统在生产、传输、调度和使用等各个环节都涉及繁杂的步骤。为了确保电网系统正常运转并顺利实现经济效益与安全目标，必须采用高效的调度和通信手段，因此网络与信息系统（ICT）应运而生。它们贯穿整个电力系统的多个环节，扮演着集中调度和协调管理的关键角色，彼此之间相互依托、相互支持，形成了密不可分的关系。这种协同作用大幅提高了整个电网系统的运转效率和安全性。

1.2.1 网络与信息系统（ICT）基本介绍

在电网数字化转型的过程中，网络与信息系统（ICT）占据着极其重要的位置。一般来说，ICT 供应链涉及多种软硬件，包括智能测量与监控系统、远程监控与控制系统、通信网络、网络安全系统等。在整个电力供应链的生产过程中，ICT 系统可以分为以下五大类：

（1）实时监测与控制。ICT 系统使得电力系统能够实时监测电网运行状态、电力设备的健康状况以及电能的流向。通过实时的数据采集和传输，运营人员可以更及时地了解电网的实际运行情况，采取必要的控制措施来确保电网的稳定运行。

（2）智能调度与优化。基于大数据和智能算法，ICT 系统能够进行智能调度和优化电力系统的运行，以提高能源利用效率、降低能源损耗，并满足用户需求。这包括对发电、输电、配电等环节的优化，以及对可再生能源的合理利用。

（3）故障检测与预测。ICT 系统能够通过传感器和监测设备实时收集电力设备的状态信息，利用数据分析和机器学习等技术进行故障检测和预测。这有助于提前发现潜在问题，减少设备故障引发的停电风险，提高电力系统的可靠性和可用性。

（4）用户参与和响应。利用 ICT 系统，电力公司可以更好地与终端用户进行互动。智能计量系统、电力管理系统等技术可以使用户更加直观地了解自己的用电情况，并通过实时数据为用户提供节能建议，激励用户参与电力调峰、能源管理等活动。

（5）安全性与可靠性提升。ICT 系统能够加强电力系统的安全防护，包括对数据的加密、网络的安全监测等，确保电力系统的信息不受到恶意攻击。同时，通过数字化转型，电力系统能够更灵活地应对各种突发事件，提升系统的可靠性。

电网系统主要包括发电、输电、变电、配电、用电五大环节。为确保电能的生产过程顺利进行，必须在各个环节建立相应的信息与控制系统，以便进行测量、调节、保护、通信和调度操作。尤其是在"双碳"战略下，由于新能源存在间歇性、波动性、随机性等特点，现有电网发展状况也对 ICT 系统提出了更高的要求，主要包括可靠性、实时性、安全性、灵活性等多个方面。

(1) 可靠性。电网是一个 7×24 小时不断运行的系统，因此网络和通信系统必须具有高度的可用性和稳定性，以确保实时监测和控制。其次，系统应具备容错机制，能够在部分系统故障或网络中断的情况下继续提供服务。

(2) 实时性。电网中的某些应用，如远程监控和控制，对低延迟非常敏感。通信系统需要具有足够低的延迟，以支持实时决策和控制。

(3) 带宽。数字化电网会产生大量数据，包括来自传感器和智能设备的实时信息。因此，通信系统需要具备足够的带宽，以支持数据的高吞吐量传输。

(4) 安全性。一方面，电网数字化涉及大量敏感数据，包括设备状态、电力流量等，通信系统需要采用强大的加密技术，确保数据在传输过程中的保密性。另一方面，电网系统也需要具备强有力的网络安全措施，如防火墙、入侵检测系统和防病毒软件，以防范潜在的网络攻击。

(5) 灵活性。电网系统中存在各种类型的设备，通信系统需要支持这些设备的多样性，包括不同厂商、不同协议的设备。此外，系统应具备良好的可扩展性，能够适应未来对网络和通信能力的扩展需求。

(6) 经济可行性。网络和通信系统的建设和维护成本需要在合理范围内，以确保数字化转型是经济可行的。

随着互联网时代的崛起，信息技术的创新与发展正迈入新的阶段。因此，电网数字化转型过程也与大数据、云计算、物联网和移动化这些技术紧密相连。

(7) 大数据。电力公司可以使用大数据技术来实时监测电力系统的状态。这包括设备健康状况、电力负载、电流和电压等参数。通过分析大量数据，电力公司可以更准确地评估电力网络的健康状况，并预测潜在问题。大数据分析还可以用于检测异常模式，有助于识别电力盗窃和欺诈行为。通过监控用电模式和行为，电力公司可以快速识别非法用电情况，提高能源供应的安全性和稳定性。

(8) 云架构。电力公司利用云架构的弹性存储和处理能力，更好地应对来自传感器、监测设备和智能电表等来源的海量数据。云平台为电力系统提供了高度可伸缩的存储解决方案，使其能够更好地管理历史数据、实时流数据和复杂的分析任务。采用云架构的电网系统使电力公司能够通过远程方式监测和控制设备，提高对电力网络的实时响应能力。这种灵活性也使得电力公司易于适应不断变化的条件，能够快速采取措施来应对突发事件或优化系统性能。

(9) 物联网。物联网技术被用于监测电力设备的状态和性能。通过传感器和连接设备的实时数据传输，电力公司能够进行预测性维护，提前发现潜在故障，减少系统停机时间。此外，物联网是构建智能电网的关键技术之一，通过将各种设备、传感器和系统连接起来，实现设备之间的信息共享和协同工作，可从而提高电力系统的可管理性和可控性。

（10）移动化。电力工程师和运营人员可以通过移动设备实时监测电网状态、设备运行状况，并能够随时随地做出迅速的决策。维护人员可以通过移动应用程序轻松地记录设备的维护历史，实施定期检查并汇报设备的健康状况，实现更加精确的预防性维护。此外，用户可以通过移动应用程序实时监控能源使用情况、获得定期的能源报告，甚至参与到能源管理的决策中。这种互动不仅增加了用户对能源消费的了解，也为电力公司提供了更多个性化的服务机会。

1.2.2 国内外发展现状

1.2.2.1 国内发展现状

以数字技术为驱动，以数据为核心要素，推动新能源消纳与新型电力系统建设，电力公司已经提前布局，并且取得了颇为显著的成效。以我国两大电网为例，国家电网打造了精准反应、状态及时、全域计算、协同联动的新型电力系统数字技术支撑体系，统筹新型电力系统各环节感知和连接，强化共建共享共用，融合数字技术的计算分析，提高电网的可观、可测、可调和可控能力。在促进新能源消纳方面，国家电网通过建设企业级实时量测中心，实时汇聚新能源电力系统全环节采集的数据，整合各类要素和可调节资源，支持多时间、空间尺度全局协同优化，进一步提升电网能源资源优化配置能力。

近年来，国家电网加快了数字化转型工作。2019 年，国家电网发布了《泛在电力物联网白皮书 2019》，计划在电力系统各个环节广泛运用现代信息技术、先进通信技术以及移动互联、人工智能等技术，旨在实现电力系统的全面互联和人机交互，构建具有全方位状态感知、高效信息处理、灵活便捷应用等特征的智慧服务系统，形成能源互联网生态圈。这一举措旨在适应社会发展的形态，塑造电力行业的生态格局，培育新兴业态（图 1.3）。由国家电网青海省电力公司牵头建设的青海省能源大数据中心就是国家电网建设数字电网的一个缩影。这个创新平台是国内首个集成数据汇聚、存储、服务和运营于一体的新能源大数据平台。它不仅能够实时监测数百甚至数千千米外的风机、光伏板等发电设备的运行状况，还可以为新能源企业提供精准的天气预测和发电功率预测等服务，从而帮助这些企业提高运行效率和效益。总的来说,这个创新平台能为新能源企业的科学管理提供支持,有助于降低成本并提高效益。截至 2022 年 8 月,该平台已接入 298 座新能源场站,其发电装机规模占据青海全省总装机的 40%。其中,对 67 座电站实现了远程监测、控制和管理,电站设备预警准确率达到 80%,电站管理效率提升 20% 以上。

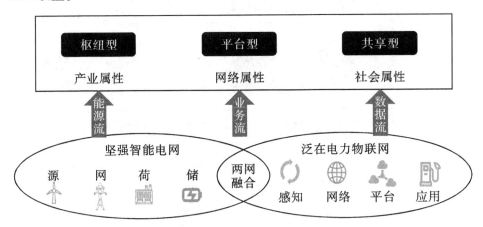

图 1.3 国家电网"三型两网、世界一流"战略目标

图 1.4 展示了南方电网的数字化建设方案,其以云平台为基础,深度应用互联网、人工智能、大数据、物联网等新兴技术,构建了四大业务平台和三大基础平台,并实现二者的紧密对接。在这个框架下,南方电网致力于打造一个完善的中心,最终实现"数字南网"的目标:全面感知电网状态、实现企业全在线管理、全面管控运营数据、为客户提供全新体验,以及推动能源发展合作,实现共赢。南方电网不仅在提升数字技术平台支持和数字电网运营能力方面付出了努力,同时在新能源接入比例较高的地区积极建设数字电网,打造新型电力系统先行示范区。例如,广东省东莞市的先进充电站采用了"光储充一体化"数字技术,不仅能够自主使用和储存电能,还能积极参与盈余上网和削峰填谷等活动,形成一个智能微电网系统。为了更有效地参与区域电网调节和实现多能源互补,该充电站已接入东莞供电局的能源互联共享平台,接受统一的管理和调度控制,为提升区域内的新能源就地消纳水平做出贡献。

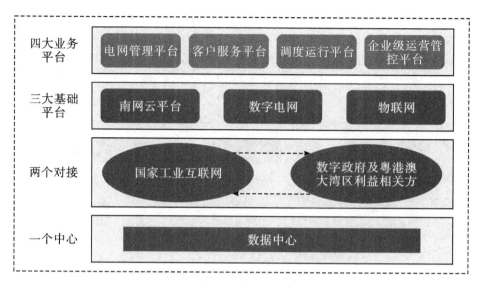

图 1.4　南方电网数字化建设方案

1.2.2.2　国外发展现状

在国外电网行业，ICT 系统的发展一直处于不断演进的前沿[5]。随着数字化和智能化的浪潮愈演愈烈，电网运营商采用先进的 ICT 技术来提升电力系统的可靠性、效率和安全性。智能电网的兴起推动了传统电网向数字化转型，引入了先进的远程监测、智能计量、故障诊断和预测性维护等技术。此外，先进的通信技术被广泛应用于电力系统，以支持实时数据传输和远程控制。这一发展趋势不仅提高了电力系统的运行效能，还为能源管理、可再生能源集成和电动车辆充电等新兴领域创造了更为灵活和可持续的解决方案。在这个不断创新的环境中，国外的电网行业正积极应对挑战，将 ICT 技术融入全方位的电力系统管理中，为未来能源网络的可持续发展铺平道路。

最近几年，日本政府在引领智能电网的总体规划、国际合作和标准制定等方面取得了较大的进展。具体而言，日本政府积极主导了与美国的合作，共同进行了"智能电网"试验。2010 年，他们在孤岛上展开了一项大规模的智能电网试验，探索在大规模利用太阳能发电的情况下，如何管理剩余电力、解决频率波动问题。为推动"智能电网国际标准"的制定，日本经济产业省设立了"智能电网国际标准学习会"。此外，他们在 2010 年度预算中拨款 55 亿日元（约 4 亿元人民币）用于支持研发智能电表和蓄电池技术，并进行新一代智能电网系统的实证试验。在韩国，知识经济部决定在 2009—2012 年期间投入 2547 亿韩元，致力于发展智能电网商用化技术。这涉及在发电站、输电设备和家电产品上安装传感器，被称为"绿色电力 IT"项目。该项目的主要技术包括智能型能源管理系统、基于 IT 的大容量电力输送控制系统、智能型输电网络监视及运营系统、能动型远程信息处理和电力设备状态监视系统以及电缆通信技术等。韩国知识经济部已与 KDN 公司签署了绿色电力信息商用化技术开发协议。德国目前正在充分利用计算机技术，以调配各种可再生能源的供给，从而实现理想的调峰效果。风力发电机组遍布德国各地，当某一地区的风力不足导致风电产量下降时，电网会自动调度其他风力充足地区的风电，或者增大太阳能光伏电的比例。在光伏电不足或夜间无太阳能光伏电时，电网的计算机监控软件会自动启动当地的生物能发电，以确保居民始终有电可用。

1.3 ICT 安全风险概述

电网数字化转型的过程中，ICT 系统的重要性日益凸显。随着电力系统的智能化和互联互通，ICT 系统成为支撑电力网络运行、监测和管理的关键驱动力。一般来说，电网中的 ICT 供应链可以分为四大层次体系（图 1.5），分别是物理设施层次体系、通信网络层次体系、能源平台层次体系以及安全防御层次体系。依托平台接入源、网、荷实时数据，利用大数据分析建模，开展体系性的调度、管控等服务，ICT 系统一方面提高新能源并网率与整体用电效率，另一方面以"数字驱动"方式贯通全产业链构建能源生态圈[6]。除此之外，智能电网、远程监控、数据分析等技术的应用，使得电力系统更加高效、可靠，并提供了更灵活的能源管理手段。

然而，电力系统的数字化也带来了严峻的安全挑战。ICT 系统面临的安全风险包括网络攻击、数据泄露、恶意软件等，这些威胁可能导致电力系统的瘫痪、数据损失，甚至对国家基础设施造成严重影响。因此，确保 ICT 系统的安全性，包括数据隐私和网络稳定性，成为电网数字化转型过程中至关重要的任务。电力企业必须采取全面的风险管理措施，包括加强网络防御、实施安全策略、定期进行安全审计和提高人员安全意识，以确保数字化电力系统能够稳健、安全地运行。

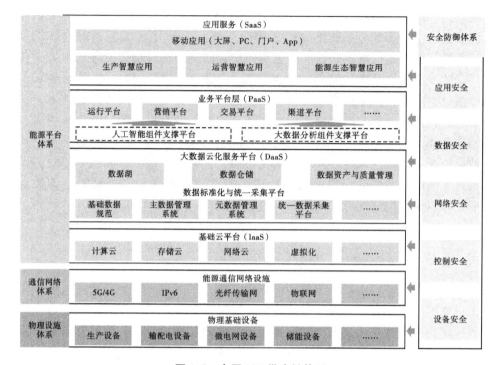

图 1.5 电网 ICT 供应链体系

首先，恶意软件与病毒是数字化环境中常见的威胁，它们可能通过入侵电力系统的计算机和控制设备，导致系统故障、数据破坏甚至服务中断。这类风险的关注点在于恶意软件可以通过网络传播，可能危及整个电力网络的安全性。

其次，网络和通信风险涉及电力系统的网络基础设施，包括网络架构、通信协议以及与其他系统的连接。网络攻击、拒绝服务攻击等风险可能导致电力系统的不稳定，影响数据传输和实时监控，因此需要重点关注网络安全问题。

再次，数据安全与隐私问题是数字化转型中不可忽视的方面。电力系统产生大量敏感数据，包括电力负载、设备状态等信息。数据泄露可能导致信息被滥用，损害系统的可信度。保护数据的完整性和隐私成为确保系统可靠性的一项关键任务。

最后，供应链管理与漏洞涉及电力系统的硬件和软件组成部分。不安全的供应链可能引入恶意元素，从而对整个系统的安全性构成威胁。同时，软件漏洞可能被攻击者利用，进而渗透到电力系统中，因此需要对供应链进行严格管理和定期漏洞检查。

接下来，本节将对这四类安全风险进行简要的说明。

1.3.1 恶意软件与病毒

恶意软件与病毒是电力 ICT 系统面临的严重安全威胁之一。首先，这些恶意程序可以通过多种传播途径进入系统。常见的途径包括用户不慎打开感染的电子邮件附件、点击恶意链接，以及利用可移动设备（如 USB 驱动器）传播。恶意软件多样的传播方式使得电力系统面临来自多个方面的威胁。一旦感染，恶意软件会对电力系统的稳定性、可靠性和安全性造成广泛而严重的影响，包括导致系统故障、数据损失、服务中断等，给电力系统带来极大的风险。特别是在智能电网环境下，对数据的高度依赖使得系统更加脆弱，一旦遭受恶意软件攻击，可能导致系统运行崩溃。

不同类型的恶意软件和病毒采用不同的攻击手法（图 1.6），包括病毒通过感染其他文件传播、蠕虫通过网络自行传播、勒索软件通过加密用户文件勒索等途径。了解这些攻击手法对于保护 ICT 系统至关重要。

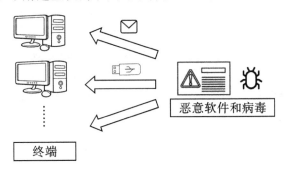

图 1.6 恶意软件和病毒传播示例

以下是恶意软件和病毒常见的传播途径：

（1）恶意邮件附件。攻击者常常利用钓鱼邮件或针对性的社交工程学手法，发送带有恶意附件的电子邮件。一旦用户点击或下载附件，就可能触发携带恶意软件的文件，例如带有恶意脚本的文档、可执行文件等。这种方式利用了用户的不慎点击来传播恶意软件。

（2）感染可移动存储设备。恶意软件可以通过感染可移动存储设备（如 USB 驱动器）来传播。当感染的设备插入电力系统的计算机或控制设备时，恶意软件可能自动运行并感染系统。这种传播途径常见于实体攻击或内部威胁。

（3）恶意网站和广告。攻击者可以通过恶意网站或广告分发恶意软件。用户访问被感染的网站或点击包含恶意代码的广告时，可能会触发恶意软件的下载和安装。这种传播方式通常利用了浏览器的漏洞。

（4）远程攻击和漏洞利用。攻击者可能利用系统或应用程序的漏洞，通过远程攻击的方式将恶意软件注入系统。这种传播方式依赖于未修补的漏洞，因此定期更新和维护系统非常重要。

（5）社交工程学。攻击者可以通过社交工程学手法，伪装成信任的实体，引诱用户执行恶意操作。这可能包括欺骗用户提供敏感信息、点击恶意链接或下载伪装成合法文件的恶意软件。

（6）供应链攻击。恶意软件可以通过感染硬件或软件供应链的方式进行传播。攻击者在软硬件制造过程中植入恶意代码，或者通过供应链中的恶意软件分发节点传播到目标系统。

1.3.2 网络和通信风险

在电力供应链 ICT 系统中，网络入侵是一种严峻的威胁，涵盖了多种类型的攻击手法，每一种都具有其特点和影响，可能会对整个电力网络造成严重影响。其中，分布式拒绝服务攻击（DDoS 攻击）是一种常见的网络入侵类型。如图 1.7 所示，攻击者通过向目标系统发送大量请求，超过其处理能力，从而使服务不可用。此外，攻击者还会使用多个源地址发起攻击，使得追踪和阻止攻击来源变得更加困难。因此，DDoS 攻击可能导致电力系统服务中断，影响实时监测和控制，对电力供应链的正常运行构成严重威胁。

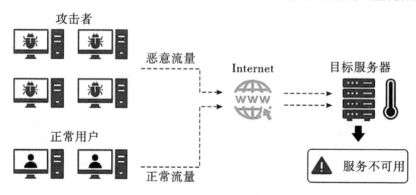

图 1.7 DDoS 攻击示例

此外，恶意流量注入和入侵检测系统也是网络入侵的另一类威胁。前者通过注入大量恶意流量，试图混淆入侵检测系统，以逃避系统的检测。攻击者使用各种隐蔽手法，如慢速攻击、零日漏洞利用等，使得入侵行为更难察觉。后者采用规避混淆技术，尝试绕过入侵检测系统，使得检测变得更为复杂。入侵检测规避会导致实时监控系统失效，从而使得恶意活动在系统中不受察觉。恶意流量注入可能导致攻击者获取对电力网络的未授权访问，进而对系统进行潜在渗透。如果入侵检测系统被绕过，攻击者可以获得对电力网络的未授权访问，构成潜在威胁。

2019年3月，一组黑客利用思科防火墙中的已知漏洞对美国犹他州的可再生能源电力公司进行了拒绝服务攻击。此次事件对加利福尼亚州、犹他州和怀俄明州产生了负面影响。截至当年9月，北美电力可靠性公司（NERC）宣布该安全漏洞影响了受害者所使用的防火墙的Web界面，攻击者成功触发了这些设备上的DoS条件，导致它们重新启动。因此，该电力公司的控制中心以及其各个站点的现场设备之间的通信都被迫中断。在2020年6月26日，印度查谟与克什米尔电力部门的数据中心服务器经历了一次恶意网络攻击。这次攻击不仅导致该部门连续3天无法正常运作，还使其网站和移动应用被攻陷。

另外，数据泄露和拦截是电力ICT系统面临的另一种网络和通信风险。这包括数据包嗅探、中间人攻击和DNS劫持等风险。数据包嗅探是指攻击者截取和分析在网络上传输的数据包，从而获取敏感信息。数据包嗅探是一种通用性的攻击方式，适用于各种网络通信协议。攻击者可以获取传输的敏感信息，包括用户凭证、控制命令等。获取的信息可用于策划更复杂的攻击，严重威胁电力系统的完整性和稳定性。中间人攻击则是攻击者介入通信过程，窃取或篡改信息。DNS劫持攻击者通过篡改DNS解析结果，将合法域名映射到恶意IP地址。用户可能无法察觉自己受到了DNS劫持攻击，则会被引导至恶意站点，遭受钓鱼攻击或安装恶意软件。因此，数据泄露和拦截威胁不仅关乎信息安全，还直接影响电力系统的可信度和稳定性。

在2021年4月，新英格兰地区主要的能源供应商Eversource公司经历了一次严重的数据泄露事件。在此次事件中，客户的个人信息不慎暴露于一个存在安全隐患的云服务器上。Eversource公司向其客户发出紧急警告，指出一个未经保护的云存储服务器使得客户的姓名、地址、电话号码、社会安全号码、服务地址以及账户号码等敏感信息暴露无遗。这一问题源自一个"云数据存储文件夹"的配置错误，导致其中的内容对任何人都是可访问的。

此外，勒索软件运营商还可以采用数据盗窃技术，以更进一步地敲诈赎金。攻击者可以在目标公司封控已被感染的机器之前，先窃取目标公司的数据，并威胁将这些数据公布在威胁者运营的网站或黑客论坛上，以迫使公司支付赎金。黑客窃取或泄露的数据可能包含目标公司的敏感信息以及其客户信息。尽管勒索软件攻击者主要关注利用数据进行金钱敲诈，但专门针对电力行业的黑客却可以利用泄露的数据来策划更具有针对性的攻击。例如，黑客可能运用客户数据来识别第三方或供应链潜在的风险，或者利用示意图、网络图以及其他内部文档等数据来确定运营收益的目标。

1.3.3 数据安全与隐私问题

电力行业目前正经历数字技术带来的转型，大数据和云计算正在加速应用，新型业务模式（如"数据增值变现业务"和"综合能源服务"）不断涌现。随着更多新技术和应用的引入，数据交互变得更加多元，流动路径更加复杂，由此带来的安全风险也在不断扩大。这些安全风险涉及内部研发运维和业务人员的操作，云平台和大数据分析系统中的数据流动，以及与外部伙伴和用户之间的共享交换。作为关键基础设施，电力行业必须认识到任何微小的安全漏洞都可能影响国计民生。目前，电力行业在数据安全防护上主要依赖于边界控制，然而随着智能电网建设的推进（图1.8），数据开始跨越不同的安全域使用，涉及的使用方和接触者不断扩大。因此，电力行业面临着巨大的挑战，需要在保证数据安全和机密性的同时，考虑数据的可用性，以确保在复杂的场景和系统中，数据能够被安全、合理地访问和使用。

图1.8 智能电网示意

在电力供应链中，数据安全是一个至关重要的方面，直接影响电力系统的可靠性和运行。数据安全包括数据备份、数据完整性等多个方面。数据备份是指将关键数据复制到另一个存储介质，以防止原始数据丢失或损坏。备份是灾难恢复和数据丢失事件中的重要组成部分。首先，大规模的数据量需要有效的备份策略，确保在系统故障或数据损坏时能够快速恢复。同时，备份数据的存储和管理也需要考虑成本和可扩展性的问题。数据完整性是指数据在传输、存储和处理的过程中保持完整和未被篡改的状态。确保数据没有被意外或恶意地改动对于电力系统的正常运行至关重要。在数据传输过程中，数据可能受到干扰或篡改，因此需要采用加密和完整性检查等措施来保护传输通道的安全性。此外，内部员工或外部黑客可能试图篡改数据，因此需要实施访问控制和监测机制，防止数据被非法修改。数据加密通过使用密码算法将数据转换为密文，以防止未经授权的访问，是保护敏感信息的重要手段。

电力大数据安全保护所面临的难题主要体现在三个方面：首先，数据安全合规工作未能及时调整完善。我国的数据安全法规要求不断完善，对数据和个人信息安全的监管和处罚力度也在不断加大。为了避免法律风险，数据安全合规工作需要及时根据国家要求进行调整和完善，以确保与国家政策的同步发展。其次，数据安全管理机制尚未建立健全，而且从业人员对数据安全保护的意识相对薄弱。企业采用将大量数据集中存储和处理的方式，导致数据泄露的风险面变得更广，也增加了数据外泄防控的难度。在数据业务开展过程中，存在"重业务、轻安全"的思想，相关人员的数据安全保护意识不够强烈，数据的安全防护措施也存在不足，可能引发大规模数据泄露事件。最后，新技术的应用使得数据泄漏的风险不断增加。随着数据挖掘、机器学习、人工智能等技术的不断发展，大数据分析能力得到进一步提升，从看似非敏感的碎片化数据中提取敏感信息的可能性大大增加，黑客甚至可以通过海量数据的聚合来分析涉及企业核心利益和国家安全的信息。

国家对数据安全的重视程度逐渐增加，对其要求也变得更为严格。2021年6月10日，《中华人民共和国数据安全法》由中华人民共和国第十三届全国人民代表大会常务委员会第二十九次会议通过。近年来，我国通过出台政策文件、设立示范试点等方式，积极引导隐私计算、区块链、零信任等数据流通安全技术的研发应用。《"十四五"大数据产业发展规划》也强调要加强隐私计算、数据脱敏、密码等领域的数据安全技术与产品研发应用。在平台、数据、服务以及行业应用等层面，各相关机构纷纷提供了安全要求、实施指南以及检测评估的相应标准。随着数据应用规模的快速增长，要加速电力行业的数据安全建设，并执行更为精准的安全防护策略，不仅要满足安全合规的要求，更需要站在企业级数据共享和应用的角度，将数据安全能力贯穿于数据业务中，为数字化转型提供必要的基础保障。

在电力供应链中，隐私和合规性问题至关重要，涵盖了用户数据隐私、合规标准等多个方面。电力供应链涉及大量用户数据的收集和处理，包括个体用电模式、能源消耗等敏感信息。用户期望其个人信息得到妥善保护，而数据泄露或滥用可能对用户隐私构成威胁。为了保护用户数据隐私，电力企业需要实施一系列隐私保护措施。这包括数据脱敏（数据匿名化）、限制数据访问权限、加密传输通道等。基于这些措施，企业能够最大限度地降低数据泄露风险。此外，与用户建立透明的沟通渠道也是一个关键之处。电力企业需要明确说明数据收集的目的、使用方式以及用户的权利。通过清晰的隐私政策，用户能够了解其数据如何被处理，从而提高信任感。在合规性方面，电力行业有特定的行业标准和合规性要求，要求电力企业采用特定的数据处理方式和安全标准。这包括对数据传输的加密、数据安全存储、访问控制的实施等。为确保合规性，一些企业设立了专门的合规团队，负责监督和确保企业各项活动符合法规和标准。这包括定期进行内部审计、风险评估等活动。

电力数据具备天然的公共属性，然而，在法律层面上，电力数据呈现出一种独特而复杂的性质。作为公用事业企业的电力企业，其发用电等数据属于"公有"范畴，但商业数据（如设备数据、管理数据等）以及客户数据则具有"私有"特性。因此，我们无法对电力数据的共享方式一概而论，而应根据不同的共享对象和内容进行区分，以实现有针对性的合规数据共享。目前，国家电网和南方电网纷纷发布关于数据对外开放和数字化转型的相关意见和方案，明确规定了企业电力数据开放共享的具体范围和保密规定。

为了确保电力数据流通全过程的隐私安全，建议构建一套覆盖全流程的隐私保护体系。首先，应采取分层级、差异化和全过程管理的策略，对数据流通的各个步骤进行细化，同时强调共享主体责任的明确，并全面完善可开放范围清单，形成全过程的隐私数据保护机制。在此基础上，可以通过以下措施来实现：首先，加强对开放共享关键节点的标准管理和统一，建立系统的数据流通模式，以形成电力企业间的共识。其次，根据相关数据保护管理制度，通过签署合作协议明确电力数据保护的责任和义务，如美国 ComEd 公司规定了数据受让方的使用限制。再次，对电力数据的敏感程度进行识别和分类，并根据授权共享的单位划定数据可共享的内容和范围，建立相应的数据清单目录。最后，谨慎权衡共享信息的全面性和再识别风险，建立包括技术补救和舆论引导等措施的应急防护机制。

在技术层面上，建议依托新兴数字技术建立跨领域的数据开放共享平台。从共享源头开始，可以利用同态加密等技术手段对数据进行脱敏、加密和去标识化处理，同时加强密码基础设施构建，以确保数据的安全防护。在共享过程中，可以采用联邦学习和多方安全计算等技术实现数据模型的共享融合，从而减少数据泄露的风险，逐步建立成熟的隐私保护技术架构。同时，需要密切关注前沿技术的发展，及时更新隐私保护技术方案，形成一批实用的工具和产品，以提供更有效的数据安全性保障。

我国已有企业提出了基于区块链的可信多方安全计算解决方案，利用联邦学习、可信执行环境和隐私保护等技术来构建数据安全共享的基础设施，解决机构之间数据合作过程中的安全和隐私保护问题，实现数据的可用性和不可见性，以及"阅后即焚"等效果。在技术方案成熟的基础上，可以搭建跨领域的数据开放共享平台，为各参与单位提供数据隐私保护方案，从而建立良好的数据生态，提升整个电力行业的数据安全水平。

1.3.4 供应链管理与漏洞

在电力 ICT 供应链中，供应链管理面临着多重挑战，包括恶意供应商和物理入侵等问题。电力 ICT 供应链中的恶意供应商是一项严重的威胁，涉及供应链中存在的不诚实、不透明或违法行为。一些供应商可能以低价或不合理的交易条件吸引电力企业，实际提供的却是低质量的产品或服务。恶意供应商还可能涉及数据安全威胁，例如在提供的硬件或软件中植入恶意代码。2010 年 5 月 29 日，东方电气公司与许继风电公司签署了一份制造合同。根据合同规定，东方电气公司应为许继风电公司制造 5 套 2.0 MW 风力发电机组塔筒，总价为 730 万元。从 2010 年 12 月 21 日至 2011 年 3 月 2 日，东方电气公司陆续完成了合同设备的交付。然而，交付的货物部分存在一些问题，如塔筒外包装、外观、内部配件等不符合标准。经过双方协商，东方电气公司对货物瑕疵进行了处理，但仍然存在质量问题。为了解决这一挑战，供应链管理需要建立健全供应商评估和审核机制，包括对潜在供应商进行背景调查、评估其财务状况、过往业绩以及安全实践的审查。确保供应链安全的关键步骤之一是建立透明的合同和供应商关系管理体系。

物理入侵是电力 ICT 供应链面临的另一个重大挑战。当电力系统的物理设施受到恶意人员的非法入侵时，会引发设备损坏、数据泄露以及服务中断等问题。物理入侵可能以多种形式发生，包括未经授权的访问、设备破坏以及物理威胁对设施的直接攻击。2017 年某电力交易中心发现一篇于微信公众号发布的文章中，有约 500 条某电力市场包含报价操作具体时间的月度集中竞争交易非公开数据，因此该交易中心向公安部门报案；2019 年相关监管部门向该交易中心反映，有人通过邮件兜售集中交易报价数据，该交易中心再次报案。公安局经立案侦查发现，嫌疑人韦某利用自己在电力企业任职的便利，使用掌握的账号密码登录某省电力市场交易系统后，多次通过非法的 URL 链接侵入该系统，非法下载全部市场主体的报价申报等非公开数据，并通过某公众号进行公开。为应对物理入侵挑战，供应链管理需要实施严格的物理安全措施。这包括加强设备和设施的访问控制，使用监控摄像头进行实时监测，以及实施入侵检测系统。培训员工数据安全意识防范物理入侵也是一种防护措施，可以通过制订紧急响应计划和实施安全培训来提高团队的应对能力。

除了恶意供应商和物理入侵，技术漏洞也是电力ICT供应链管理中的重大挑战。随着技术的不断发展，供应链中的硬件和软件可能存在未知的漏洞，这可能被恶意人员利用来对电力系统进行攻击。见图1.9。供应链中的任何一个环节出现漏洞，都可能对整个系统的安全性产生负面影响。为了有效管理技术漏洞，供应链管理需要建立定期的漏洞管理程序。这包括对供应商提供的产品进行漏洞扫描和评估，及时更新和修复发现的漏洞，建立紧密的合作关系，并与供应商合作共同解决漏洞问题，以确保整个供应链的安全性。

图1.9 恶意代码注入

电力供应链涵盖了从电力生产到分配的各个环节，涉及大量的物理设备和基础设施。探讨电力供应链中的物理安全漏洞，尤其要关注设备安全性和设备维护方面，这对于确保电力系统的稳定运行和数据的安全性至关重要。

1.3.4.1 设备安全性

（1）物理访问控制：未经授权的人员进入设备区域时，可能导致设备被恶意操作、破坏或者数据泄露。因此，电力系统的设备，如变电站、发电机、输电线路等，需要受到有效的物理访问控制。

（2）设备监控和报警：如果电力企业缺乏设备的实时监控和报警系统，可能使得潜在的问题难以被及时发现。因此，设备监控系统应该能够检测异常行为、温度变化、振动等异常情况，并及时发出警报。

（3）防护措施：设备需要有足够的防护措施，以应对潜在的物理攻击或灾害，如防火墙、抗震结构等。这些措施有助于保护设备免受外部威胁的影响。

1.3.4.2 设备维护

（1）定期检查和维护。未经及时维护的设备可能存在安全漏洞，导致其易受到攻击或故障。因此，电力系统中的设备需要定期进行检查和维护，以确保其正常运行和防范潜在的故障。

（2）固件和软件更新。未更新的设备可能容易受到已知攻击方式的利用。因此设备的固件和软件应该定期进行更新，以修复已知的漏洞和提升系统的安全性。

（3）供应链安全。不安全的供应链可能引入恶意硬件或固件，对整个电力系统的安全性构成威胁。所以采购的设备应该来自可信赖的供应商，并且在整个供应链过程中保障安全。

总的来说，物理安全在电力系统中的关键性不可忽视，它直接影响着电力供应链的可靠性、稳定性和安全性。在电力系统中，设备的完整性和稳定性对于系统的正常运行至关重要。物理攻击或未经授权的人员进入设备区域可能导致设备遭到损坏、篡改或破坏。通过强化物理安全措施，如访问控制、监控系统和防护设施，可以有效减少潜在的威胁，确保设备在安全的环境中运行，维护整个系统的稳定性。电力系统中涉及大量用户数据和敏感信息，包括用电模式、能源消耗等。物理安全漏洞可能导致数据的非法获取或篡改，进而威胁用户隐私。通过建立物理层面的访问控制和监控系统，可以有效保护用户数据隐私，降低未经授权访问和潜在数据泄露的风险。电力系统的物理安全关乎着整个社会的持续供电。未经授权的人员可能导致设备故障、停电，对于关键基础设施和用户造成严重影响。通过加强物理安全措施，保护电力系统的关键节点和设备，可以提高系统的抗干扰能力，确保其在面对潜在威胁时能够迅速响应和恢复。物理安全措施有助于预防潜在的恶意行为和破坏。这包括防范恶意入侵、破坏性的设备操作以及恶意软件的物理部署。通过设备监控、访问审计和设备防护，可以有效减少潜在威胁的影响，确保电力系统的安全性和可靠性。许多国家和地区制定了严格的法规和合规标准，要求电力系统保持一定的物理安全水平。违反这些法规可能会导致承担法律责任和罚款。通过遵守合规性要求，电力系统不仅能够维护其合法地位，还能够确保设备和系统按照最高标准进行物理安全保护。

在电力系统中，物理安全不仅仅是设备和设施的保护，更是对整个供应链系统运行的保障。通过强化物理安全，电力系统可以最大限度地减少潜在风险，确保系统运行的可靠性、连续性和安全性。

1.4 本书内容介绍

在第一章已对电网数字化转型背景、网络与信息系统（ICT）的关键作用和安全风险进行概述后，本书后续章节安排如下。

第二章深入探讨了电力 ICT 供应链的现状，从多个角度介绍其组成部分、体系结构，以及软件和硬件的发展现状。读者将了解到电力 ICT 供应链的复杂性，包括关键组件的互联互通，软件技术的演进，以及硬件设备的创新。这一章将提供读者对电力 ICT 供应链的整体认识，为后续章节的讨论奠定基础。

第三章聚焦于电网数字化转型中涌现的 ICT 供应链安全风险，探讨了恶意软件与病毒、网络和通信风险、数据安全与隐私问题以及供应链管理与漏洞。读者将了解到电网数字化转型中可能面临的多重威胁，涵盖了软硬件、通信和数据安全的方方面面。

第四章提供了应对第三章所述四种风险的防护策略，详细介绍了在电力 ICT 供应链中如何防范恶意软件与病毒、规避网络和通信风险、保护数据安全与隐私以及管理供应链漏洞。这一章将为读者提供实际可行的安全策略，以降低潜在的风险威胁。

第五章聚焦于电力系统各环节面对的安全风险以及防护策略，主要包括供给侧、配置侧、消费侧三个方面。同时，该章节还介绍了面对这些风险时电力行业中现有的特色做法与工程实践。这一章将帮助读者深入了解有效的检测、监控和响应机制，以应对不断变化的威胁。

第六章提供了电力行业在管理、技术和人员方面的具体措施和建议，深入探讨了组织架构与责权设计、运营与执行方案，帮助读者理解如何建立健全风险管理体系，以有效降低电力 ICT 供应链的安全风险。

第七章涵盖了数字新技术在电力 ICT 供应链中的风险和机遇，探讨了人工智能与机器学习、区块链与智能合约、虚拟现实与元宇宙、云计算与边缘计算等技术的应用，以及它们可能带来的安全挑战和创新机遇。

最后一章总结了本书的核心内容，强调了有效管理电力 ICT 供应链安全风险的重要性。此外，该章节还提供了有关电力 ICT 供应链安全趋势和未来展望的前瞻性信息，以引导读者更好地理解未来可能的发展方向和面临的挑战。

第 2 章 电力 ICT 供应链现状

目前,我国正处于能源革命和经济社会发展的关键时期,电网数字化转型势在必行,其中网络、平台等软硬件基础设施是数字化转型的重要支撑。因此,网络与信息系统(ICT)是我国电网数字化转型的关键,完善的 ICT 供应链能够为智能电网的建设和发展提供可靠的技术支撑。在此背景下,理清电力 ICT 供应链现状有助于了解电力行业数字化转型过程中相关软硬件设施和服务的供应链流程,明确各个参与方在供应链中的角色和职责,为电网数字化转型提供指导。

在本章中,笔者对电力 ICT 供应链的现状进行梳理。首先,从电力 ICT 供应链的组成部分和运作机制进行分析,并且介绍电力 ICT 供应链中的相关实体。其次,总结软件供应链的发展现状,介绍电力行业中常用的软件,分析软件供应链中的关键环节、特点和信创占比。最后,总结硬件供应链的发展现状,介绍电力行业中常用的硬件,分析硬件供应链中的关键环节、特点和信创占比。

2.1 电力 ICT 供应链的组成部分和体系结构

本节将从组成结构开始,对电力 ICT 供应链进行介绍,并且分析其两大组成部分,即软件供应链和硬件供应链。其次,对电力 ICT 供应链的运作机制进行说明,并且分析影响运作机制的内外部因素,包括全球化、数字化转型等。最后,对电力 ICT 供应链中的相关实体进行概述,这些实体为电力 ICT 供应链的正常运转提供了强大支撑。

2.1.1 组成部分

根据 2018 年国家市场监督管理总局和中国国家标准化管理委员会发布的国家标准 GB/T 36637—2018《信息安全技术 ICT 供应链安全风险管理指南》[7]中的定义:ICT 供应链即网络产品和服务的供应链,是指为满足供应关系通过资源和过程将需方、供方相互连接的网链结构,可用于将 ICT 产品和服务提供给需方。ICT 供方包括产品供应商、服务供应商、系统集成商等提供 ICT 产品和服务的实体，这些实体将在章节 2.1.3 中进行具体介绍。ICT 需方包括电力公司、终端用户等从其他组织获取 ICT 产品和服务的实体。图 2.1 为 ICT 供应链结构示意。从图中可以看出，在 ICT 供应链的网链结构中，需方和供方之间由于供应关系而存在有向的链接。并且在这种链式结构中，作为上游组织需方的组织也可能是下游组织的供方。这个供应链中的最终需方被称为终端客户，与其直接关联的供方被称为一级供应商。一级供应商直接关联的供方被称为二级供应商，以此类推，随着供应链的长度逐渐增加，供方层级也逐渐增加，涉及的供方也越多。

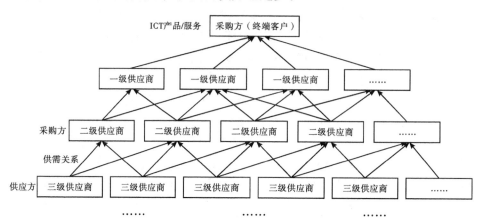

图 2.1　ICT 供应链结构示意

从 ICT 产品角度分析，电力 ICT 供应链包括软件供应链和硬件供应链。由于软件产品的特性，软件供应链与传统供应链存在差异，但是二者的关键环节仍然存在一定对应关系。软件供应链指一个通过一级或多级软件设计、开发阶段编写软件，并通过软件交付渠道将软件从软件供应商送往软件用户的系统[8]。传统供应链中的原材料对应着软件供应链中的编程语言、组件库等部分，销售网络和运输等销售渠道转变为网络平台下载、光盘刻录和定点销售等软件交付渠道。电力 ICT 供应链中的软件产品主要包括基础平台软件、应用软件、安全防护软件等。与软件供应链不同，硬件供应链可以较为简单地由传统供应链的概念衍生得到，是指从采购原材料开始，通过制造、组装等过程形成最终的硬件产品，再通过销售渠道将硬件产品送至终端客户的网链结构。电力 ICT 供应链中的硬件产品主要包括芯片、系统基础硬件、网络通信硬件等。

软件供应链和硬件供应链在电力 ICT 供应链中扮演的关键作用都是不可

忽视的，接下来，笔者将对二者的作用分别进行总结。首先，软件供应链的作用可以总结为以下五点：

（1）软件产品开发和交付。软件供应链涵盖了从软件开发到部署、维护和更新的整个过程。它确保了软件能够按照计划和质量标准交付给终端用户或客户，同时保障 ICT 系统能够满足业务需求。

（2）支持硬件产品。在现代 ICT 系统中，软件赋予硬件功能和意义，使其能够执行各种任务和提供各种服务，是用于管理、控制和运行硬件的关键元素。

（3）效率和可维护性。良好的软件供应链可以提高开发和交付效率，降低成本，并确保软件的可维护性。这有助于快速响应市场需求和改变，并减少维护成本。

（4）推动创新。软件供应链支持不断创新，通过引入新功能、改进用户体验、优化性能等方式增强软件产品的价值和竞争力。并且，新的软件开发技术的出现和应用可以促进 ICT 系统的升级和改进。

（5）保障用户体验。软件供应链中的各个环节都涉及用户的使用体验。通过优化软件供应链，可以提高 ICT 系统的用户体验。例如，通过改进软件的用户界面和使用体验，可以提高用户对 ICT 系统的满意度。

其次，硬件供应链的作用可以总结为以下五点：

（1）提供基础设施。硬件供应链负责提供电力行业 ICT 系统所需的各种关键基础设施，包括服务器、网络设备、存储设备、计算机等。这些硬件组件是构建 ICT 系统的基础，对于数据存储、处理和传输至关重要。

（2）支持云计算和虚拟化。硬件供应链支持云计算和虚拟化技术的发展，这使得资源共享、弹性扩展和成本效益管理成为可能，对于提高灵活性和资源利用率至关重要。

（3）推动技术升级和数字化。电力行业需要不断升级和数字化其设备和基础设施，以提高效率、可靠性和可维护性。而硬件供应链在推动 ICT 技术升级方面发挥关键作用。硬件制造商不断研发新的硬件技术，提高性能，降低能耗，并增加硬件的可靠性。这些创新有助于 ICT 系统跟上不断变化的需求和市场趋势。

（4）成本管理。有效的硬件采购和供应链管理，例如，通过合理的采购策略、精益的生产管理等方式，可以降低硬件采购成本、生产成本等，提高资本利用率。这对于 ICT 供应链相关企业的盈利能力和可持续性来说非常重要。

（5）最后，软件供应链和硬件供应链之间的相互作用也是需要考虑的。

软件和硬件在电力 ICT 系统中协同工作，硬件提供计算和存储能力，而软件负责管理和控制这些资源。同时，软件供应链和硬件供应链之间需要确保软件和硬件的兼容性和互操作性，即软件必须能够充分利用硬件的功能，而硬件必须能够支持和运行特定的软件。在性能优化方面，软件可以通过有效利用硬件资源来提高性能，而硬件供应链可以为软件提供更强大的硬件以支持更高的性能。因此，软件供应链和硬件供应链之间需要密切协作，以确保 ICT 供应链的性能和稳定性。

2.1.2 运作机制

电力 ICT 供应链的运作机制涵盖了从需求识别到产品和服务交付的整个生命周期，旨在支持电力行业的数字化转型，确保电力系统能够高效、可靠地运行。如图 2.2 所示，具体流程可划分为以下阶段：

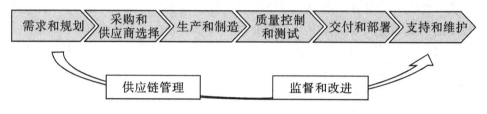

图 2.2　ICT 供应链运作机制

（1）需求和规划。电力公司首先需要确定他们的 ICT 需求，包括硬件、软件、网络设备、服务等，可能涉及基础设施升级、网络扩展、监控系统改进等。这个阶段涉及市场研究、需求分析和战略规划。

（2）采购和供应商选择。一旦需求和规划确定，电力公司就会进入采购过程，选择供应商来提供所需的 ICT 产品和服务。这包括与供应商的谈判、合同签订和供应商评估。

（3）生产和制造。对于硬件产品，生产和制造是供应链的关键环节。这包括原材料采购、生产过程、质量控制和装配。对于软件产品，在这个环节中，主要内容就是通过软件编码和集成第三方组件来实现产品功能。

（4）质量控制和测试。在整个 ICT 供应链中，质量控制和测试是非常重要的环节。产品和服务需要在交付给最终用户之前经过严格的测试和质量控制，以确保其性能和可靠性。

（5）交付和部署。交付和部署是将 ICT 产品和服务提供给最终用户的关键步骤。这可能涉及硬件产品的运输和安装，或者软件产品的安装和配置。

（6）支持和维护。ICT 供应链不仅涉及产品的交付，还包括支持和维护。这包括客户支持、故障排除、维护服务和更新。

(7) 供应链管理。一旦供应商确定，供应链管理开始发挥作用。这包括库存管理、订单处理、供应链协调、交付时间表等。供应链管理旨在确保所需的产品和服务按时交付，同时最小化库存和成本。

(8) 监督和改进。供应链的监督和改进是不断优化运作的关键，需要监控电力 ICT 供应链的性能，并采取措施来提升效率、降低成本、提高质量和可靠性等。

与此同时，多种内部和外部因素也在影响着电力 ICT 供应链的运作机制：

(1) 全球化。许多硬件和技术组件在全球范围内制造和交付，并且各个国家或地区的分工不断细化，联系更加紧密。这意味着，电力 ICT 供应链不仅涉及单个企业的运营，还涉及全球的产业链和价值链。因此，电力 ICT 供应链需要关注国际贸易政策、运输问题等方面的问题。

(2) 供应商和合作伙伴。电力 ICT 供应链的稳定性和可靠性在很大程度上取决于供应商和合作伙伴的表现。供应商的质量、可靠性、交付能力和合作伙伴关系管理都对电力 ICT 供应链的高效运作产生重大影响。

(3) 安全性和隐私问题。电力 ICT 供应链必须关注安全性和隐私问题，以保护系统和用户的数据。恶意攻击、数据泄露和隐私违规会对电力企业，甚至国家安全产生重大影响，因此，安全性必须是电力 ICT 供应链的优先考虑因素之一。

(4) 数字化转型。随着我国电网数字化转型的持续深入，电力行业对信息化的依赖度加深到前所未有的程度，这使得电力 ICT 供应链安全直接影响关键信息基础设施的安全。因此，电力 ICT 供应链需要适应数字化转型的需求，加强信息技术的运用和管理，提高供应链的透明度和可追溯性。

(5) 总的来说，电力 ICT 供应链的运作机制是一个需要协调多个参与者、管理复杂的流程，并且需要注重质量、时间和成本控制。同时，供应链管理者需要密切关注影响电力 ICT 供应链正常运作机制的因素，以便及时调整策略、提高供应链的灵活性和韧性，并确保供应链能够适应不断变化的需求和环境。这有助于确保 ICT 产品和服务能够满足电力公司需求，提供高质量的解决方案，同时也有助于提高电力系统的效率和可持续性。

2.1.3 相关实体

电力 ICT 供应链中涉及多个相关实体，如图 2.3 所示。这些实体在电力行业中发挥不同的作用，并协同合作以支持电力系统的运营。接下来，将对这些实体逐一进行介绍。

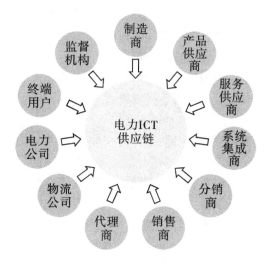

图 2.3 电力 ICT 供应链相关实体

2.1.3.1 制造商

制造商是指专门从事产品制造的实体，其主要任务是将原材料、零部件或组件转化为成品，以满足市场需求。制造商处于电力 ICT 供应链的上游位置。根据产品的类型，可将电力 ICT 供应链中的制造商简单划分为软件制造商和硬件制造商。

软件制造商是指开发、设计和编写计算机程序或应用程序的实体。他们负责创建和维护软件，包括基础软件、应用软件、安全防护软件等。这些软件制造商通过编写代码、进行测试、发布更新等过程来制造软件。著名的软件制造商包括微软、奥多比、甲骨文等。

硬件制造商是专门从事硬件设备和组件的制造、生产和装配的实体，他们的任务是将原材料、零部件或组件加工、装配和生产成成品硬件产品。涉及的硬件设备包括计算机硬件、通信设备、半导体芯片、网络设备、服务器、存储设备等。著名的硬件制造商包括高通、戴尔、华为、思科等。

2.1.3.2 产品供应商

产品供应商是提供原材料、零部件或成品产品的实体，任务是确保及时提供高质量的产品，以满足制造商、分销商和最终用户的需求。电力 ICT 供应链中的产品供应商主要包括软件供应商、硬件供应商和网络供应商。

软件供应商是指将软件产品提供给最终用户或客户的实体。软件供应商可以是软件制造商本身，也可以是软件的分销商、销售商或代理商。他们的任务是将软件产品推向市场，提供许可证、销售、技术支持、培训等服务，以确保最终用户能够购买、安装和使用软件。在软件供应商的系统结构中有一个主要供应商，在供应软件时会有三种情况：其一，找二级供应商购买软件；其二，直接复用之前生产的软件，或打包开源软件直接复用；其三，选择自己开发软件，可以外包给国内或国外开发者，也可以内部自己开发。

硬件供应商为电力行业提供各种物理设备和硬件组件，即用于构建和支持电力系统的基础设施。对于在电力 ICT 供应链中处于上游位置的实体，如制造商和系统集成商，硬件供应商通常提供各种硬件组件和部件，如半导体芯片、电子元件、机械零件、传感器、电路板、电源等。对于处于下游位置的实体，如电力企业，硬件供应商通常提供成品硬件产品，以满足各种市场需求，产品包括计算机、服务器等。

网络供应商为电力行业提供通信和网络设备，有助于建立可靠的网络连接、提供高速互联网服务和保障通信安全性，以支持电力公司之间、电力公司与终端用户之间的数据通信和信息传输。通信和网络设备包括光纤通信设备、交换机、路由器、防火墙等。

2.1.3.3 服务供应商

在电力 ICT 供应链中，服务供应商提供各种与信息技术和网络技术相关的服务，是供应链的重要组成部分。常见的服务供应商包括云服务供应商和网络运营商。

云服务供应商是指提供各种云计算服务的实体，云计算服务包括基础设施即服务、平台即服务、软件即服务以及其他云相关的解决方案。云服务供应商的目标是满足客户计算、存储、数据处理和应用程序的需求，并通过互联网提供这些服务，使客户能够按需使用云资源，而无须投资和维护自己的硬件和软件基础设施。中国知名的云服务供应商包括阿里云、华为云、腾讯云等。作为阿里巴巴集团旗下的云计算服务提供商，阿里云以其全球化、多功能的云服务、丰富的生态系统和全球数据中心网络而闻名，目前已成为全球领先的云计算服务提供商之一。华为云是华为公司旗下的云计算服务品牌，以其高度安全的基础设施和卓越的性能而闻名。腾讯云是腾讯公司旗下的云计算服务品牌，作为中国领先的云服务提供商，腾讯云以其灵活的计费方式和卓越的性能而备受推崇。

网络运营商是进行网络运营和提供服务的实体，他们构建和维护通信基础设施，使人们能够连接到互联网，保证不同的设备、用户和组织之间的连接，并支持数据和信息的传输。在电力 ICT 供应链中，网络运营商处于中下游核心位置，为用户和企业提供通信渠道，为我国电网数字化转型提供有力保障。中国国内四大网络运营商为中国移动、中国电信、中国联通和中国广电。

2.1.3.4 系统集成商

系统集成商是指专门从事组合各种硬件、软件、网络等组件,并确保这些组件作为一个整体,提供整体解决方案、整套设备和全方位服务的实体。他们的主要业务包括系统规划和设计、系统实施和集成、系统运维和维护、业务流程优化和培训支持。在电力 ICT 供应链中,系统集成商的作用不仅仅是整合系统资源,更重要的是帮助电力企业打造数字化生态圈。通过对电力企业业务的深入了解,系统集成商能够为电力企业提供最佳的数字化转型方案,并共同构建数字化生态圈,从而实现合作共赢。目前,在中国国内已经出现了众多的系统集成商,比如华为等。这些实体的出现为供应链下游企业客户提供更加精准、高效、可持续的数字化转型服务。

2.1.3.5 分销商

分销商是指那些将来自制造商的电力 ICT 产品或服务分销给最终用户或销售商的实体。他们在供应链中扮演着产品分发和供应的中间商角色,负责存储、物流、销售支持和客户服务,以确保产品能够到达目标市场并满足客户的需求。分销商通常需要与制造商之间建立较为紧密的合作关系,代表制造商向市场推广和销售产品。他们可以覆盖广泛的地理区域或特定的细分市场,为 ICT 产品快速进入市场提供渠道。同时,分销商能够向制造商及时反馈重要信息,包括市场需求和消费者反馈,帮助制造商提高产品质量和市场竞争力。

2.1.3.6 销售商

销售商是指负责销售电力 ICT 产品、解决方案和服务的实体,其主要任务是将各种电力 ICT 相关产品或服务引入市场,并直接销售给最终用户。在电力 ICT 供应链中,销售商处于下游位置,与电力企业直接关联合作。销售商通常从分销商或制造商处采购产品,并以零售价格销售给有需求的下游客户,销售渠道包括线下实体店、在线商店等。一般来说,销售商需要具备技术专业知识和市场洞察力,以满足电力行业不断变化的需求。

2.1.3.7 代理商

在电力 ICT 供应链中,代理商是一种特殊类型的中间商,位于供应链中游位置,他们在制造商、供应商和产品最终用户之间发挥重要的连接和推广作用。代理商通常代表一个或多个制造商、供应商,将其产品或服务引入市场并与产品最终用户合作。他们负责推广和销售其代理的制造商、供应商的产品或服务,同时,监测市场趋势和竞争情况,为制造商提供有关产品定价、市场定位和销售策略的建议。代理商通常与制造商、供应商之间建立长期合作关系,以实现共同的市场目标。

分销商、销售商、代理商的主要区别为:①分销商和销售商需要负责产品的库存管理,而代理商通常不持有产品的库存,即分销商和销售商需要从制造商或供应商那里购买产品,而代理商不需要购买产品。②分销商通常以较低的批发价格购买产品,然后以较高的零售价格销售给销售商或最终用户;销售商以较高的零售价格销售产品给最终用户,以赚取利润;代理商通常不涉及产品的购买和销售定价,而是从制造商或供应商那里获取佣金和提成。

2.1.3.8 电力公司

作为我国电网的运营主体,电力公司负责建设和运营电网、输电线路等基础设施,负责电力传输和配电,确保为居民、企业等电力消费者提供高效和可靠的电力供应,对整个电力行业的发展起着决定性作用。在整个电力ICT供应链中,电力公司位于中下游核心地位,是电力ICT产品和服务的主要需方,其上游供方包括软件供应商、硬件供应商、服务供应商等。同时,电力公司负责管理电力ICT供应链中的各个环节,确保电力ICT供应链的稳定运行和可持续性。基于电力ICT供应链,电力公司能够更好地进行数字化转型,推动智能电网和自动化技术的发展,提高电力网络的效率和可靠性。

2.1.3.9 终端用户

终端用户是最终使用电力ICT技术、产品或服务的个人、家庭、企业、组织或其他实体,他们位于电力ICT供应链的末端,是电力ICT供应链的最终受益者。他们能够使用这些电力ICT产品和服务来满足各种用电需求、提高效率、增强安全性、支持业务运营或提高生活质量。例如,网上国网等移动端App产品使得终端用户能够更加便捷地进行电费缴纳、账单查询、故障报修等操作。电力ICT供应链的目标之一是满足终端用户的需求,并为他们提供可靠、安全和高效的电力和通信服务。因此,电力ICT供应链的各个环节都致力于为终端用户创造更多的价值。

2.1.3.10 物流公司

物流公司负责管理和协调物品的流动、储存和分发,确保各种ICT产品按照需要和计划有效地运送到目的地,是物流执行者也是库存管理者。在电力ICT供应链中,物流公司与制造商、产品供应商、分销商、电力公司等多个实体之间都需要建立合作关系,以确保ICT产品在整个供应链中顺畅流通。物流公司需要不断优化运输路线、货物装载方式、运输模式选择和交付时间安排等，降低运输成本，并提高物流效率。他们的运作直接影响 ICT 产品的供应速度和可靠性，任何中断或者延误都将直接影响电力 ICT 供应链的稳定运行。

2.1.3.11　监管机构

在电力 ICT 供应链中，监管机构是起着监督和管理电力行业运作的关键组织或机构，通过规范化、监督和合规性审查等方式，维护电力 ICT 供应链的秩序和稳定性。首先，监管机构负责监督电力 ICT 市场，以确保市场中的各个参与者之间的竞争是公平的，如产品供应商和服务供应商，防止垄断和不正当竞争。其次，监管机构参与制定并执行与电力 ICT 行业相关的法规、政策和规定，以确保产品供应商和服务供应商的合规性，包括数据隐私、网络安全和产品合规性等方面的法规。最后，监管机构负责监督和规范数据隐私和安全标准，以确保企业或个人隐私数据受到有效的保护，同时需要鼓励企业采取一定措施来保护数据安全。在我国，ICT 供应链监管机构一般是政府，如国家市场监督管理总局。

2.2　软件发展现状

随着电网数字化转型的深入，软件技术在电力行业中的应用不断扩大。了解软件发展现状和趋势有助于电力 ICT 供应链中的相关企业和组织更好地满足电力企业的需求，应对不断变化的市场挑战。因此，关注和分析软件发展现状对于电力 ICT 供应链至关重要。

本节首先总结和介绍了电力行业中常用的六大类软件。其次，对软件供应链的开发、交付、使用这三个关键环节进行分析。再者，总结当今软件供应链的特点。最后，对软件供应链的信创占比进行分析。

2.2.1　电力行业中常用的软件

电力行业涉及的软件类 ICT 产品主要包括六大类：基础平台软件、应用软件、研发软件、专用软件、大型系统软件和安全防护软件。各类软件具体包含的产品如图 2.4 所示。接下来，笔者将逐一介绍这六大类软件。

第2章　电力ICT供应链现状

电力行业常用软件产品	基础平台软件	操作系统、数据库、中间件、虚拟化软件、云平台
	应用软件	办公软件、移动App
	研发软件	电路设计软件、编译软件
	专用软件	ERP系统、财务软件
	大型系统软件	桌面管理系统、统一权限平台、电能质量检测系统
	安全防护软件	网络监控软件、防病毒软件、软件防火墙、入侵防御系统、漏洞扫描软件

图2.4　电力行业中常用软件产品分类

2.2.1.1　基础平台软件

基础平台软件是指支持计算机系统或应用程序运行的底层软件组件，它们为计算机系统和应用程序的正常运行提供了必要的环境和工具。

（1）操作系统。操作系统是一组主管并控制计算机操作、运用和运行硬件、软件资源及提供公共服务来组织用户交互的相互关联的系统软件程序。作为计算机硬件、软件资源的管理者，操作系统管理对象包括CPU、存储器、外部设备、数据和指令信息，管理内容包括资源的当前状态、资源的分配、回收和访问操作、相应的管理策略，并且还进行工作流程的合理组织，比如作业管理和进程管理。同时，操作系统是用户与计算机之间的接口，提供了系统命令和一系列供编程使用的系统调用。

在电力行业中常用的操作系统主要为Microsoft Windows和Linux。从1985年11月发布的初代版本Windows 1.0至2021年10月发布的Windows 11，Microsoft Windows操作系统经历了十数次迭代更新，具有易用性强、多任务处理能力强、硬件支持良好、支持应用软件多等特点，已成为全球应用最广泛的操作系统之一，在中国也占据着极高的市场份额。与商业化的Windows操作系统不同，Linux是一种开源操作系统，其内核于1991年10月首次发布。Linux操作系统具有开源、安全性高、灵活性和可定制性高、技术社区用户多等特点。根据国际数据研究机构Statcounter公开的数据[1]，截至2023年10月，Windows操作系统在中国的市场占比仍然高达76%，Linux操作系

---

[1] Desktop Operating System Market Share in China [EB/OL]. StatCounter. 2024. https://gs.statcounter.com/os-market-share/desktop/china.

统的市场占比也达到 3%。

现如今，操作系统种类繁多，除了上述介绍的 Microsoft Windows 和 Linux，苹果公司推出的 OSX 操作系统也在中国占有一定的市场。在国产操作系统方面，由于我国操作系统的发展起步较晚，虽然近些年国家在大力推动自主操作系统的研发，但是相比于欧美企业，国产操作系统的竞争能力仍然较低，市场占比低。同时，国产操作系统大多基于开源 Linux 内核进行开发，不具备操作系统内核、图形桌面系统等方面的核心技术能力[9]。此外，国产操作系统的开发生态成熟度也远远比不上国外操作系统的开发生态。但从另一方面来看，国产操作系统的市场占有率在逐年提升，政府也出台了一系列政策鼓励技术研发和创新，国产操作系统仍然具有较好的发展机遇和发展前景。

（2）数据库。数据库是一种用于有效地存储、组织、检索和管理数据的结构化集合，通常包括数据、数据模型、数据管理系统和一系列与数据相关的操作。数据库可划分为关系型数据库和非关系型数据库。

关系型数据库是使用表格形式存储数据的数据库，适用于处理结构化数据。常见的关系型数据库包括 MySQL 和 PostgreSQL。MySQL 是由瑞典 MySQLAB 公司在 20 世纪 90 年代末开发的数据库管理系统，现已被甲骨文公司所收购。MySQL 由于其开源性，受到众多开发者和组织的青睐。MySQL 能够快速执行查询和事务处理，具有较为出色的性能。同时，MySQL 具有良好的可扩展性，可以通过分片、主从复制等方法来处理大规模数据。PostgreSQL 没有一个单一的所有公司，而是由一个全球性的开源社区共同维护和开发的数据库管理系统，这种强大的社区支持使得它在数据库领域具有强大的竞争力。相比于 MySQL，PostgreSQL 具有更多的高级功能，如复杂查询、多版本并发控制等，更适合用于处理复杂的数据操作。并且 PostgreSQL 具有更高的安全性，提供访问控制、加密、审计等安全特性，可以有效避免数据受到恶意攻击。

非关系型数据库使用不同于传统关系型数据库的数据模型，如图形、键值对、文档等，适用于处理大量的非结构化和半结构化数据，常见的非关系型数据库包括 Redis 和 Neo4j。Redis 是意大利公司 Merzia 的创始人萨尔瓦多·桑菲利波开发的一个高性能的键值对数据库。具体来说，它以键值对的形式存储数据，并支持字符串、列表、集合、哈希表等多种数据类型和数据结构。由于将数据存储在内存中，Redis 具有非常快的读写速度，适用于需要高速读写访问的应用程序。同时，它提供了两种可选择的持久化方式来将数据保存到磁盘上，保证数据在服务器重启后不会丢失。Neo4j 是 Neo4j 公司开发的图形数据库，采用图形的方式来表示和存储数据。Neo4j 在处理复杂的关系查询方面表现出色，特别适用于需要深度遍历和图形算法的应用程序，如推荐系统、知识图谱等。同时，Neo4j 提供了可视化工具，能够帮助用户更加便捷、清晰地理解数据关系。

随着技术发展和市场需求的增加，数据库管理系统的发展趋势也不断变化。目前，数据类型不断更迭，从之前常见的结构化数据逐渐拓展到半结构化、非结构化数据，包括文档、图形等，这驱动了多模型数据库的发展。同时，自动化管理和自动化运维也是数据库管理系统发展的重要趋势，这可以帮助企业或组织有效降低数据库管理的复杂性和成本。此外，随着大数据和分布式计算的发展，分布式数据库管理系统也逐渐占据较为重要的地位，这类系统能够允许数据分布在多个节点上，以提高系统的容错程度和性能。

（3）中间件。中间件是指提供系统软件和应用软件之间连接的软件，它使用系统软件提供的基础功能，连接应用系统的各个部分或不同的应用，以达到共享信息和资源的目的。电力行业中常用的中间件包括消息中间件 Kafka、Web 服务器 Nginx、缓存中间件 Redis 等。消息中间件是支持在分布式系统之间发送和接收消息的软件。Kafka 是由领英公司开发的分布式事件流平台。它可以在多个节点上部署以实现高可用性和横向扩展，并且通过分区和复制来分发数据，确保数据的可靠性和容错性。同时，Kafka 被设计用于高吞吐量的数据流，它能够处理大量的消息并保持低延迟，适用于处理实时事件数据。Web 服务器是用于处理和响应 HTTP 请求和响应的软件系统。Nginx 是一个开源的 Web 服务器和反向代理服务器。它可以用于托管静态网站、高可用性架构、API 网关、缓存服务器等多种用途。Nginx 具有高性能，适用于高负载和高并发的情况，能够处理数千个并发连接。缓存中间件是一种用于存储和管理缓存数据的软件，如在前面数据库部分介绍的 Redis 就是一个常用的缓存中间件。

（4）虚拟化软件。虚拟化软件是指用于创建和管理虚拟机或容器的工具和平台，使得单个主体设备上能够建立和执行一个至多个虚拟化环境，从而提高资源利用率、隔离应用程序和简化管理。虚拟化软件可以分为硬件虚拟化软件和容器虚拟化软件。硬件虚拟化模拟完整的虚拟计算机，在单个物理设备上运行多个独立的虚拟机，每个虚拟机的操作系统和内核都是独立的，可以运行不同的操作系统。常用的硬件虚拟化软件包括美国软件公司 VMware 开发的 VMware Workstation、德国软件公司 InnoTek 出品的 VirtualBox 等。容器虚拟化是指使用容器来隔离应用程序和其依赖项，而不需要模拟整个操作系统。容器共享主机操作系统的内核，并且非常轻量级，启动速度快。常用的容器虚拟化软件包括 Docker 公司开发的 Docker、红帽公司开发的 Podman 等。

目前，虚拟化软件的发展趋势包括多云和混合云虚拟化、深度整合和开源趋向性。随着云计算的快速发展，对于多云和混合云环境的需求也在快速增加，因此，虚拟化软件需要支持跨多个云提供商和本地数据中心的工作负载迁移和管理，以实现灵活性和高可用性。同时，虚拟化软件和云计算平台、容器编排工具等其他技术之间的整合将继续增强，以提供更流畅的开发和部署体验。最后，开源虚拟化软件在企业和开发者社区中也逐渐得到广泛的应用，这将推动虚拟化软件开源的发展。

（5）云平台。云平台通常来说指的是云计算平台，为用户提供计算、存储、网络和其他云服务，用户可以通过互联网远程访问和使用这些服务。云平台的服务类型包括基础设施即服务、平台即服务、软件即服务。这三类服务具体的内容分别为：提供虚拟化的计算、存储和网络资源；提供开发工具、数据库和应用程序部署环境；提供完整的应用程序。云平台主要可以分为两类：私有云平台和公有云平台。私有云平台一般是企业自行搭建的云平台，仅提供给企业内部进行使用，是一种提高企业内资源利用率的方式。公有云平台是提供给大众使用的云平台，任何个人、企业或组织均可以在这个云平台上去购买相应的资源。目前，国内常见的提供公有云服务的平台包括阿里云、华为云、腾讯云等。对于电力等传统行业，在云转型方面难度较高，对于业务安全、数据安全等方面都有着更高的要求，并且此类客户需求更加复杂，技术难度和迁移难度都较高。在此情况下，华为云凭借销售下沉和渠道优势在电力等传统行业中占据了更多优势。

2.2.1.2 应用软件

应用软件是指为用于完成特定任务或提供特定功能而设计的计算机程序，它们不直接管理计算机的底层资源，而是利用基础平台软件提供的功能来实现特定的任务。在电力行业中，常用的应用软件包括办公软件和移动 App。

（1）办公软件。办公软件是指用于办公任务和文档处理的应用软件，通常功能包括文字处理、表格制作、演示文稿制作和图形图像处理。如今，国内企业最常用的办公软件是 Microsoft Office 和 WPS Office。Microsoft Office 是由微软公司开发的一套办公软件套装，常用组件包括文字处理软件 Word、电子数据表软件 Excel、演示文稿软件 PowerPoint 等。WPS Office 是金山办公出品的一套国产的办公软件套装，常用组件也包括文字处理软件 Word、电子数据表软件 Excel、演示文稿软件 PowerPoint 等。目前，办公软件的壁垒较高，相关企业并不多，国内市场基本由微软和金山办公所占据，并且近几年，金山办公的市场占有率已经能够和微软相抗衡。除了上述的通用办公软件，在电力行业，企业也会推出自己的办公软件，例如国家电网有限公司推出的 i 国网。i 国网为国家电网有限公司各专业、各单位提供即时沟通、在线协作、效率工具、内容传播、分级运营、生态互联、安全防护、开放接口等核心功能。随着技术进步和用户需求的不断迭代，现在办公软件逐渐朝着在线协作、云办公、移动办公、定制化需求、数据驱动等方向发展。

（2）移动 App。移动 App 是指专门为移动设备设计的应用程序，通常提供各类功能和服务，以满足用户的不同需求。在电力行业，使用范围比较广的移动 App 包括网上国网和南网在线，都力求为用户优化用电服务。

网上国网是国家电网于 2019 年底全网上线的官方移动 App，以"智能友好、精简高效、清新低碳"为设计理念，为居民、企事业单位、电动汽车和光伏行业等各类用户群体提供不同的特色服务，力求让电力客户办电、用电实现"线上办、指尖办、自助办"。对于居民用户，网上国网提供交费、电量电费信息查询等常用功能和用电分析、电子发票办理等特色服务。对于企事业单位客户，除了交费、办电、用电信息查询等常用功能，网上国网还提供用电负荷、能效诊断等专业化服务。对于电动汽车用户，网上国网提供站点查询、充电充值、个人桩接电等特色服务。对于光伏客户，网上国网提供建站咨询、光伏新装、补贴结算等特色服务。根据国家电网公布的数据，截至 2023 年 10 月 24 日，网上国网注册用户达 3.01 亿，日活跃用户数、月活跃用户数分别突破 1000 万、7000 万，成为中国国资央企最大的公共服务平台之一[10]。

南网在线是中国南方电网有限责任公司官方推出的移动 App。除了电费查缴、用电报装、停电报障等基础用电业务，南网在线还上线了扶贫商城、保险超市、电动汽车服务等增值服务。此外，在广州、深圳、佛山地区还上线了配电设备运维、电气厨房、电动汽车充电设施建设、分布式光伏等用电增值服务，为用户提供个性化的用电服务。在提供用电服务之外，南网在线还为用户提供"知点"模块。在这个模块中，用户能够直接了解到各类用电信息，有助于用电知识的普及。

2.2.1.3 研发软件

研发软件是指用于研发活动的软件，能够帮助工程师和开发者更好地进行研究、设计、开发等工作。电力行业中常用的研发软件包括电路设计软件和编译软件。

（1）电路设计软件。电路设计软件是用于设计、测试分析和模拟仿真电子电路的工具。从简单的数字电路到复杂的集成电路，电路设计软件能够帮助专业人员快速完成电路设计工作。市面上较为常用的电路设计软件包括Altium Designer、PADS 和 Cadence Allegro。Altium Designer 是原 Protel 软件开发商 Altium 公司推出的一款集成的电子设计自动化工具,主要功能包括电路原理图设计、电路仿真、信号完整性分析等。PADS 是由 Mentor Graphics 公司开发的印刷电路板设计工具,具有稳定的性能,适用于设计复杂项目。并且 PADS 支持模块化设计,方便用户组合和重用设计元素。Cadence Allegro 是 Cadence 公司推出的一种电子设计自动化工具套件。在高端印刷电路板领域,Cadence 是目前市场上主流高端软件供应商之一,具有很高的行业认可度。

(2) 编译软件。编译软件是指将源代码转为可执行程序或文件的软件。在现代计算机系统中,编译软件是编程人员和机器之间的重要连接。编译软件将编程人员编写的人类可读的高级编程语言代码翻译成机器可执行的二进制代码,这大大简化了编程人员的工作,使得编程人员可以使用更容易理解和撰写的高级语言来开发应用程序。编译软件可以将相同的源代码编译成适用于不同操作系统的可执行程序或文件,这使得编程人员可以更轻松地编写跨平台的应用程序。此外,编译软件还能够优化性能,包括代码优化、内存优化和并行化,并且在编译过程中能够执行代码错误检测,包括类型错误、语法错误、内存错误等。此外,对于不同的编程语言,有不同的编译软件,需要编程人员按需选择。

2.2.1.4 专用软件

专用软件是指为特定行业和领域开发的软件,针对于满足特定用户的需求,具有高度定制化、专业化的特点。

(1) ERP 系统。ERP 系统,即企业资源计划系统,是一种对物质资源、资金资源、人力资源和信息资源进行集成一体化管理的企业信息管理系统。最初的应用可以追溯到 20 世纪 60—70 年代,当时它们仅被用于制造业,以帮助制造企业更好地管理其生产和资源,以提高效率和降低生产成本。随着 ERP 系统的不断改进,它逐渐变得更加通用,使得它的使用范围跳出了传统制造业的限制,开始扩展到其他的行业,包括电力行业。ERP 系统通过将企业各个部门和功能之间的数据和流程整合到一个统一的平台上,帮助企业实现高效、协调和有序的运营。中国的 ERP 软件行业经历过起步阶段(20 世纪 80 年代初到 90 年代末)、发展阶段(2001—2005 年)、成熟阶段(2006—2010 年),目前处于转折新起点阶段(2010 年至今)。如今,主流厂商开始提供以 ERP 为核心的套装软件,同时,云计算也让付费和服务更加灵活。

(2) 财务软件。财务软件是指专门用于完成会计工作的计算机应用软件,主要功能包括总账管理、资金管理、工资管理、报表管理、财务分析等。财务软件的使用可以帮助企业有效实现财务管理的自动化和标准化,并且提高会计核算过程的规范化,提高财务工作的效率和质量。同时,使用财务软件可以帮助企业降低财务管理的成本,包括人力成本和资源成本。此外,通过财务软件可以对企业财务状况进行分析,快速掌握企业的经济情况,帮助企业管理者对企业的发展方向进行判断,提高企业经营效率和发展质量。从智研咨询平台公开的数据来看,2022 年,占中国财务软件整体市场份额第一的公司是用友,占比为 28.6%,排名第二的公司是金蝶,占比为 19.5%[11]。这两家公司基本占据了中国财务软件整体市场份额的一半。可以看出,我国财务软件厂商紧跟技术前沿,不断迭代创新产品,在国内市场已具备较高的认可度。

ERP 系统是否可以替代财务软件?否。很多人认为 ERP 系统可以替代财务软件,因为 ERP 系统包含财务管理的功能。但是 ERP 系统的财务管理模块只能提供较为基础和简单的管理功能,当财务管理变得复杂时,企业仍然需要一个专业的财务软件来管理财务收支。当然,随着企业信息化程度的提高和管理需求的不断变化,ERP 系统和财务软件的融合也成为一个重要的趋势。

2.2.1.5 大型系统软件

大型系统软件是指用于管理和运行大规模计算机系统的软件。这些系统通常由多个组件和子系统组成,用于支持组织内的复杂业务流程和数据处理需求。

(1) 桌面管理系统。桌面管理系统是指用于管理和维护计算机桌面环境的系统软件,旨在提供一种集中管理、监控和维护桌面计算机、笔记本电脑和工作站的方式,帮助监控企业内 IT 环境的变化。针对企业级用户的需求,桌面管理系统提供了一套完善且高效的计算机设备管理方案,旨在保障企业内部的计算机设备稳定运行,并显著降低维护成本。具体来说,桌面管理系统的主要功能包括计算机设备软件和硬件清单管理、远程桌面维护和管理、系统补丁管理、计算机设备性能监控和优化、终端行为审计。

(2) 统一权限平台。统一权限平台是指用于管理和控制组织内部资源和数据访问权限的集成系统,旨在简化企业权限管理和提高安全性。随着企业规模的扩大和信息系统复杂性的增加,统一权限平台的重要性越来越高。通过统一权限平台,企业可以集中管理所有用户的账号、权限和角色,实现统一的身份认证和权限控制。平台管理员能够指定用户和角色访问特定的资源、文件或数据,并且可以限制他们能够执行的操作,以实现对资源和数据的访问控制。同时,平台可以对用户活动进行记录并生成日志文件,以便管理员对用户的行为操作进行监控和审查。

(3) 电能质量检测系统。电能质量检测系统是指用于监测和评估电网电能质量的系统。电能质量是指电力系统中电压、电流和频率等参数的稳定性和纯度程度。电能质量问题可能包括电压波动、电流谐波、电压暂降、电压中断等,这些问题可能对电力设备的正常运行产生不利影响。电能质量检测系统的主要目标是监测这些问题,并提供数据以评估和改善电能质量。它的主要功能包括电压和电流检测、电压和电流质量分析、电能质量问题事件记录、数据存储、电能质量报告分析、远程多点监控等。

2.1.1.6 安全防护软件

安全防护软件是指用于保护计算机系统免受恶意软件和病毒等威胁的软件,它能够对计算机系统的运行环境进行检测和监控。

(1) 网络监控软件。网络监控软件是指对局域网内的计算机设备的状态和性能进行监控的软件。对于企业来说,网络监控软件负责的内容包括上网监控和内网监控。上网监控是对企业员工的上网行为进行监测和控制,掌握员工的上网信息,并且记录、管理、限制员工的上网行为,确保员工进行安全、高效的网络访问。同时,对网络流量进行监控,能够帮助发现网络负载异常情况,提高网络性能。内网监控是对员工的电脑使用过程进行监控,防止员工滥用计算机设备,并且对文件资源的收发进行监控,以确保重要文件资料不被泄露。按照功能进行细分,可将网络监控软件分为计算机和网络状态监测软件、网络安全防护软件、网络流量监控软件、网络监控集中管理软件、服务器状态和性能监控软件这五类。

(2) 防病毒软件。防病毒软件是指用于检测和防护计算机设备病毒的软件,具备主动解除或删除恶意软件程序的能力,以达到确保计算机安全的目的。作为计算机防御系统的重要组成部分,防病毒软件首先可以对计算机系统的活动进行实时监测,及时检测和拦截病毒、恶意软件等。其次,防病毒软件可以对磁盘进行扫描,从而检测和清除计算机中已经存在的恶意软件程序。最后,对于下载或共享的文件,防病毒软件能够对其中潜在的危险进行检测和识别,及时预警和清除携带病毒的文件,防止病毒传播。

(3) 软件防火墙。软件防火墙是一种计算机程序,它可以通过监测和控制网络通信来保护计算机系统的安全。具体来说,软件防火墙就是一堵位于计算机和公共网络之间的墙,它负责阻止恶意攻击和未经授权的网络通信,同时允许合法的网络通信。软件防火墙可以对电脑的网络流量进行监测和控制。它可以根据配置的规则集，基于 IP 地址、端口号和协议对进出计算机的数据包进行筛选并控制其访问权限，这可以防止恶意软件或网络攻击从外部进攻，并控制计算机对外部网络的访问。并且当有新的网络通信连接创建时，防火墙会对连接进行记录，并根据连接状态判断是否允许数据包的通过。另外，软件防火墙还可以阻止对计算机系统中的敏感信息和文件的非法访问，这对隐私信息的保护至关重要。

（4）入侵防御系统。入侵防御系统是指用于在网络或计算机系统中监测和防御恶意攻击和威胁的计算机网络安全设施。入侵防御系统能够监视网络流量和系统活动，检测已知和未知的攻击行为，并且一旦发现威胁，会立即启动防御机制，采取对应的措施来阻止攻击的发生或减轻攻击的影响。具体来说，入侵防御系统对网络传输的每个数据包进行深层检查，一旦发现问题，入侵防御系统将关闭已被利用的网络传输，同时，它还会阻止违规文件来源的 IP 地址再次进行网络传输。

（5）漏洞扫描软件。漏洞扫描软件是指通过对目标网络系统、操作系统、计算机设备、应用程序等进行自动或半自动的漏洞扫描，发现其中可能存在的漏洞和有安全风险的工具。漏洞扫描软件是现代电力企业开展渗透测试服务中必不可少的工具之一，通过使用它们，不仅能够发现系统中的漏洞和风险，还能够为后续的修复和防御提供参考和依据。漏洞扫描通常包括以下五点：其一，通过扫描目标主机的开放端口，识别出可能存在的漏洞。其二，通过模拟攻击者攻击目标的行为来发现其中可能存在的协议漏洞。其三，通过模拟攻击者攻击应用程序的行为发现应用程序中存在的漏洞。其四，通过检查目标主机的配置文件来发现配置文件漏洞。其五，通过检查数据库中的数据和配置来扫描数据库中存在的漏洞。

2.2.2 软件供应链的关键环节

从软件生命周期的视角观察软件供应链，可以将软件供应链划分成开发环节、交付环节、使用环节这三个关键环节[12]，如图 2.5 所示。具体来说，软件在开发环节中按照软件工程的设计目标，经过需求分析、设计实现、测试等流程，形成可用的软件产品，在交付环节中软件供应商通过特定的交付渠道将软件产品分发到终端用户，并在最后的使用环节中服务用户使用产品的整个生命周期，其中包括可能的升级和定期维护流程。

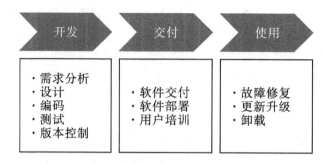

图 2.5　软件供应链关键环节

2.2.2.1　开发环节

软件开发是将用户需求转变为可用的软件产品的一系列活动。

（1）需求分析。作为软件开发的起始阶段，在这一阶段，开发团队需要与用户就他们对产品的需求进行深入沟通，确定软件产品的功能需求、性能需求、安全要求等多方面需求。在此基础之上，开发团队需要对需求进行详细的分析，将用户非形式化的需求表达转化为完整的、形式化的需求定义，并且需要撰写软件需求规格说明书。

（2）设计。在完成需求分析之后，开发团队需要对软件系统进行设计，需要确定具体的技术栈、软件系统的整体结构、功能模块划分、各个功能的算法实现流程、界面设计等内容。这个阶段主要可分为概要设计和详细设计。概要设计的主要任务是通过分析软件需求规格说明书的内容，将软件的功能进行分解，确定软件的总体结构。详细设计的主要任务是明确软件的每一个功能模块所需的算法和数据结构，设计出每个模块的代码逻辑结构。这个阶段的产出内容主要包括软件概要设计说明书和软件详细设计说明书。

（3）编码。在这一阶段中，开发团队按照软件设计说明书的内容，编写代码实现各个功能和模块。开发人员需要保持良好的编码风格，遵循一定的编码规范，编写出的代码需要易于阅读、易于修改和易于维护，并且需要编写和维护程序内部文档。同时，代码审查也是这个阶段的一项重要活动。通过检查代码的质量和一致性，代码审查确保了代码符合规范和设计要求，可以发现并纠正代码中的错误和缺陷，提高代码的质量和可维护性。

（4）测试。软件测试的主要任务是定位和分析代码在运行中存在的错误，验证软件产品满足用户需求和软件设计。首先，单元测试是针对软件设计中划分的模块进行测试，由于粒度较小，单元测试能够在较短时间内定位到代码错误，节省开发时间。其次，将通过单元测试的不同模块按照软件设计组装成子系统或系统进行集成测试，确保不同的模块之间能够正常进行交互。系统测试将所有通过集成测试的集成组件作为输入，在一个完整的集成系统上进行测试，以评估系统是否符合需求设计。在以上三个阶段完成之后，产品会进行发布之前的最终测试，即验收测试，以确保软件已构建完成，可以投入使用。整个测试阶段需要产出的文档是软件测试报告。

（5）版本控制。版本控制是指对软件开发环节中各种程序代码、配置文件及说明文档等文件变更的管理。通过版本控制，开发团队可以方便地跟踪代码、文档的修改历史，恢复到以前的版本，或者合并不同的分支，帮助开发团队更好地进行协作和管理代码及相关文档。

2.2.2.2 交付环节

软件交付环节的主要任务是将开发出的软件产品和相关文档交付到用户手上，让用户能够更加方便地使用和管理软件产品。目前，软件交付渠道主要包括以下三种：

（1）网络下载。用户通过互联网直接从软件的官方网站或者其他在线渠道（如在线应用商店等）下载软件产品。这种方式方便快捷，适用于大多数用户，保证用户能够迅速获取并安装所需的软件。

（2）介质存储。软件供应商将软件存储在物理介质上，用户需要购买这些物理介质，然后才能将软件产品安装到他们的计算机或设备上。这种交付方式适用于网络连接不稳定或带宽有限的地区，以及需要离线安装的情况。常见存储介质有光盘、U盘等。

（3）私有云部署。软件供应商将软件产品部署在私有云环境中，然后用户可以通过内部网络访问并使用该软件。这种交付方式通常用于企业内部或特定组织，目的是确保数据和应用程序的安全性和可控性。

在经过上述渠道将软件产品交付至用户之后，软件交付环节还包括以下阶段：

（1）软件部署。这个阶段的任务是将软件部署到目标环境，并进行必要的配置和安装。首先，根据目标环境的不同，需要进行必要的配置工作，如修改配置文件、设置环境变量等，以适应目标环境的特点。其次，将软件产品安装到目标计算机或设备上，涉及文件复制、注册表修改、服务启动等操作，目的是确保软件能够正确地集成到目标系统中。最后，进行测试和验证，确保软件在目标环境中能够正常运行，并满足用户的需求和预期。

（2）用户培训。开展用户培训工作是为了提高用户对软件操作的掌握程度，确保用户能够顺利使用软件产品，并且充分发挥软件功能的价值，对提高用户满意度极为重要。主要的步骤包括确定培训目标、制订培训内容和计划、准备培训材料、开展培训和检查培训结果。

2.2.2.3 使用环节

软件使用环节是指用户使用软件产品的整个生命周期,包括故障修复、软件更新升级、软件卸载等。

(1) 故障修复。在用户使用软件产品的周期中,开发团队需要及时响应和处理用户反馈的故障。首先,开发团队需要通过用户反馈、系统日志、错误消息等方式来识别和确认故障的具体表现和影响范围。之后,通过代码调试、日志分析等方式,定位故障位置和产生原因。接下来,开发团队需要对故障采取一定的修复措施,确保故障成功被修复。最后,需要将修复结果反馈至用户,并且对故障修复的过程和结果进行记录,便于后续总结和改进。

(2) 更新升级. 软件更新升级是指对已存在的软件进行版本升级、功能增强、漏洞修复等操作。在进行软件更新升级时,需要考虑到用户的数据安全和隐私保护,以及软件的性能和稳定性等因素。

(3) 卸载。软件卸载是指用户或系统管理员从计算机或设备中移除已安装的软件应用程序。这个过程通常包括删除与该软件相关的文件、注册表项(在 Windows 操作系统中)、配置文件等,以确保软件完全从系统中清除。

2.2.3 软件供应链的特点

与传统制造业的供应链不同,软件供应链由于其行业特性和运作方式,具有一些独特的特点。

(1) 全球化程度高。由于软件的特性和市场需求,软件供应链往往涉及全球范围内的协作和沟通。因为随着全球化的进程,软件涉及的技术、知识和创意往往需要在全球范围内进行交流和合作,并且客户的需求和软件市场也在不断全球化。这意味着软件开发需要考虑不同地区、不同文化背景下的客户需求,也需要处理时区差异、多语言支持和全球合规性等问题。因此,软件供应链中的成员需要具备跨文化沟通的能力,并且软件供应链需要具备全球化的资源整合能力、标准化和规范化能力以及灵活的市场适应能力。

(2) 开放性高。软件供应链允许多个不同的参与者、利益相关方和资源渠道相互交互和合作,包括开源社区、第三方开发者、软件供应商和用户。开源软件就是软件供应链开放性的一种重要体现。开源软件项目允许世界各地的开发者共同合作,共享代码、文档和资源,以共同推进软件的发展。这种合作模式鼓励创新,大大加速了软件开发过程。目前,中美贡献的开源软件份额最高。中国在 GitHub 的贡献者数量仅次于美国,占据第二位。同时,在中国国内也建立了相当多的开源社区和镜像仓库。软件供应链的开放性,使得链上的相关实体都能够从广泛的技术和资源池中受益,提高了软件产品的开发效率和质量。

（3）复杂性高。软件供应链包括开发、交付、使用等多个环节，这些环节中又包含多个阶段，并且这些环节之间交互关系复杂，每个环节都可能产生风险和不确定性。每个阶段都需要不同的技能和知识，涉及多种工具和技术，并且软件行业的技术更新迅速，新的工具、框架和技术不断涌现，因此需要不断跟踪和学习新技术，以保持竞争力。同时，软件可以跨越多个平台和设备，使用多种编程语言和框架，有较高的技术复杂性。此外，复杂性还体现在管理和协调开发团队、变更控制、质量保证、性能优化等方面，需要综合考虑各种因素。

（4）追溯难度高。传统制造业供应链中，从原材料到成品的制造过程具有完整的流程和记录，产品的组成采用工程物料清单和制造物料清单进行记录和跟踪，所以工业化产品的组成结构都非常清晰，为产品的售后服务和维护提供了详细的记录。但是，软件是数字化的产品，不像物理产品那样具有物理特征。在软件供应链中，交付的软件产品通常只有一个安装包和相应的文档材料，用户无法知道软件具体的组件构成，相当于是一个无法知晓合规性和安全隐患的黑盒产品。如果使用 Java 开发的 Jar 包或打包的 War 包，能够通过解压缩查看系统使用的一些开源组件，但是如果交付的是本地二进制文件，比如 C、Golang 或 C++ 开发的软件，则无法直接通过解压分析其组成结构，导致难以进行组件追溯和跟踪。此外，大部分商业软件在引入开源软件或组件时，不会仔细核查它们是否存在安全漏洞和法律风险，这给用户留下了一定的信息安全隐患。

虽然软件供应链的追溯难度较高，但是随着对软件安全性和透明性的需求不断增加，一些措施和工具已经出现，以帮助提高软件供应链的可追溯性。例如，软件开发团队或企业可以采用更严格的变更控制和文档化流程，使用数字签名和哈希值来验证软件的完整性，以及审查和验证开源和第三方组件的安全性。这些方法有助于降低追溯难度，提高软件供应链的可信度。

（5）软件云部署。随着云计算技术成本优势的扩大，软件的运行主要集中在互联网和私有云环境中。欧洲和美国的商业软件提供商主要转向云环境，许多软件都是以软件即服务的产品形式提供，代表性的产品包括 Salesforce 和 AutoCAD。在这种模式中，用户通过订阅模式使用产品，按照年度或月度进行付费，这降低了初始成本，并允许用户仅支付实际使用的资源，避免了昂贵的硬件和设备投资。云环境提供了高度的弹性和灵活性，使得软件供应链能够根据需求动态分配计算和存储资源。这有助于满足不断变化的需求，避免了硬件投资和资源浪费。同时，云环境允许开发者更快速地创建、测试和部署软件应用程序。自动化和虚拟化技术加速了软件交付过程，使其更具效率。

2.2.4 软件供应链的信创占比

作为关系国计民生的基础产业，电力行业是信创领域八大重点行业之一。两大电网集团，即国家电网和南方电网，在"十四五"规划期间已经累计投入近3万亿元，其中加大信息化的投入是最重要的结构性变化之一。根据测算，"十四五"规划期间两网信息化投入占总投入的比例有望达14%～17%，即超过4000亿元[13]。

信创产业主要包括基础硬件、基础软件、应用软件和信息安全。其中，与软件供应链相关的主要是基础软件、应用软件和信息安全软件，国内代表厂商如图2.6所示。接下来，笔者将对这三类信创产业的国内发展现状逐一进行总结。

图2.6 国内信创产业软件代表厂商

2022年，基础软件信创市场中，操作系统的市场规模占比约为37%，数据库的市场规模占比约为33%，中间件的市场规模占比约为30%。操作系统是基础软件的重要组成部分，目前，中国国内相关市场主要仍被Microsoft Windows系列产品占据。然而，近年来，国产操作系统已经在多个行业中较为广泛应用，逐渐替代主流的 Microsoft Windows 系统，特别是党政机关、央国企、部委等。近 10 年间，中国国产操作系统市场保持稳定增长，复合增长率达到 6.7%[14]，麒麟软件、统信 UOS 等国产操作系统的市场占有率逐渐提高。同时，国产操作系统也在飞速发展。目前，国产操作系统中生态适配最多的麒麟软件，其适配生态数量已超过 209 万。而统信 UOS 目前的装机量已经超过了 500 万，适配生态数量也超过了 117 万，仅次于麒麟软件。这说明了如今的国产操作系统已有一定的与国外操作系统竞争的能力。其次，在中国数据库市场中，根据墨天轮平台发布的《2022 年墨天轮数据库大调查报告》[15]，国外数据库产品在中国国内市场中仍然占据主导地位，96.1% 的企业都有使用国外数据库产品，其中 MySQL 的使用率排名第一。国内数据库厂商数量众多，但总体市场占有率并不高。但是，在云数据库方面，中国国产数据库产品，也有较高的企业使用率。截至 2023 年 12 月，墨天轮中国数据库流行度排行榜上排名前十的国产数据库产品是 OceanBase、阿里云 PolarDB、openGauss、TiDB、人大金仓、华为云 GaussDB、南大通用 GBASE、达梦数据库、中兴 GoldenDB 和亚信 AntDB[16]。

在国内中间件软件市场中，主流中间件厂商仍是 IBM 和 Oracle 等国际知名 IT 厂商。近年来，随着我国对企业自主创新能力的重视，国产中间件厂商技术也不断升级，一些重点国产中间件厂商，如东方通、宝兰德等，在金融、能源、交通、电信等行业客户中不断打破国外厂商的垄断。但是，总体来说，相比于国外厂商，国内中间件厂商市场占有率仍然较低，有较大的发展空间。

根据有关数据，在 2022 年信创市场规模中，应用软件市场占比 37.08%，是软件信创产业中市场规模最大的行业[17]。应用软件市场分类主要包含工业软件、基础办公软件、企业管理软件和流程优化软件。2022 年，在应用软件市场中，工业软件的市场规模占比 56.97%，基础办公软件的市场规模占比 23.58%，企业管理软件的市场规模占比 17.97%，流程优化软件的市场规模占比 1.48%[17]。总体来说，应用软件国产化率较高。但是，在应用软件不同领域中，海内外厂商市场份额差异很大。例如，在工业软件领域，目前仍然是海外厂商占据主导地位。以计算机辅助设计市场为例，法国达索、德国西门子、美国 Autodesk 三家海外厂商牢牢占据中国市场占有率前三名，中望软件、苏州浩辰、数码大方等国产厂商市场占有率仅约 20%[18]。在基础办公软件市场，国产软件紧紧抓住入场机遇，如金山办公等企业已占据相对稳定的市场份额，与海外微软公司的办公系列产品有一定的竞争能力和水平。在企业管理软件市场中，中国国产软件占据较高的市场份额，高于海外厂商的产品。以 ERP 软件为例，根据阿里云创新中心、鲸准研究院等联合发布的《2021 年中国工业软件发展白皮书》中公布的数据，2021 年中国国产 ERP 软件占整体市场的近 70%，其中，用友的市占率最高，达到了 40%，其次是浪潮，市占率达 20%[19]。从数据可以看出，中国国产 ERP 系统已较为成熟，并且国产软件占据较高的市场份额。

在信息安全软件市场中，目前国内的龙头企业包括阿里巴巴、奇安信、启明星辰、数字认证、绿盟科技、天融信、亚信安全等，这些企业的产品侧重点也不同。根据国际权威咨询机构 IDC 发布的《2023 年上半年中国 IT 安全软件市场跟踪报告》，奇安信在数据安全软件市场、终端安全软件市场、安全分析和情报市场都占据第一的市场份额[20]。身份和访问管理软件市场份额第一的公司是数字认证。阿里巴巴在软件安全网关市场占据一定的领先地位，市场份额占比高达 30%。在响应和编排软件市场则是由绿盟科技占据第一。随着云计算等技术在企业中的应用逐渐深入，企业对于软件安全网关等信息安全软件产品的需求也逐渐提升。总体来看，我国信息安全软件市场需求仍然处于上升阶段。

2.3 硬件发展现状

除了上一节介绍的软件产品，硬件产品同样在电网数字化转型过程中起到至关重要的作用，是 ICT 系统的重要支撑。本节中，笔者首先总结和介绍了电力行业中常用的六大类硬件。其次，对硬件供应链的制造、分发、使用这三个关键环节进行分析。再次，对现今硬件供应链的特点进行总结。最后，对硬件供应链的信创占比进行分析。

2.3.1 电力行业中常用的硬件

电力行业涉及的硬件类 ICT 产品主要包括六大类：芯片、系统基础硬件、网络通信硬件、安全防护设备、办公硬件、电力专用终端。各类硬件具体包含的产品如图 2.7 所示。在本节中，笔者将对这六大类硬件逐一进行介绍。

2.3.1.1 芯片

芯片也称集成电路，是一种微型电子器件，通常由半导体材料制成，用于执行各种电子功能，如数据处理、存储、通信、控制和传感等。它在现代电子设备中起到了至关重要的作用，从计算机到手持移动设备，几乎所有电

第 2 章 电力 ICT 供应链现状

电力行业常用硬件产品	芯片	
	系统基础硬件	服务器、存储设备
	网络通信硬件	路由器、交换机、SDH光传输设备
	安全防护设备	硬件防火墙、隔离装置、入侵检测系统
	办公硬件	计算机、打印机、扫描仪
	电力专用终端	电力物联终端、配电终端、继电保护装置

图 2.7 电力行业中常用硬件产品分类

子设备都依赖于芯片来实现其功能。常见的芯片种类包括微处理器、存储器、图形处理器、通信芯片、传感芯片、模拟芯片等。每种类型的芯片执行不同的功能。

电力行业关乎国计民生,在"碳达峰、碳中和"背景下电力芯片是实现电力系统智能化、网联化、自动化的重要基石。然而,中国芯片技术发展现状存在"卡脖子现象",即核心技术受限、依赖进口和市场份额不足等难题。在电力生产、输电、配电环节,核心芯片仍主要依赖进口采购。在此背景下,近年来,中国政府大力投资建设芯片生产基地和研发中心,中国芯片产业的生产和研发能力不断提升。同时,在电力芯片方面,国家电网有限公司自主研发的加密芯片"国网芯"也取得了显著的成果。国家电网直属单位北京智芯微电子科技有限公司自主研发了"安全、主控、通信、传感、射频识别、计量、人工智能、模拟"八大类共 200 多款芯片产品,广泛应用于电力系统发电、输电、变电、配电、用电等各环节设备,可靠性达到国际领先水平。目前产品累计销量超过 19 亿颗,覆盖中国 32 个省、市、自治区,以及亚、欧、非、南美洲近 80 个国家或地区,涉及电力、轨道交通、汽车电子、石油石化等多个领域[21]。"国网芯"的规模化应用,实现了我国电力专用芯片从"受制于人"到"走向世界"的跨越式发展。

2.3.1.2 系统基础硬件

系统基础硬件是指用于支持计算机系统或数据中心核心功能的硬件设备。这些设备组件协同工作,以支持应用程序运行和数据存储,确保系统能够满足用户和组织的计算需求,同时提供高可用性和性能。

1)服务器。服务器是计算机系统中的关键硬件,用于托管和运行应用程序、存储数据以及提供网络服务。服务器通常具有高性能中央处理器、大容量内存和存储、多个网络接口等。通过远程访问服务器，用户能够从不同地点的计算机上访问到服务器上的资源和服务，以实现分布式和远程工作。同时，服务器需要具备一定的可扩展性，能够添加更多的处理器、存储设备和内存，以满足用户不断增长的硬件资源需求。按应用场景可划分为以下四类：

（1）存储服务器。用于存储数据的服务器，具有高存储容量、可扩展性、数据保护和备份功能。

（2）云服务器。通过互联网提供计算服务的虚拟服务器，具有弹性、灵活性和可扩展性，用户能够按需使用计算资源和支付费用。

（3）AI 服务器。用于支持人工智能应用的服务器，具有强大的计算能力和数据处理能力。

（4）边缘服务器。部署在接近数据源的边缘节点上的服务器，能更快处理数据和响应请求。

2）存储设备。存储设备用于永久存储数据和程序，为数据的持久性存储提供了解决方案，可以用于数据备份、数据存储、文件共享等任务。常见的存储设备包括硬盘驱动器、固态硬盘、光盘驱动器、USB 闪存驱动器等，具体介绍如表 2.1 所示。

表 2.1　存储设备类型及详细介绍

类型	工作原理	容量	性能	用途
硬盘驱动器	使用旋转的硬盘来存储数据。读写头在盘片上移动，将数据写入磁性表面或从中读取。数据存储在磁性盘上的扇区和磁道中	数百 GB 到数 TB	数据读写速度较慢，响应时间较长	用于桌面计算机、服务器和数据中心存储大容量的数据和文件
固态硬盘	使用闪存芯片来存储数据，没有移动部件	数十 GB 到数 TB	数据读写速度较快，响应时间较短	用于笔记本电脑、台式计算机、移动设备和服务器
光盘驱动器	使用激光光束在光盘上读取和写入数据	数百 MB 到数 GB	数据读写速度较慢，响应时间较长	用于数据备份、媒体播放、软件安装和数据分发等任务

（续上表）

类型	工作原理	容量	性能	用途
USB 闪存驱动器	使用闪存芯片来存储数据	数 GB 到数 TB	数据读写速度较快，响应时间较短	用于数据传输、文件备份、文件携带、操作系统安装和临时数据存储

随着数字化转型、人工智能、物联网和 5G 技术的推进，用户对存储器的需求持续增加。

大数据、高清视频、虚拟化和边缘计算等应用的兴起，也推动了存储器市场的增长。中国的存储器制造商逐渐崭露头角。一些本土企业积极投入存储器研发和制造领域，努力实现技术自主创新。这种趋势有助于降低国内市场的对外依赖，提升本土产业竞争力。同时，随着云平台的发展，云存储解决方案不断增加，为用户提供了更多可扩展的、便捷的存储选项。

2.3.1.3 网络通信硬件

网络通信硬件是用于建立和维护计算机网络连接、传输数据和实现通信的物理设备和组件，它们协同工作以确保网络的正常运行和数据的有效传输。

1）路由器。路由器是互联网和局域网中的核心组件之一，起到数据流量的导航和路由功能。随着网络流量的不断增长，路由器需要提供更高的速度和容量。现代路由器支持更高的带宽，以满足高清视频流、大规模数据传输和 5G 等应用的需求。随着 5G 网络的部署，路由器需要支持更高的无线速度和低延迟。此外，路由器还需要支持边缘计算，以满足低延迟、高性能计算和物联网应用的需求，为电力系统数字化转型和智能电网建设提供保障。在中国国内，本土企业普联、华为、腾达、小米等都在路由器市场占有一席之地。

2）交换机。交换机是用于在局域网内进行数据包转发的网络设备，目标是将数据包从一个端口传输到另一个端口，同时根据目标 MAC 地址来决定数据包的转发路径。交换机通常用于构建内部网络，将局域网分割成多个虚拟局域网，以提高网络安全性和隔离不同部门或用户的流量。现代交换机通常能提供高速的数据包交换服务，支持千兆位甚至万兆位以太网连接，以满足大规模数据传输和流媒体应用的需求。同时，因为能够提供低延迟的数据包交换，交换机对于实时应用程序和服务（如视频会议）非常重要。

3）SDH 光传输设备。SDH 光传输设备是指在光纤通信网络中用于传输数字信号的设备,目标是支持高速数据通信和电话服务。SDH 光传输设备使用光纤作为传输介质,利用其高带宽特性,能够实现高速数据传输。SDH 技术提供了高可靠性、高容量、低延迟的通信通道,在电信、数据通信和提供互联网服务等领域发挥着重要作用。

2.3.1.4 安全防护设备

安全防护设备是用于保护计算机系统、网络和数据免受潜在威胁和攻击的硬件设备,这些设备被设计用来检测、阻止、记录和应对各种安全威胁,以确保系统和数据的安全。

1)硬件防火墙。硬件防火墙是用于保护计算机网络免受未经授权的访问和攻击的硬件设备,可以监控、过滤和控制网络流量。硬件防火墙在电网企业及相关数据中心等网络环境中广泛使用,帮助确保网络的安全性。硬件防火墙使用包过滤技术和状态检查来检查网络流量。具体来说,通过检查数据包的源地址、目标地址、端口号和协议等信息,硬件防火墙能够决定是否允许数据包通过,并且还可以直接对可访问内部网络的流量进行定义,即配置访问控制列表。一些硬件防火墙支持深度数据包检查,可以检测和阻止潜在的恶意数据包、病毒和攻击。并且随着攻击手段的不断演进,现代硬件防火墙越来越强调深度数据包检查功能的实现。此外,零信任安全模型也成为硬件防火墙的关键趋势。这种模型要求对所有设备和用户的访问进行验证,不信任任何内部或外部来源,确保接入网络的用户和终端持续可信。

2)隔离装置。隔离装置是用于分隔网络或系统的硬件设备,以确保数据流只在受信任的环境中流动,从而降低网络攻击和数据泄露的风险。主要分为以下两种:

(1)正向隔离装置。用于将网络流量从较低信任级别的网络或系统分离出来,防止恶意或未经授权的流量(即低信任级别网络的流量数据)进入更高信任级别的网络或系统。正向隔离装置通常用于分隔不同安全级别的网络,例如将公共互联网与内部受信任的企业网络分隔开,从而保护内部资源,免受来自外部的攻击。

(2)反向隔离装置。用于将网络流量从较高信任级别的网络或系统分离出来,以保护较高信任级别的网络免受低信任级别的网络或系统中的威胁或恶意活动的影响。反向隔离装置通常用于隔离受信任的内部网络和较不受信任的网络或系统之间的通信,以确保高度保密或敏感的数据不会受到来自外部或不受信任的网络的威胁。

(3)入侵检测系统。通过监视网络流量、主机系统活动和日志,入侵检测系统可以识别各种潜在安全威胁和入侵尝试,包括恶意流量、网络扫描、漏洞利用、恶意软件传播等。当检测到潜在的入侵行为时，入侵检测系统可以生成警报或通知网络管理员或安全团队，使得安全人员能够及时采取必要的行动来应对威胁。此外，入侵检测系统还能记录所有监测到的活动和事件，这有助于企业安全部门对安全威胁进行深入的分析、审计和调查。总的来说，使用入侵检测系统可以帮助电力企业及早发现网络攻击，以采取适当的措施来保护电力网络资源，防止电力系统数据泄露。

2.3.1.5　办公硬件

办公硬件是指在办公场所中使用的各种硬件设备，可以有效提高员工的工作效率，帮助员工更加便捷地完成工作任务，并且可以减少员工的体力劳动和手工操作，从而降低人力成本。

1）计算机。计算机是指能够进行快速且高效计算的电子设备，通常也被称为电脑。用于办公的计算机通常包括以下三种：

（1）台式电脑。台式电脑通常由多个独立的组件组成，包括计算机主机和显示器。通常来说，台式电脑具有较高的性能，如更强大的处理器、更多内存和更大的存储空间，适用于需要高性能计算和多任务处理的工作。

（2）一体机电脑。一体机电脑是一种整合了计算机主机和显示器的一体化设备，性能方面稍逊于台式电脑，更适用于需要节省空间的办公环境使用。

（3）笔记本电脑。笔记本电脑是便携式计算机，通常为折叠式设计，包括屏幕、键盘、触控板或鼠标触点等，适用于需要移动性和灵活性的场景。一些高端笔记本电脑的性能能够与台式电脑相媲美，但通常来说，它们的性能还是会受限于散热和电脑尺寸。

2）打印机。打印机是现代办公环境中必不可少的一种办公设备，用于将电子文档、图像或图形转换为物理纸质输出。现代打印机越来越注重可持续性，采用节能技术、双面打印、环保墨水等措施来减少对环境的影响。常见的打印机分为以下四类：

（1）喷墨打印机。喷墨打印机通过将小液滴墨水喷射到纸上来创建图像或文本，适用于一般家庭和办公用途，提供高质量的彩色打印。

（2）激光打印机。激光打印机使用激光光束和静电处理来将墨粉黏附到纸上，完成高速、高质量的打印输出，通常用于打印大量文档时和办公环境中。

（3）针式打印机。针式打印机使用一组小针敲击墨带来创建字符和图像，适用于需要多份联单或连续纸的应用，如发票和票据打印。

（4）热敏打印机。热敏打印机使用热敏纸，通过加热特定区域来创建图像或文字,常用于标签打印和收据打印。

3)扫描仪。扫描仪是一种用于将纸质文档、照片或图像转换为数字格式的设备,以便在计算机上进行存储、编辑、共享或打印纸质文件。常见的扫描仪分为以下四类:

(1)扁平式扫描仪。类似于复印机的玻璃平台,用户将纸张或照片放在平台上,然后用扫描头扫描整个文档,适用于扫描单页文件、书籍、照片和平坦的物体。

(2)ADF扫描仪。ADF扫描仪具有自动文档送纸器,可以连续扫描多页文档,而无须手动逐页扫描,通常用于处理大量文件,如合同、报告和文档。

(3)卷式扫描仪。卷式扫描仪适用于扫描大幅面图纸、蓝图、工程图纸等宽度较大的文件。

(4)便携式扫描仪。便携式扫描仪是可放入手提包或口袋中的小型设备,适用于在移动环境中扫描文档,如出差、会议和野外工作。

2.3.1.6 电力专用终端

电力专用终端是一种特定领域的终端设备,通常用于电力行业的监测、控制、通信和数据采集等用途。这些终端设备在电力系统、电网管理和电能测量等方面发挥着关键作用。

1)电力物联终端。电力物联终端是指电力系统中专用的物联网设备,用于电力行业中的监测、控制、通信和数据采集。这些终端设备通常用于监控电力系统、电网设备和电力分布,以实现远程监控、自动化和数据分析,帮助提高电力系统的效率、可靠性和安全性。电力物联终端可以按照物联网的层次分为不同的设备类型,具体分类和相应的设备如表2.2所示。

2)配电终端。配电终端是指配电网中安装的各种远方监测、控制单元。配电终端能够实时监控电力系统中的电动机、线路、开关等各种设备运行状态,实现对电网的全面监测。此外,通过使用配电终端可以实现对电网的自动控制,比如自动调压、自动补偿、自动分段等功能,能够有效提高电网的可靠性和计算效率,大大减少维护人员的手工工作量。常见的配电终端主要分为以下四种:

(1)站控终端。安装在开闭所或者小型变电站,监控站内断路器、变压器、无功补偿电容器等。

(2)配电子站监控终端。安装在配电子站,具有"四遥"(遥测、遥信、遥控和遥调)、线路监控、保护等多项功能。

表2.2 电力物联终端分类及其作用

物联网层次	设备	作用
感知层	电流传感器	测量电路中的电流,监测负载和电流波形
	电压传感器	测量电路的电压,监测电压稳定性和电压波形,温度传感器监测电力设备的温度,以确保正常运行和安全性
	湿度传感器	监测电力设备周围的湿度,以防止潮气对设备的损害
通信层	采集终端	采集传感器数据,并将其传输到云端或监测系统
	通信模块	与其他设备和系统进行数据通信,支持各种通信协议
	远程终端	单元在电力设备和监控系统之间进行数据传输和远程控制
数据处理层	存储设备	存储采集的电力数据,可以是本地存储或云端存储
	数据处理单元	对采集的数据进行实时处理,分析和转换为有用信息
应用层	远程监控设备	实时监测电力设备的状态,发出警报和故障诊断
	电力质量分析仪	监测电力质量参数
	智能电表	实时监测电力消耗和支持电力负荷管理

(3) 线路配电开关监控终端。安装在柱上开关处或路边封闭式开关柜内,具有"四遥"、线路监控、保护等多项功能。

(4) 配电变压器监测终端。安装在用户变压器侧,监测变压器的运行参数和就近监控无功补偿电容器的投切。

3) 继电保护装置。继电保护装置是一种能够自动、迅速、有选择性地对电力系统中发生的各种故障或不正常运行状态做出响应,并在规定的时间内动作,使断路器跳闸或发出信号的一种反事故自动装置。一般来说,这类设备需要满足以下四点要求:①选择性,当电力系统中发生短路时,有选择性地从电力系统中切除故障的设备或线路;②速动性,需要在较短的时间范围内切断故障的设备和线路,从而降低设备的受损程度,提高电力系统运行的稳定性;③灵敏性,继电保护装置需要具有对其保护范围内各种设备和线路故障或不正常运行状态的反应能力；④可靠性，在不需要它时不发生误动，在需要它时能及时动作。

2.3.2 硬件供应链的关键环节

从硬件生命周期的视角观察硬件供应链，将硬件供应链划分成制造环节、分发环节、使用环节这三个关键环节，如图2.8所示。具体来说，在制造环节中，经过需求分析和产品设计确认产品功能和生产流程，之后进行原材料采购并集成、生产最终可用的硬件产品。在分发环节中，通过仓储、物流等流程将硬件产品交付至最终用户，并且在最后的使用环节中，围绕用户使用产品的生命周期对产品进行维护、售后、回收和废弃处理。

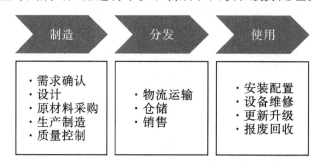

图2.8 硬件供应链关键环节

2.3.2.1 制造环节

硬件制造是将用户需求转变为可用的硬件产品的过程，它涉及一系列复杂的工程设计活动和生产流程。

（1）需求确认。在此阶段，项目团队要对用户的需求和期望有一定的理解。在此基础上，明确目标硬件产品的定位和目标市场，对竞品进行分析，了解市场趋势和竞争环境。之后，确定产品的功能、性能、可靠性、成本等要求，进行需求分析和评估。根据项目需求来指定项目团队，最后输出立项评估报告、商业需求文档、市场需求文档等技术资料。

（2）设计。在明确了产品需求之后，开始进行设计方案的制订，包括电路结构、外观设计、功能设计和性能规格，以及绘制详细的工程图纸和设计文档，同时对于硬件部件的选择也要进行定义。具体来说，首先进行原理图设计，将需求转化为具体的电路图和元器件连接图，接着进行印刷电路板设计，将电路图转为具体的元器件布局和连接线路图。这个阶段需要产出的技术材料包括但不限于硬件样品和设计文档。

（3）原材料采购。在这一阶段，项目团队采购所需的各种原材料、零件和组件，这些原材料将用于制造硬件产品。原材料的选择和采购是确保产品质量和成本控制的关键因素之一。首先，根据原材料需求，选择合适的供应商，并对供应商从材料质量、价格、服务等多方面进行评估和审核。其次，进行原材料入库检验，确保原材料的质量和规格符合要求。最后，根据采购订单和验收结果，进行采购结算和付款。这一阶段输出的文档材料为采购物料清单。

（4）生产制造。在采购原材料之后，将原材料和零部件按照产品设计组装成最终的硬件产品。这涉及多个生产阶段和工序，包括机械加工、电子组装、焊接、装配等。产出包括正式产品、生产物料清单、产品说明书。

（5）质量控制。质量控制的目的是确保制造的硬件产品符合质量标准和规格，具体包括质量测试、工序控制和最终产品检查等多个流程。质量测试包括模块测试、整机测试、多台组装测试等。项目团队需要提前制订好详细的测试计划，做好测试数据的评审与把控。在项目团队测试之后，最好再交给第三方进行测试，往往能发现新的问题。工序控制是指通过对生产过程中的各个工序进行控制和管理，确保生产出的产品质量或生产过程管理的稳定和可靠。最终产品检查是在硬件产品分发之前对最终产品进行全面的检查和测试，以确保产品的质量符合规定的要求。这一阶段产出的材料包括产品测试报告、产品问题分析报告等。

2.3.2.2 分发环节

硬件分发环节是将制造好的硬件产品通过各种销售渠道和物流服务，送达最终用户手中。这个环节包括产品的运输、仓储、销售等。

（1）物流运输。在这一阶段，需要确保产品能够完整、及时地送达交付地点。运输方式可以根据产品的性质、数量、运输距离和交货时间等因素来选择，例如陆运、海运、空运等。同时，需要对运输路线进行规划，对货物进行跟踪，对交付时间进行管理。

（2）仓储。在仓储阶段，最重要的就是确保硬件产品的存储和管理，保证产品在存储期间不会受到损坏或丢失，并且能够提供及时供应和快速交付。同时，仓储设施需要满足硬件产品的高存储要求，例如温度、湿度、灰尘等环境因素控制，这对于硬件产品的安全存储来说非常重要。此外，要进行库存管理，即跟踪和管理产品库存，以确保供应链的平衡，避免库存积压或短缺。

（3）销售。硬件产品的销售是分发环节中的最终阶段，需要确保产品能够顺利地到达用户手中并完成销售。销售渠道可以根据产品的性质、市场需求、客户群体等因素来选择，例如线上销售、实体店销售、批发等。硬件供应商需要与分销商、销售商和其他合作伙伴建立和维护稳定的合作关系，以确保产品能够顺利进入市场，其中涉及分销协议、供应协议、定价政策等方面的谈判和合同管理。此外，还需要管理销售订单、库存、交付和发票等销售相关的活动，包括订单处理、销售预测等。

2.3.2.3 使用环节

硬件使用环节是硬件生命周期中的最终阶段，包括用户使用硬件产品的整个生命周期，涉及最终用户接收、配置、维护和处理硬件产品的过程。

（1）安装配置。安装配置是将硬件产品正确地安装和部署到最终用户的目标环境中并进行必要的设置和配置，以确保产品能够正常运行，满足用户的需求。对于一些大型或复杂的硬件设备，制造商、硬件供应商或第三方专业公司需要为用户提供专业的安装配置服务。根据硬件设备的类型和用途的不同，安装配置内容也不相同，可能涉及物理设备安装、电源配置、网络配置等任务。

（2）设备维修。硬件设备在使用过程中可能会出现各种故障或问题，需要制造商、硬件供应商或第三方专业公司提供维修服务。此外，设备维修还包括对硬件产品的定期维护，以延长硬件的寿命，预防故障，确保设备正常工作。

（3）更新升级。随着技术的不断进步和用户需求的变化，硬件设备需要不断更新或升级，具体内容包括安装新的固件版本和升级硬件组件。对硬件产品进行更新升级有助于确保硬件产品保持最新的状态，并能够满足不断变化的需求，比如新功能的增加。同时，更新升级阶段需要确保硬件设备能够顺利地进行更新或升级，以保持其竞争力和满足市场需求。

（4）报废回收。报废回收阶段是对过时的或旧的硬件产品的处理，特别是一些高价值或对环境有影响的硬件设备，它们对于报废回收阶段的需求更高。回收是将废弃的硬件设备进行环保处理或再循环利用，以减少对环境的影响。报废回收环节使得硬件设备能够得到适当的报废处理或回收，以保护环境并实现资源的有效利用。

2.3.3 硬件供应链的特点

与传统制造业的供应链不同，硬件供应链由于其产品特性和运作方式，具有一些独特的特点。

（1）全球化程度高。随着全球化的不断发展，越来越多的硬件产品在全球化供应链中进行生产和分发。这种全球化供应链的形成是由多种因素推动的，包括技术的发展、贸易自由化的趋势以及对于成本和效率的追求。供应链全球化使得各个地区的优势资源能够得到最大化利用。硬件产品可能在不同的国家或地区设计、制造和装载，并仓储于全球多个地方，为世界各地的需方进行产品供应。但是，在这种情况下硬件供应链的全球化也带来了一些挑战，比如技术垄断问题。例如，ICT 产品的核心零部件多为芯片，但是现有的高端芯片供应链的上游部分仍主要由欧美国家把控，在当前国际冲突频发的形势下，有一定的供应链中断风险。此外，由于 ICT 产品的特殊性，寻求可替代产品和供应商的难度较高。技术受制于人导致供应链中下游环节容易受到外部环境的影响。因此，硬件供应链的全球化需要建立在互利共赢的基础上，供应链相关实体之间需要加强合作，建立稳定的合作关系。同时，也需要通过技术创新、流程优化等方式来提高供应链的效率和稳定性。

（2）复杂性高。首先，硬件产品复杂性高，常用的硬件设备基本上都是由多个零部件组装而成，构成组件复杂。其次，相关实体构成和联系的复杂性高。ICT 硬件产品由全球多个供应商开发，在硬件设备的设计、采购、制造、集成、仓储等环节中，各类实体均参与其中，包括但不限于产品供应商、服务供应商、系统集成商、销售商、物流公司等，每一实体的行为都能够对硬件供应链产生影响。再次，硬件供应链的技术复杂性高，硬件产品的制造和配置过程通常需要较高的技术水平，特别是高精尖设备，对于技术水平的要求更加高。同时，制造过程中的不确定因素，如生产延迟、原材料质量等问题都会提高硬件供应链的复杂性。最后，硬件供应链的产品特性和全球化趋势也导致了运输复杂性较高。硬件产品通常需要在不同的地区之间进行运输。物流和运输过程涉及多个环节、多种运输方式的选择，这影响产品的交货时间和成本，增加了供应链的复杂性。

（3）需求波动大。硬件产品的市场需求受到多种因素的影响，如消费者需求的变化、经济状况的变化、新技术的推出等。这些因素的变化会导致市场需求的不确定性，从而引起需求波动。季节性和流行趋势也会对硬件产品的需求造成一定的影响。例如，硬件产品的迭代周期通常比较短，而且新推出的产品通常会激起消费者的购买热情。这种需求波动可能会在短时间内对硬件供应链造成较大的压力。此外，一些突发事件如自然灾害、政治事件等可能会对硬件供应链的需求产生突然的影响。例如，某些地区的供应链中断或运输延误可能会引起整体供应链的需求波动。为了应对需求波动的影响，企业可以采取多种策略来提升其灵活性和适应性，例如，建立多元化的供应商体系、进行灵活的生产和库存管理、加强市场情报的收集和分析等。

（4）周期性长。硬件产品的生命周期较长，从需求确认、设计、制造、分发到最后的报废回收阶段，硬件产品的整个生命周期通常需要数年甚至更长时间。企业需要预测未来的市场需求，进行长期的生产和库存规划，并保持与供应商和客户的紧密合作。同时，随着技术的不断进步，企业还需要不断更新和升级硬件产品，以保持其竞争力和市场地位。

（5）投入成本高。构建和维护硬件供应链往往需要投入大量的成本，主要包括以下几个部分：采购成本，包括购买原材料、组件和设备的费用，通常受到市场价格波动、供应商定价策略等多种因素的影响。制造成本，包括设备成本、人力成本、制造损耗成本等。研发成本，包括新产品开发、设计、测试和改进等方面的费用。为了保持竞争力和创新性，硬件企业通常需要投入大量的研发成本，研发时间可能长达数年，特别是一些高精尖产品。运输成本，包括运输费用、仓储费用和税费等。由于硬件供应链的复杂性和全球化，硬件产品的生产和分发需要经过更多环节，对运输物流的需求更多，导致了更高的运输成本。因此，硬件供应链相关实体需要在整个供应链生命周期内进行有效的管理和规划，以降低成本投入和提高企业效益。

2.3.4　硬件供应链的信创占比

从信创产业链角度来看，与硬件供应链相关的产品主要包括基础设施和信息安全硬件，国内代表厂商如图2.9所示。接下来，笔者将对这两类信创产业的国内发展现状逐一进行总结。

根据有关数据，在2022年信创市场规模中，基础设施市场占比最大，在整个信创市场中占54.54%。同时，在2022年基础设施市场中，芯片市场规模占比81.52%，云市场规模占比7.51%，服务器市场规模占比5.76%，存储市场规模占比5.21%[17]。

近年来，我国一直在重点推动基础设施的自主研发和生产，特别是在中美摩擦升级到信息技术领域的形势下，基础设施的国产化势在必行。以芯片市场为例，从2019年5月美国对华为的制裁事件开始，众多中国企业增加了芯片自主研发的投入，加大芯片技术创新力度，不断攻关产业链薄弱环节，并且政府也从多个维度加大对芯片产业链上下游的扶持。经过近4年时间的发展，国内企业在NAND闪存芯片、28 nm芯片、ArF高端光刻胶等多个严重卡脖子领域纷纷取得突破性的成绩。

目前来说，中国存储芯片市场仍然由三星、海力士、美光等国外厂商主导，但是国内厂商也在不断缩小和国外厂商的差距，逐步打破海外厂商的垄断和束缚。从市场份额来看，兆易创新位列NOR型闪存市场占有率前三，聚辰股份在EEPROM芯片领域市场占有率全球第三[22]。在分布式存储市

第 2 章 电力 ICT 供应链现状

图 2.9 国内信创产业硬件代表厂商

中，华为、浪潮、新华三、中科曙光四家企业，占据市场近 80% 的份额[23]。戴尔等国外厂商在国内分布式存储市场中的市场占比并不高。

此外，随着云计算技术的发展和应用渗透，云市场规模和需求也在逐步上升。在云市场中，阿里云保持了多年领先地位，腾讯云、华为云、京东云、百度智能云等厂商也在不断发展。可以看出，云市场主要是由中国国内互联网企业主导。

在服务器市场中，过去中国国内厂商的产品主要集中于低端服务器，而近年来在国家信创政策的引导下，中国国内厂商在中高端服务器领域不断提升自主研发能力，正在逐步打破海外厂商在高端市场垄断的局面。同时，国内各个领域的企业也逐渐增加对于国产服务器产品的采购量。从华经产业研究院公布的数据可以看出，中国服务器市场呈上升趋势，国内企业的服务器采购需求仍在增加[24]。在 2022 年的中国服务器市场中，排名前五的厂商为浪潮、新华三、超聚变、宁畅和中兴通讯，其中浪潮的市场份额达到 28.1%。可以看出本土厂商在中国服务器市场上已占据主导地位。随着人工智能使用场景的不断扩大，对于计算资源的需求将会不断增加，对服务器也提出了更高的要求，需要具备更强大的算力和更高的安全性。同时，随着国内各大企业加码布局 AI 大模型，我国 AI 服务器将会成为需求增长的领域。此外，随着物联网和各个产业的深入结合和 5G 网络的大规模部署，对于边缘计算服务器的需求也会日益增长。

随着国内企业数字化转型的逐渐深入，对于信息安全硬件产品的需求将不断上升。信息安全硬件市场中主要包括基于 UTM 平台的防火墙、统一威胁管理、安全内容管理、入侵检测与防御、虚拟专用网、传统防火墙这六个细分市场。根据国际权威咨询机构 IDC 发布的《2023 年第三季度中国 IT 安全硬件市场跟踪报告》，中国基于 UTM 平台的防火墙市场份额占比前三的企业为新华三、华为和天融信，统一威胁管理市场份额占比前三的企业为深信服、网御星云和奇安信，安全内容管理市场份额占比前三的企业为深信服、新华三和奇安信，入侵检测与防御市场份额占比前三的企业为启明星辰、绿盟科技和新华三，虚拟专用网市场份额占比前三的企业为深信服、启明星辰和天融信[25]。从上述数据中可以看出，中国信息安全硬件市场由国内企业占据主导地位。

第3章　电网数字化转型中的 ICT 供应链安全风险

随着科技的不断发展，电力行业正经历着前所未有的数字化转型，迈向更智能、高效的未来。这一变革为电力系统带来了巨大的机遇，包括提高能源生产效率、实现智能配电、降低运营成本等。然而，正如每个硬币都有两面，电网数字化转型也伴随着一系列新的挑战，其中之一就是 ICT 供应链安全风险。在数字化转型的浪潮中，ICT 的供应链发挥着关键的角色。从智能电表到远程监控系统，电网数字化的每一步都涉及庞大而复杂的 ICT 供应链网络。然而，正是在这个看似无边无际的网络中，隐藏着潜在的安全风险，可能对整个电力系统产生重大的影响。

数字化转型所带来的巨大好处，包括实时监测、远程操作、数据分析等，这些都为电力行业带来了前所未有的灵活性和效率。然而，正是这些依赖于 ICT 供应链的创新技术，也为恶意行为提供了更多的入口。攻击者可能通过篡改硬件或软件、植入恶意代码等手段，威胁到整个电网的安全性。要深入理解这一问题，企业需要全面审视数字化转型中的 ICT 供应链，考察其中可能存在的漏洞和薄弱环节。从硬件制造商到软件开发商，每一个环节都可能成为潜在的攻击目标。在这个过程中，安全性的保障变得尤为重要，因为一旦供应链中的某个环节受到攻击，可能对整个电网系统产生不可逆转的影响。

因此，本章节将重点介绍电网数字化转型中的 ICT 供应链安全风险，主要包括恶意软件与病毒、网络和通信风险、数据安全与隐私问题以及供应链管理与漏洞。

3.1　恶意软件与病毒

随着智能电表、远程监测系统和自动化控制系统等数字化技术的广泛应用，软件已经成为电网运行的核心。这些软件系统在提高电网运行效率、监测系统健康状态方面发挥着关键作用。然而，对软件的广泛应用也给电网系统带来了潜在的风险。

3.1.1 恶意软件类型

恶意软件作为一种恶意设计的计算机程序，旨在在未经授权的情况下对计算机系统、数据或用户账号进行破坏、窃取信息或执行其他危险活动。恶意软件不仅仅是计算机领域的问题，它可能对整个电网系统造成灾难性的影响。通过植入病毒、蠕虫或其他恶意代码，攻击者有可能远程操控电力设备，干扰电网的正常运行，甚至导致系统崩溃。这不仅对电力供应可靠性构成威胁，还可能对社会经济造成重大损害。此外，攻击者通过用恶意软件和病毒攻击电网，可以获取隐私信息，篡改用电数据或造成大规模停电事件[26]，造成恶劣影响。

因此，企业需要认真对待数字化转型中恶意软件可能带来的风险，以确保电力系统的可靠性和安全性。接下来笔者将介绍一些常见的恶意软件（图3.1）。

图 3.1 恶意软件类型

3.1.1.1 病毒

病毒（Virus）是一种需要宿主文件来传播的恶意软件。当一个被病毒感染的文件执行时，其携带的病毒就会被激活，然后在系统中复制自身。病毒的目标通常是损坏数据、系统或拦截用户信息。其传播方式主要是通过附着于可执行文件、文档或脚本文件。传播途径包括感染可移动存储设备、感染电子邮件附件或下载文件。其工作流程具体如下：

（1）感染。病毒通常附着在正常的可执行文件、脚本或文档等程序或文件上。当用户运行被感染的程序时，病毒就会被激活。

（2）复制。一旦激活，病毒会试图在系统中复制自身。这可能包括在其他程序或文件中插入病毒代码，以便在执行这些程序或文件时继续传播。

（3）传播。病毒会寻找其他合适的程序或文件，然后将自身复制到这些目标中。这种传播可以通过各种途径，例如，感染可移动存储设备、网络共享或电子邮件附件。

（4）激活。对于一些病毒，激活条件可能是特定的日期、时间或特定的事件。一旦满足这些条件，病毒会执行其恶意操作。

（5）执行恶意操作。病毒的主要目的是执行某种形式的恶意操作。这包括破坏文件、操纵系统设置、窃取敏感信息等，或者在一些情况下，作为后门，向攻击者提供系统的远程访问权限。

3.1.1.2 蠕虫

蠕虫（Worm）是一种可以自主传播的恶意软件，其工作方式类似于病毒。蠕虫不需要宿主文件，可以自己复制并通过网络传播到其他计算机系统。蠕虫的目标通常是传播自身，可能会导致网络拥堵或系统崩溃。此外，蠕虫病毒的查杀工作很困难。只要有一台设备没有清理干净，这种病毒就可以通过网络再次传播，死灰复燃，如 2007 年大肆传播的"熊猫烧香"就是蠕虫病毒的一种[27]。蠕虫的传播方式主要是通过网络连接，利用漏洞或弱密码传播到其他计算机。常见的传播途径包括电子邮件附件、共享文件夹和恶意链接。以下是蠕虫的基本工作原理：

（1）传播方式。蠕虫通常利用网络漏洞来传播自己。它可以通过感染网络中的脆弱系统或利用安全漏洞，自动传播到其他连接在网络上的系统。

（2）自我复制。一旦蠕虫进入系统，它会试图自我复制以扩散到其他系统。自我复制的方式可能包括复制自身的二进制代码到其他文件、系统或网络位置，或者通过利用某些网络服务来传送自身的副本。

（3）利用漏洞。蠕虫通常利用已知的系统漏洞或弱点，在感染主机后，尽可能快地传播到其他系统。这可能包括操作系统应用程序或网络协议中的漏洞。

（4）执行恶意活动。蠕虫的主要目的是执行某种形式的恶意活动。这可能包括破坏文件、篡改数据、窃取敏感信息，或在一些情况下，建立后门以提供对系统的远程访问权限。

（5）资源占用。由于蠕虫会自我复制并在系统之间传播，它可能占用大量计算机资源，导致网络拥塞、系统性能下降，甚至系统崩溃。

（6）远程命令与控制。蠕虫通常通过远程命令与控制主机通信，接收指令并上传被窃取的信息。这使得攻击者能够对蠕虫进行远程控制和更新。

而蠕虫和病毒有以下几点不同：

（1）传播方式。病毒通常需要依附在其他可执行文件或文档中，并通过感染这些文件来传播。它通常需要用户执行感染文件才会被激活，因此传播速度相对较慢。它不能自行传播到其他系统，除非感染的文件被传输到其他系统。蠕虫是自我传播的恶意软件，不需要用户的主动介入。它可以通过利用系统或网络漏洞，在没有用户参与的情况下传播到其他系统。

（2）潜伏期。病毒可能具有潜伏期，在此期间它可能隐藏在系统中而不被察觉，直到感染了其他文件并被执行。蠕虫通常不需要潜伏期，因为它可以迅速传播到其他系统，而不需要等待用户的交互。

（3）影响范围。由于需要用户参与，病毒的传播范围可能受到限制，主要依赖于用户行为和文件传输。由于不需要用户的参与，蠕虫的传播范围可能更广泛，可以更快速地影响多个系统，形成大规模的攻击。

3.1.1.3 木马

木马（Trojan Horse）是一种恶意软件，其工作方式得名于古希腊传说中的木马，指的是外表看似正常或有用的程序，实际上在背后执行恶意操作。木马通常通过欺骗用户而被引入系统，一旦激活，它可能执行各种恶意活动。一旦用户安装了木马，它可以执行恶意操作，例如窃取敏感信息、损坏系统或为攻击者提供远程访问。木马病毒通常由客户端和服务器两部分组成，不法分子将控制程序寄生到目标计算机中，然后采用里应外合的方式来控制计算机[27]。其传播方式通常是伪装成吸引人的应用程序、游戏或工具，通过社会工程技术或欺骗引导用户下载和安装。以下是木马的基本工作原理：

（1）伪装。木马通常伪装成正常或有用的程序、文件或链接，以骗取用户执行它。

（2）潜伏。一旦用户执行了木马，它会潜伏在系统中，尽可能隐藏自己，避免被用户察觉或被安全软件检测。

（3）后门。木马可能会在系统中开设后门，使攻击者能够远程访问系统，执行恶意操作。这使得攻击者可以在系统中执行各种活动，而不被系统或用户察觉。

（4）信息窃取。木马可能用于窃取敏感信息，如用户名、手机号码、密码、住址等。这些信息可以被用于进行其他形式的攻击或用于非法牟利。

（5）破坏性操作。木马可能执行破坏性的操作，如删除、修改或加密文件，导致系统数据的丢失或不可用。

（6）远程控制。木马可能与远程命令与控制服务器通信，接收攻击者发送的指令，使攻击者能够远程控制受感染的系统。

（7）传播其他恶意软件。木马可能被设计为在感染的系统中释放其他恶意软件，从而扩大攻击面。

3.1.1.4 勒索软件

勒索软件（Ransomware）是一种恶意程序，它加密用户的文件或系统，然后勒索受害者支付赎金以获得解密密钥。如果不支付，文件可能永久丢失。该病毒在入侵计算机后，为了躲避杀毒软件的查杀和分析，会自动运行并且删除本身。其通过互联网，将经过非对称加密算法加密的电脑信息上传到黑客的攻击主机。因此，只有黑客拥有解密的私钥，可以对文件进行解密。2021 年 3 月，台湾计算机制造商 Acer 就遭受了勒索软件攻击。黑客组织索要 5000 万美元。为了保持支付的匿名性，勒索软件通常要求使用加密货币（比如比特币）支付赎金。此外，勒索软件通常伴随着威胁和恐吓，以迫使用户支付赎金。勒索软件的传播方式包括钓鱼邮件、程序木马、远程登录攻击、供应链和移动介质传播等。一旦一个系统被感染，它可能还会传播到网络中的其他系统。以下是勒索软件的基本工作原理：

（1）感染系统。勒索软件通过各种途径感染系统，可能是通过恶意链接、附件、广告或利用系统漏洞等方式。一旦成功感染系统，勒索软件便开始执行其恶意操作。

（2）文件加密。勒索软件的典型行为是加密用户系统中的文件，如文档、图片、音频文件等。它使用强加密算法，将文件变得无法直接访问或解密。

（3）勒索信息显示。在文件加密完成后，勒索软件会在受感染系统上显示勒索信息。这通常是一条弹窗或屏幕背景上的通知，要求用户支付赎金以获取解密密钥或解锁文件。

（4）支付赎金。攻击者通常要求用户使用加密货币（比如比特币）支付赎金。这种支付方式相对匿名，难以追踪。赎金金额可能因攻击者而异，通常要求在一定时间内支付，否则威胁删除解密密钥，导致文件永久性丢失。

（5）解锁文件。在用户支付赎金后，攻击者应该提供解密密钥或解锁系统，以便用户能够重新访问其文件。然而，并不保证攻击者会履行承诺，有时用户即使支付赎金也无法恢复所有文件。

（6）威胁。勒索软件常伴随着威胁。攻击者可能警告用户，如果他们尝试解密文件或报告此事件，将面临更大的麻烦。这种威胁旨在迫使用户按照攻击者的要求行事。

（7）扩散。有些勒索软件具有自我传播的能力，可以通过利用系统漏洞或网络蠕虫的方式传播到其他系统，形成更大范围的感染。

3.1.1.5 间谍软件

间谍软件（Spyware）的目的是监视用户的活动并收集敏感信息，如浏览历史、密码和个人数据。这些信息通常被发送给第三方，可能用于恶意目的。此外，间谍软件通常采取措施保持隐蔽性，以防止用户察觉。而且间谍软件会将收集到的信息发送给攻击者的攻击主机，通常采用加密通信。一些间谍软件也可能会定期截取用户屏幕的截图，以监视用户的活动。其传播方式通常是通过捆绑到免费或共享软件中，用户在安装时可能不知情。也可能通过恶意广告、下载或漏洞传播。其工作原理包括以下关键方面：

（1）潜伏与感染。间谍软件通常通过欺骗、伪装或利用系统漏洞的方式悄悄感染用户的计算机。它可能会附加在免费软件、共享文件、恶意链接或电子邮件附件中，用户在无意间可能就安装了间谍软件。

（2）监视用户活动。一旦感染用户的计算机，间谍软件开始监视用户的活动。这可能包括键盘输入、鼠标点击、浏览器历史、访问的网站、登录凭据等。

（3）截取敏感信息。间谍软件的主要目标之一是截取用户的敏感信息。这可能包括个人身份信息、银行账户信息、信用卡号码、社交媒体凭据等。这些信息可能用于非法用途，如身份盗窃或金融欺诈。

（4）屏幕截图。一些间谍软件可能定期捕获用户屏幕的截图，以监视用户正在进行的活动，包括查看的内容、输入的信息等。

（5）远程控制。间谍软件可能具有远程控制功能，使攻击者能够实时查看、操纵或控制受感染计算机。这样的功能使攻击者能够更灵活地利用受感染系统。

（6）通信与数据传输。间谍软件通常将收集到的信息发送给攻击者的攻击主机。传输过程可能通过加密通信来保护数据，使其更难被检测。

（7）隐蔽性。为了防止被发现，间谍软件通常会采取各种措施来保持隐蔽性，例如修改文件属性、更改文件名、进程注入等绕过手法。

（8）自我保护。一些间谍软件可能具有自我保护机制，例如，恶意软件加壳以及绕过等，以抵抗反病毒软件或系统安全工具的检测和清除。

3.1.1.6 总结

在电网数字化转型的过程中，企业必须深刻认识到软件安全的重要性。了解潜在威胁，采取适当的安全措施，是确保电网系统稳定运行的关键一步。具体来说，在电网数字化转型中，恶意软件可能对电力系统产生多种影响，这些影响取决于恶意软件的类型、目的以及严重的程度。以下是一些恶意软件可能造成的影响：

（1）服务中断。某些恶意软件可能会导致电力系统的服务中断。通过破坏关键的控制系统或干扰通信网络，恶意软件可能使电力设备无法正常运行，导致停电或电力服务不稳定。

（2）数据破坏或篡改。某些恶意软件的目的是破坏或篡改电网系统中的数据。这可能包括电力生产、消耗和配送等关键信息。篡改这些数据可能导致错误的决策，对电力系统的运行产生重大影响。

（3）远程控制。一些恶意软件被设计用于建立后门，使攻击者能够远程控制电力系统。这可能导致恶意操作，如关闭关键设备、更改系统参数，甚至对系统进行破坏性的攻击。

（4）设备损坏。恶意软件可能通过控制电力设备来导致设备损坏。例如，通过改变设备的操作参数或过载电力设备，病毒可以引起设备过热，从而导致设备损坏或系统崩溃。

（5）信息泄露。一些恶意软件的目标是窃取敏感信息，如用户数据、控制系统凭证或关键设备的技术规格。这种信息泄露可能对电力系统的安全性和隐私构成威胁。

（6）负面经济影响。电力系统的中断和损坏可能导致负面的经济影响，包括生产中断、业务损失以及维修和恢复电力系统的高昂成本。

笔者在表 3.1 中对电网数字化中存在的恶意软件进行了总结。

表 3.1　恶意软件类型、传播方式、影响范围及特点

类型	传播方式	影响范围	特点
病毒	依附在其他文件或程序中，通过感染这些文件来传播	较大，影响范围受限于感染的文件传播，可以波及多个系统	需要宿主文件来传播
蠕虫	自我传播的恶意软件，可以利用系统或网络漏洞传播到其他系统	较大，自动传播能力使其可以在较短时间内广泛传播，对网络和系统构成更直接的威胁	不需要宿主文件，能够自主传播
木马	需要用户主动执行，例如点击一个看似正常的链接或程序	一般，通常在受感染系统内执行特定的恶意操作，其影响范围较为有限	通常伪装成正常或有用的程序、文件或链接，以骗取用户执行它

(续上表)

类型	传播方式	影响范围	特点
勒索软件	附着于恶意附件或链接、蠕虫、恶意广告和网站传播	一般,直接加密或封锁用户文件,从而限制用户对自己的数据的访问	通常会显示勒索信息,要求用户支付赎金以获取解锁文件的密钥
间谍软件	欺骗性安装、恶意广告、软件捆绑	较大,影响范围广泛,可以悄悄地在用户和组织内传播,导致更大范围的数据泄露	通常采取措施保持隐蔽性,然后将收集到的信息发送给攻击者

随着电网的数字化转型,智能化技术和网络连接性的增加为电力系统带来了许多创新和便利。然而,这也引入了一些潜在的安全威胁,其中之一就是恶意软件的传播。在数字化转型中,关键要素包括智能传感器、远程监控系统和云计算。这些元素的互联性为运营提供了更大的灵活性,但也为恶意软件提供了传播的多样途径。

3.1.2 恶意软件传播途径

数字化转型使电力供应链中的设备和系统变得更加互联,这为攻击者提供了更多的机会。这包括了利用网络传播各种恶意软件,从而对电网的运行产生潜在影响。尽管数字化转型为电力行业带来了许多益处,但与此同时,企业也必须认识到恶意软件传播所带来的安全挑战。这些挑战可能涉及设备、数据流以及整个电网基础设施的安全性。了解恶意软件传播的途径对于制定有效的安全策略至关重要。具体包括恶意附件、社会工程、物理设备感染和供应链攻击等多种途径。

在数字化转型中,恶意软件的传播途径变得更加多样化且隐蔽。而除了识别技术层面的威胁,企业还需要关注人为因素。员工的社交工程和不慎的行为可能成为恶意软件传播的关键途径,影响整个电力供应链的安全性。电力供应链的可靠性直接关系到电力系统的运行。攻击者可能会利用供应链的各环节作为传播途径,对电力系统进行入侵或破坏。因此,企业需要深入了解潜在的威胁来源,以下介绍一些可能的恶意软件传播途径。

3.1.2.1 恶意附件

在电网数字化转型中,攻击者可能利用恶意附件的方式来传播恶意软件。这种攻击方式通常通过电子邮件等途径进行,试图诱使受害者打开或下

载附件,从而导致系统感染。在表3.2中,笔者展示了一些可能用于传播恶意软件的恶意附件攻击方式:

表3.2 恶意附件攻击方式及例子

类型	方式	例子
伪装成文件附件	攻击者可能将恶意软件隐藏在看似无害的文件附件中,如Word文档、Excel表格、PDF文件等	发送一封伪装成重要文件的电子邮件,附带一个带有宏病毒的Word文档
压缩文件	攻击者可能将恶意文件压缩成压缩文件(如ZIP或RAR),逃避一些常规的安全扫描	发送一个压缩文件,其中包含一个恶意的可执行文件
嵌入式链接和宏病毒	攻击者可能在电子邮件正文或文档中嵌入恶意链接,或者利用文档的宏功能来执行恶意代码	发送一封带有嵌入式链接的电子邮件,引导用户点击以下载恶意软件
PDF文件攻击	攻击者可能在PDF文件中嵌入恶意脚本或链接,通过阅读PDF文件触发攻击	发送一个声称是重要通知的PDF文件,其中包含恶意链接
社交工程欺骗	攻击者可能使用社交工程手段,通过伪装成熟悉的联系人或机构发送恶意附件	发送一封伪装成同事发送的电子邮件,附带植入恶意软件的附件

3.1.2.2 社会工程

社会工程是一种攻击技巧,攻击者试图欺骗用户执行恶意操作。在电网数字化转型中,社会工程是一种可能被攻击者用于欺骗人员、获取敏感信息并传播恶意软件的手段。社会工程涉及利用心理学和社会学技巧来诱使个人执行某些动作,例如点击链接、下载文件或提供敏感信息。在电力供应链中,攻击者可以伪装成合法供应商或合作伙伴,通过虚假的通信要求用户提供敏感信息或执行恶意操作,例如下载感染文件。在表3.3中,笔者展示了一些可能的攻击方式和例子。

表 3.3 社会工程攻击方式及例子

类型	方式	例子
钓鱼攻击	攻击者可能发送伪装成来自合法机构或同事的电子邮件，其中包含恶意链接或附件	一封伪装成来自电力公司 IT 部门的电子邮件，声称需要用户点击链接以更新其系统凭证
社交工程攻击	攻击者可能通过社交媒体等平台获取关于员工的信息，然后利用这些信息进行欺骗	通过社交媒体了解某员工的兴趣爱好，然后发送伪装成相关主题的恶意文件
电话欺诈	攻击者可能通过电话冒充合法的电网服务提供商或 IT 支持人员，诱使受害者提供敏感信息或执行特定操作	冒充技术支持人员，声称需要升级系统并要求提供用户名和密码
伪造身份	攻击者可能伪造电子邮件或文档，使其看起来像是来自合法机构的通知或文件	发送一封伪装成合同或公司通知的电子邮件，其中包含恶意附件
虚假域名和网站	攻击者可能创建虚假的域名或网站，模仿合法的电网服务提供商网站，诱使用户输入凭据或下载恶意文件	制作一个虚假的登录页面，要求用户输入他们的用户名和密码

3.1.2.3 物理设备感染

在电力供应链中，恶意软件还可以通过感染物理设备（如 USB 驱动器）来传播。这种攻击方式涉及对实际物理设备的操控，以便引入恶意软件并将其传播到整个系统。比如，攻击者可能将恶意软件加载到 USB 设备中，然后将其丢弃在电力设施内部或周边，期望员工拾起并插入他们的计算机。在表 3.4 中展示了一些可能用于利用物理设备感染进行恶意软件传播的方式：

表 3.4 物理设备感染攻击方式及例子

类型	方式	例子
操纵硬件设备	攻击者可能试图操纵电力系统中的硬件设备，如传感器、控制器或其他物理设备，以将恶意软件注入设备中	修改传感器固件，使其在运行时执行恶意代码，或者篡改控制器的固件以实施恶意控制

(续上表)

类型	方式	例子
恶意设备插入	攻击者可能尝试在电力系统中插入恶意设备,例如恶意 USB 设备,以感染系统	在控制室或变电站插入恶意 USB 设备,以尝试感染控制系统
物理层面的感染	用物理介质,如移动存储设备、CD 或 DVD,将恶意软件传播到系统	插入感染的移动存储设备,导致系统感染
远程操纵物理设备	攻击者可能通过利用设备的远程管理接口或无线通信协议,远程操纵物理设备并注入恶意代码	利用未加密的远程管理接口,远程控制物理设备执行未经授权的操作
固件攻击	攻击者可能试图篡改或替换设备的固件,以引入恶意软件	修改电力系统控制器的固件,使其执行恶意指令

3.1.2.4 供应链攻击

攻击者可以渗透电力供应链的供应商、承包商或第三方服务提供商,然后在其提供的软件、硬件或服务中植入恶意软件。一旦这些受信任的组织交付产品或服务给电力公司,恶意软件就会传播到电力供应链中的系统。表 3.5 中展示了一些可能的供应链攻击的例子。

表 3.5 供应链攻击方式及例子

类型	方式	例子
恶意软件注入供应链中	攻击者可能在电力系统的供应链中注入恶意软件,这可能发生在硬件制造商、软件供应商或其他供应链环节	攻击者可能通过篡改软件更新、固件或硬件制造过程,将恶意代码植入电力设备中
篡改硬件设备	攻击者可能试图在电力设备制造阶段或运输过程中篡改硬件,以植入恶意组件	在生产线上植入恶意芯片,使其在电力系统中执行未经授权的操作
供应链中的恶意文件	攻击者可能通过恶意文件,如恶意文档、软件安装包等,传播到供应链中的电力系统	利用伪装成供应链文件的恶意文档,引诱系统管理员或工程师执行

（续上表）

类型	方式	例子
未经授权的访问和操控	攻击者可能试图未经授权地访问供应链中的电力系统，并在其中操控设备以引入恶意软件	利用未加密的远程管理接口，未经授权地访问供应链中的设备
社交工程攻击	攻击者可能通过社交工程手段，诱导供应链中的个人执行恶意操作	伪装成供应商或合作伙伴，通过电子邮件或电话进行欺骗，引导受害者执行危险操作

3.1.2.5 总结

在电网数字化转型中，恶意软件的传播途径多种多样，包括但不限于恶意附件、社会工程和漏洞利用。这些传播途径对电力供应链构成潜在威胁，可能导致系统的安全性受损。

3.2 网络和通信风险

3.2.1 网络入侵威胁

网络入侵对电力供应链 ICT 系统的危害和影响是极其严重的，可能导致供电中断、数据泄露、操作干扰以及声誉损害。供电中断可能引发电力中断，威胁供电能力，对关键设备和服务造成损害。而数据泄露可能危及隐私和信息安全。操作干扰可能导致电力波动、设备损坏或事故发生，最终损害电力供应的可靠性。此外，入侵事件可能损害电力供应链的声誉，影响客户信任和业务可持续性。因此必须采取积极的网络安全措施以减轻这些潜在的风险。网络入侵是电力供应链 ICT 系统面临的一项重要威胁，具有多种类型，接下来介绍一些主要的入侵类型。

3.2.1.1 分布式拒绝服务攻击

分布式拒绝服务攻击是一种旨在通过向目标系统发送大量伪造流量来超载网络带宽或系统资源的攻击，如图 3.2 所示。这会导致网络或系统性能下降，甚至宕机，从而对电力供应链的 ICT 系统的基础设施造成严重干扰。这种类型的攻击可能导致电力系统的不可用性，影响供电能力，对关键设备和服务造成损害。以下是一般的分布式拒绝服务攻击过程：

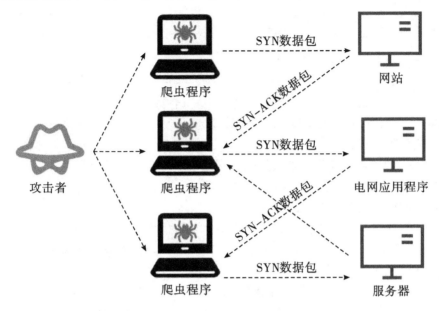

图3.2　分布式拒绝服务攻击

（1）计划阶段。攻击者首先选择目标，这可能是一个网站、网络服务、或整个网络基础设施。攻击者可能根据其目标的重要性、影响力和防护程度来选择目标。

（2）招募僵尸网络。攻击者往往不会直接使用自己的计算机进行攻击，而是通过招募大量的僵尸计算机组成一个庞大的网络，称为僵尸网络或僵尸军团。这些计算机可能被感染了恶意软件，从而被攻击者控制。

（3）指挥和控制。攻击者通过控制服务器或使用其他控制通道，向僵尸网络发送指令，使其准备好进行攻击。攻击者通常会使用加密或其他手段隐藏其指挥和控制活动。

（4）发动攻击。一旦僵尸网络准备好，攻击者就发动分布式拒绝服务攻击。这包括向目标系统发送大量的请求、网络流量或数据包，超出目标系统的带宽、处理能力或其他资源的极限。

（5）混淆和伪装。攻击者可能使用各种手段来混淆攻击流量，使其看起来像正常的流量，难以被检测和过滤。这可能包括使用分布式网络、IP地址伪造、反射攻击等技术。

（6）检测回应和持续攻击。攻击者通常会监视目标系统的响应，并可能根据防护措施的加强来调整攻击策略。攻击可能持续数小时到数天，取决于攻击者的目标和意图。

在攻击过程之后，一些攻击者可能继续潜伏在系统中，以便进行更深层次的攻击，或者在未来特定的时间重新发动分布式拒绝服务攻击。

3.2.1.2 恶意流量

恶意流量包括各种网络流量，如病毒、蠕虫、木马和恶意脚本，这些流量可能被引导到电力供应链的 ICT 系统中。这可能导致系统受到感染，数据泄露，或者允许攻击者远程控制系统，从而危及电力供应的稳定性。以下是恶意流量的一般过程：

（1）攻击源。制造恶意流量的过程始于攻击源，这可能是感染了恶意软件的计算机、恶意服务器、僵尸网络中的控制节点，或者其他恶意实体。这些攻击源可能散布在全球范围内。

（2）传播手段。恶意流量可以通过多种传播手段进入网络，包括电子邮件、恶意网站、文件共享网络、感染的外部设备等。攻击者可能通过社交工程、漏洞利用或钓鱼攻击等手段将恶意内容引入目标网络。

（3）识别目标。一旦恶意流量进入网络，攻击者会尝试识别潜在的目标。这可能是特定类型的系统、应用程序、网络服务，或者个人用户的计算机。

（4）恶意活动发动。一旦目标确定，攻击者会发起各种恶意活动。这可能包括：①恶意软件传播。向目标系统传送恶意软件，例如病毒、蠕虫、木马等。②网络扫描。探测目标系统中的漏洞，以寻找潜在的攻击入口。③拒绝服务攻击。发送大量请求或流量，以耗尽目标系统的资源，导致服务不可用。

（5）利用漏洞。攻击者可能尝试利用目标系统中的已知或未知漏洞，以获取更高的权限、绕过安全措施，或执行其他恶意操作。

（6）权限维持。一些恶意流量可能旨在确保攻击者对目标系统的持久访问。攻击者可能在系统中安装后门、植入恶意代码、窃取敏感信息等，便于后续进行更深层次的攻击。

此外，恶意流量可能还会使用一些手段来逃避系统的检查，比如隐藏自己使其难以被检测。这可能包括使用加密通信、变化的通信端口、IP 地址伪装、使用代理服务器等。而攻击者还可能使用技术手段来逃避网络安全防御措施，例如通过使用先进的恶意软件、改变攻击模式、定期变更攻击来源等。

3.2.1.3 入侵检测

虽然入侵检测和入侵防御系统（IDS 和 IPS）本身不是威胁，但攻击者可能试图规避这些安全措施以侵入电力供应链 ICT 系统。如果攻击成功，入侵者可能获得对系统的未经授权访问，窃取敏感信息或破坏系统操作。攻击者在尝试绕过入侵检测系统（IDS）和入侵防御系统（IPS）时，通常会采用各种技术和策略，以确保其攻击活动不被系统检测到。以下是攻击者可能采用的一般工作流程：

（1）侦查阶段。攻击者首先对目标系统进行侦查，以了解目标使用的入侵检测和防御系统的类型、配置和弱点。这可能包括分析目标系统的网络拓扑、识别防御系统的规则和签名，以及查找已知漏洞。

（2）识别系统规则和签名。攻击者尝试了解目标系统的入侵检测和防御系统的规则和签名。这可能包括了解 IDS 和 IPS 使用的特定规则、检测模式以及网络通信和应用层面的特征。

（3）模糊攻击特征。攻击者可能采用各种技术来模糊其攻击特征，以避免被 IDS 和 IPS 检测到。这包括使用加密通信、变化的攻击模式、混淆攻击流量，以及通过代理服务器或虚拟专用网络（VPN）等手段隐藏攻击来源。

（4）利用零日漏洞。攻击者可能尝试使用未被公开披露或修复的零日漏洞，以避免 IDS 和 IPS 基于已知漏洞的检测。这使得攻击者能够在攻击被发现之前执行未被察觉的攻击。

（5）使用已知漏洞。攻击者可能利用目标系统中已知但未修补的漏洞，以绕过防御系统的检测。这可能包括对系统或应用程序的特定漏洞的有针对性利用。

（6）针对 IDS 和 IPS 的攻击。攻击者可能直接攻击入侵检测和防御系统，以使其失效或产生误报。这可能包括使用拒绝服务攻击、深度封包检测规避、针对 IDS 和 IPS 漏洞的攻击等手段。

此外，攻击者可能通过调整攻击的频率和时间，以模拟正常的网络流量模式，并防止被 IDS 和 IPS 检测到。这种策略可以降低检测到攻击的概率。攻击者还可以结合分阶段的攻击策略，逐步推进攻击，以规避防御系统的检测。这可能包括在多个攻击阶段中使用不同的攻击工具和技术。

3.2.2 数据泄露和拦截

在电网数字化的背景下，数据泄露和拦截是一个备受关注的话题。随着电力系统的数字化转型，大量敏感数据的传输成为一项日益重要的任务。首先，需要深入探讨可能导致数据泄露和拦截的攻击方法，其中两个主要的威胁包括数据包嗅探和中间人攻击。

另外，还需要关注电力供应链中的敏感数据传输和保护问题。电力系统中涉及的数据,如能源生产和消费数据、设备运行状态等,具有极高的敏感性。分析供应链中敏感数据的传输路径和存储过程,可以为制定有效的保护策略提供重要的线索。这涵盖了对整个供应链的审查,包括第三方供应商的数据处理流程,以确保数据在传输和处理过程中不受到威胁。

通过深入研究这些风险和问题,电力行业可以更好地理解数字化转型中潜在的安全挑战,并采取相应的防范措施,以确保电力系统的稳定性、可靠性和安全性。

3.2.2.1 数据泄露和拦截风险

1) 数据包嗅探。数据包嗅探是一种攻击技术,攻击者可以使用网络嗅探工具来拦截数据包并分析其中的信息,从而获取敏感数据。这可能包括敏感信息,如用户名、密码、交易数据或关键设备的操作数据。数据包嗅探的流程如下:

(1) 捕获数据包。数据包嗅探工具捕获经过嗅探点的数据包,其中包括网络通信中的所有信息,如源和目标 IP 地址、端口号、协议类型、数据负载等。

(2) 分析数据包。捕获的数据包被送到嗅探工具的分析模块,管理员可以通过过滤、排序和搜索等功能来分析数据包的内容。这有助于理解网络上发生的通信、检测异常活动,以及进行网络故障排除。

(3) 提取信息。嗅探工具允许用户提取有关数据包的详细信息,包括源和目标地址、协议、数据大小、传输时间等。这有助于深入了解网络流量和识别潜在问题。

数据包嗅探的工作流程涉及捕获和分析通过计算机网络传输的数据包。(图 3.3)尽管数据包嗅探在网络管理、安全监控和故障排除等领域中是一种有用的工具,但它也可能带来数据泄露和拦截的风险。数据包嗅探可能导致数据泄露和拦截的风险因素主要有以下七点:①敏感信息的暴露。数据包中可能包含有关电力系统、能源生产和消费的敏感信息。攻击者通过嗅探截获这些数据包,可能获取到关键的技术细节、运行状态以及能源供应链的信息,从而导致敏感信息泄露。②用户隐私泄露。数据包中可能包含用户的个人信息,尤其是在包含能源使用模式的数据传输中。嗅探攻击可能暴露用户的隐私,包括生活习惯、设备使用情况等,对用户构成潜在的隐私侵犯。③电力系统的脆弱性披露。通过嗅探截获并分析电力系统的数据包,攻击者可能识别系统的脆弱点和漏洞。这种信息的泄露可能为未经授权的访问和潜在攻击提供线索。④市场竞争风险。在电力市场中,数据包中的信息可能涉及能源交易、定价策略等商业机密。攻击者通过嗅探获取这些信息可能导致

第 3 章 电网数字化转型中的 ICT 供应链安全风险

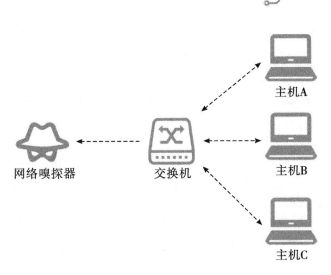

图 3.3 数据包嗅探

市场竞争的不公平,甚至引发价格操纵等问题。⑤能源供应链干扰。数据包嗅探可能使攻击者能够识别和干扰能源供应链中的关键节点。通过截获数据包,攻击者可能采取措施干扰电力系统的正常运行,对供电稳定性产生潜在威胁。⑥拦截和篡改通信。恶意嗅探者可能尝试在传输过程中拦截数据包,甚至篡改其内容,导致信息的不完整性和可靠性问题。⑦隐私侵犯。对于个人用户或企业而言,未经授权的数据包嗅探可能构成对隐私的侵犯,尤其是在通信中涉及个人身份或敏感业务信息时。

2)中间人攻击。中间人攻击是指攻击者通过插入自己在通信双方之间,以拦截和修改传输数据。这可能导致数据泄露或篡改,因为攻击者可以获取数据并可能传输恶意信息。以下是中间人攻击的一般工作流程:

(1)侦听通信。攻击者首先在目标通信的路径上插入自己,通常通过欺骗技术、DNS 欺骗、Arp 欺骗等手段。攻击者可能位于目标通信的直接路径上,也可能在通信链路中的任何一点上。

(2)截取通信。一旦攻击者成功插入自己作为中间人,他们能够截取双方之间的通信流量。这包括捕获数据包、监听传输的敏感信息,如用户名、密码、信用卡号等。

在电力供应链中,这可能威胁设备之间的通信,包括远程操作和控制。中间人攻击主要会带来以下危害:

(1)数据篡改。中间人攻击可能导致数据的篡改,即攻击者在数据传输过程中修改了其中的内容。这可能引发虚假信息的传输,对电力系统中的控制命令、能源交易等产生潜在危害。

（2）身份冒充。攻击者在中间人攻击中可能冒充合法用户，向系统发送伪造的请求。这可能导致未经授权的访问和活动，影响电力系统的稳定性和安全性。

（3）隐私泄露。中间人攻击可能导致用户隐私的泄露，特别是在包含个人或企业能源使用数据的传输中。攻击者能够获取关于用户行为和能源使用的详细信息，侵犯用户的隐私权。

（4）信息拦截。中间人攻击者可以截取传输过程中的数据包，获取其中包含的信息。这可能包括关键的技术细节、系统配置等，使攻击者能够识别系统的脆弱点。

（5）供应链干扰。中间人攻击可能使攻击者能够识别和干扰电力供应链中的关键节点。通过截取数据，攻击者可能获取供应链的信息，从而影响能源的生产和分配。

为了减轻这些潜在风险，电力系统需要采取一系列安全措施。这包括但不限于使用加密通信、实施身份验证和授权机制、使用数字签名来确保数据的完整性、部署网络入侵检测系统（IDS）等。这些安全措施有助于防范中间人攻击，确保电力系统在数字化转型中的数据传输安全可靠，减少潜在的数据泄露风险。

3.2.2.2 敏感数据传输和保护问题

电力供应链中的敏感数据传输和保护问题涉及几个关键方面。首先，远程操作和监控电力设备需要安全传输敏感数据，此类敏感数据包括：

（1）能源生产和消费数据。电力系统生成大量有关能源生产和消费的数据，包括发电站的运行状况、电力负荷预测、能源消耗模式等。这些数据对于维持电力系统的平衡和可靠性至关重要。在传输过程中，这些数据需要得到加密和保护，以防止泄露和篡改。

（2）设备运行状态。电力系统中的设备运行状态对系统的正常运行和维护至关重要。涉及的信息包括发电设备、输电线路、变电站等设备的运行状况数据。保护这些信息的传输是确保设备安全性和电力供应可靠性的重要一环。

（3）智能电表数据。部署了智能电表的数字电网中，电表产生的数据涉及用户的能源使用模式和习惯。这是敏感的个人信息，需要在传输时采用强大的加密机制，以确保用户隐私的安全。

（4）电力市场交易信息。电力市场涉及多方之间的交易和合作，包括能源交易和定价信息。这些交易数据在传输过程中需要得到保护，以确保市场的公平和透明。

（5）供应链数据。电力系统的供应链涉及设备和物资的采购、交付和安装等多个环节。相关数据的传输需要保护，以防止信息泄露和干扰供应链的正常运作。

其次，严格的用户身份验证是必要的，以仅允许授权人员访问敏感数据，具体做法包括采用强密码策略、多因素身份验证和访问控制。此外，加密技术在数据传输和存储中的应用对于防止数据泄露和中间人攻击非常关键。最后，有效的审计和监控机制可以帮助及早检测异常情况，从而采取适当的反应措施，确保电力供应链中的敏感数据得到充分保护。具体来说，为了解决敏感数据传输和保护问题，电力系统可以采取以下措施：

（1）加密通信。使用强大的加密算法和协议，如传输层安全协议（TLS）和安全套接字层协议（SSL），确保数据在传输过程中的机密性和完整性。

（2）访问控制。建立严格的访问控制机制，确保只有授权人员能够访问和处理敏感数据。

（3）网络隔离。将敏感数据传输的网络进行隔离，减少横向移动的风险，提高系统的安全性。

（4）安全审计。定期进行安全审计，检查数据传输过程中是否存在异常行为，及时发现并应对潜在的威胁。

通过综合采取这些措施，电力系统可以在数字化转型中保护敏感数据的传输，确保系统的安全和可靠性。

3.3 数据安全与隐私问题

3.3.1 数据安全挑战

数据作为电网数字化转型的核心资源和关键驱动力，为电力系统提供了实时监测、数字规划、智能决策的基础。然而，随着数据的不断增长和普及，未来电网需要处理来自成千上万个传感器的详细运行数据，以及来自上百万个用户的用电数据的采集、传输和存储。在这个背景下，数据安全成为电网数字化转型中的一个不可忽视的问题[28]，尤其在保障这些数据的可靠性、完整性和机密性方面，将是一项前所未有的挑战。

3.3.1.1 数据可靠性

电网供应链的数据可靠性实践涉及多个方面，包括数据采集、传输、存储等多个环节，这些环节面临着一系列实质性的、亟待攻克的挑战[29]。

（1）数据采集。在数据采集环节，电网系统依赖各类传感器来获取电力数据。然而，这些传感器的准确性可能受到老化和不正确校准的影响，由此可能引发数据不准确的问题。采集频率的不足或不一致也是一个潜在的隐患，可能导致对关键信息的遗漏，从而影响实时监测的准确性。为了提高数据采集的可靠性，需要对传感器的质量进行全面考量，确保其稳定性和准确性，并进一步优化采集频率，以确保数据的全面性和及时性。

（2）数据传输。在数据传输阶段，电网系统需要通过网络进行数据传输。然而，通信可靠性和安全性方面存在挑战，因为网络故障或不稳定的通信链路可能导致数据丢失或延迟。此外，数据在传输过程中可能面临被恶意篡改或窃取的安全风险。因此，采用高效的通信协议和技术，以及实施强化的数据加密和认证机制，对于确保数据传输的可靠性和安全性至关重要。

（3）数据存储。数据存储方面存在容量和性能的问题。鉴于电网系统产生大量实时数据，不足的存储容量或性能可能导致数据丢失或处理延迟，从而影响对电网状况的实时了解和响应能力。为了应对这一挑战，可采用分布式存储或云存储等先进的存储技术，以提高系统的整体容量和性能。

3.3.1.2 数据完整性

电网供应链在数据完整性实践过程中，涉及数据缺失、数据重复、数据不一致、数据篡改等多个方面的问题，直接影响着电网供应链系统的正常运行和管理。

1）数据缺失。数据缺失是指在电网供应链的特定环节或节点上，关键数据丢失或未被记录的现象。例如，在电力传输过程中，如果某个环节的数据缺失，可能导致电网管理者无法准确监控电力的流向，增加电网故障风险，影响供电稳定性。这种情况可能由多种原因引起，包括技术故障、人为错误或系统不完善等。

（1）技术故障。技术故障可能是导致数据缺失的一个主要原因。电力系统中的设备和传感器可能受到各种问题的影响，包括硬件故障、通信故障或软件问题，从而导致数据采集的失败。

（2）人为错误。人为错误也是一个潜在的因素，包括误操作、未经授权的访问或不当维护。

（3）系统不完善。系统不完善也是造成数据缺失的一个重要因素。如果电网管理系统缺乏足够的容错机制或数据备份策略，一旦出现故障就可能导致数据永久性丢失。

数据缺失可能会影响电网运行的多个方面，包括电力负载分布、设备状态监测以及故障诊断等。由于这些数据在电网管理和运维中扮演着重要的角色,其缺失可能会妨碍管理者及时做出决策,增加电力系统的不稳定性和脆弱性。

2)数据重复。数据重复是指相同的信息在电网供应链的不同环节被多次记录或传递,造成系统中存在大量冗余数据。这种现象可能源于系统集成问题、数据输入错误或通信问题等多方面因素。在电网管理中,频繁出现的数据重复可能导致信息混淆和误导,使得决策者难以获取准确的信息,从而对电力系统的准确监控和控制产生不利影响。

(1)系统集成问题。系统集成问题是导致数据重复的一个重要原因。在电网中,各个子系统和设备可能由不同厂商提供,它们之间的集成可能存在不同步或不兼容的情况,导致相同数据在不同系统中被重复记录。这不仅增加了数据管理的复杂性,还可能使得系统中存在多个版本的相同信息,从而影响对电网实际状态的准确把握。

(2)数据输入错误。数据输入错误也是导致数据重复的一个潜在问题。人为因素或操作失误可能导致相同信息被多次录入,进而在系统中形成冗余。这种情况可能与人员培训水平、系统界面设计等因素有关,因此需要采取有效的质量控制和培训措施来减少数据输入错误的发生。

(3)通信问题。通信问题也可能引发数据重复。在电网中,各个设备和子系统之间通过网络进行数据传输,如果存在通信故障或丢包现象,可能导致数据重复传递或多次记录。

数据重复的存在可能会使电网管理者难以辨别最新数据和冗余数据,从而影响决策的准确性。为降低数据重复可能带来的风险,电网管理者应采取综合措施,包括改进系统集成,加强数据输入的质量控制,以及确保网络通信的稳定性。

3)数据不一致。数据不一致指的是在电网供应链的不同系统或环节中,相同数据存在差异的现象[30]。以电力输送系统和电力配送系统之间的数据不一致为例,这可能导致对电力供需状况的误判,从而影响电网的调度和运行。这种差异可能是由于不同系统采用不同的数据标准和格式或数据更新不及时等原因引起的。

(1)不同的数据标准和格式。不同系统采用不同的数据标准和格式是导致数据不一致的一个常见原因。在电网管理中,涉及多个子系统和设备,它们可能由不同厂商提供或采用不同的技术标准,导致在数据交换过程中出现格式不匹配或解释不一致的情况。这样的差异可能导致相同的数据在不同系统中呈现出不同的数值或含义,给电网管理者带来困扰。

(2)数据更新不及时。数据更新不及时也是导致数据不一致的一个主要因素。如果不同系统中的数据更新频率不同，或者存在延迟，就可能导致系统中的数据出现时间上的差异。例如，电力输送系统中的数据更新可能滞后于电力配送系统，从而造成对电力供需状况的不准确理解。

因此，电网管理者应采取措施，包括统一数据标准和格式、实施定期的数据同步和更新机制，确保不同系统之间的数据交换和共享是实时、准确的，以最大限度地降低数据不一致可能带来的风险。

4）数据篡改。数据篡改是指有意地对电网供应链中的数据进行修改，可能出于隐瞒事实、进行欺诈行为或攻击电力系统安全性等目的[31]。这种行为可能导致误导决策者，使其基于虚假信息做出错误的决策。数据篡改可能由内部或外部威胁源引起，其影响范围可涵盖电网中的各个环节。

（1）内部威胁源。内部威胁源包括系统管理员、操作人员或其他具有访问权限的人员。在某些情况下，数据篡改可能是为了掩盖电网中的问题，如设备故障或安全漏洞，以维护声誉或规避责任。

（2）外部威胁源。外部威胁源针对电力系统的恶意攻击者。通过修改关键数据，攻击者可能导致电力系统的误操作、设备过载或其他不良影响，甚至可能引发电力系统的故障，对电网的稳定运行和供电可靠性都构成了潜在威胁。

为减轻数据篡改可能带来的风险，电力系统管理者应采取一系列措施，包括数据完整性校验、数字签名技术、数据加密和数据访问控制等，以提高电力系统对数据篡改的抵御能力。

3.3.1.3 数据机密性

电网供应链在数据机密性实践过程中，涉及敏感数据防护、身份验证与访问控制两个方面的问题，这直接关系到电力系统的信息安全。

1）敏感数据防护。敏感数据包括电力系统的关键信息，如电力生产情况、能源供应商合同、用户隐私数据等。然而，电网供应链中可能存在对这些敏感数据的保护措施不足的问题。未经适当加密或其他安全手段处理的敏感数据容易受到非法访问或窃取，可能导致信息泄露、商业机密外泄，甚至对国家能源安全构成威胁[32]。

（1）电力生产情况。电力生产情况是一项极为重要的敏感数据。这方面的数据涵盖了电力产量、发电设备状态等关键信息。如果这些数据没有经过强化的安全保护，就可能遭受黑客攻击或未经授权的访问，导致信息泄露，甚至可能对电力系统的正常运行产生严重影响。

（2）能源供应商合同。能源供应商合同的相关信息也属于敏感数据的范畴。这包括合同条款、价格协商等商业敏感信息。如果这些信息暴露给不法分子，可能导致合同谈判的不公平竞争，对能源市场的稳定性和公正性构成潜在威胁。

（3）用户隐私数据。用户隐私数据是电力系统中涉及的另一敏感信息。用户的能源使用模式、用电量等数据如果被未授权方获取，可能侵犯用户隐私，引发法律纠纷，甚至被用于不法用途。

为应对这些问题，电网供应链需加强对敏感数据的安全保护措施，包括加密技术、访问控制策略以及完备的安全审计机制。此外，定期进行安全漏洞扫描和风险评估，及时修补系统漏洞，可以有效减少敏感数据遭受非法访问或窃取的风险，维护电力系统的安全性和国家能源安全。

2）身份验证与访问控制。在电网供应链中，合法用户（例如电网运营商、管理者）应当拥有适当的身份验证和访问控制权限，以确保他们只能访问其所需的信息和系统功能。然而，当前存在的问题包括弱密码策略、缺乏多因素身份验证、不规范的权限管理等[33]。这可能导致未经授权的人员获得系统访问权，从而进行恶意活动，如篡改数据、破坏电力系统稳定性等。

（1）弱密码策略。弱密码策略是一个常见的风险因素。合法用户如果使用容易猜测或过于简单的密码，可能使得攻击者更容易通过猜测或密码破解手段获取访问权限。为提高系统的安全性，电网供应链需要推动合法用户采用强密码，并定期强制更新密码，以增强系统抵抗攻击的能力。

（2）缺乏多因素身份验证机制。缺乏多因素身份验证机制也是一个潜在问题。仅依赖用户名和密码的身份验证容易受到恶意入侵的威胁。引入多因素身份验证，如使用手机短信验证码或硬件令牌，可以提高身份验证的可靠性，降低未经授权访问的风险。

（3）不规范的权限管理。不规范的权限管理可能导致合法用户拥有超出其工作职责的权限，增加系统被滥用的可能性。

因此，应通过建立健全权限管理体系，确保每个用户只能访问其必要的系统功能和信息。定期审查和更新权限，以适应用户职责的变化，也是保障系统安全的有效手段。

在电网数字化转型中，数据的可靠性、完整性、机密性是关键挑战（表3.6）。数据可靠性方面，电网系统需应对传感器老化、采集频率不一致等问题，通过质量考量、频率优化等手段提高数据采集的准确性。在数据传输阶段，网络通信的可靠性和安全性需通过高效协议、数据加密、认证机制来确保。数据存储方面，可以采用分布式或云存储技术应对大规模数据存储需求，提高系统容量和性能。数据完整性方面，处理数据缺失、重复、不一致等问题，需通过技术升级、数据标准统一、实时同步等手段解决，以确保系统正常运行和有效管理。数据机密性方面，保护电力系统中的敏感信息，如电力生产情况、用户隐私数据，需采用强大的加密技术、访问控制策略，并进行定期的安全漏洞扫描和风险评估。身份验证和访问控制方面，采用强密码、多因素身份验证，建立规范的权限管理策略，以确保合法用户只能访问其必要的信息和系统功能。这些综合措施将有助于提升电网数字化转型中数据安全的整体水平。

表 3.6　电网数据安全挑战与对策

方面	挑战	对策
数据可靠性	数据采集不准确 数据传输风险 数据存储性能不佳	确保传感器质量、优化数据采集频率 高效的通信协议和技术 分布式存储、云存储
数据完整性	数据缺失 数据重复 数据不一致 数据篡改	技术升级、数据标准统一 实施实时同步和完备的安全审计
数据机密性	敏感数据防护不足 身份验证和访问控制问题	强化加密技术、设置多因素身份验证、规范权限管理

3.3.2　隐私和合规性问题

在电力供应链领域，隐私和合规性问题在当前日益数字化和信息化的环境中显得尤为突出，直接关系到整个能源供应系统的可持续性、高效性和安全性。这些问题主要涉及两个核心方面：用户数据隐私和隐私合规标准。

3.3.2.1　用户数据隐私

在电力系统数字化转型的过程中，用户数据隐私的保护是至关重要的，然而，它正面临着一系列挑战和困境。随着电网的智能化和数据驱动型发展，用户信息的广泛采集、传输和存储不仅带来了更为便捷的能源管理和服务，同时也引发了一系列隐私保护的复杂问题。

1) 用户数据的传输和存储。用户数据的广泛流动和存储使得隐私面临的外部威胁增加。随着数字化转型的推进，大量用户信息需要在不同系统、平台之间进行高频共享，旨在实现智能化服务和提供更优质的用户体验。然而，这种信息流动的广泛性也伴随着潜在的外部威胁和安全风险。

(1)数据传输。随着用户数据在不同系统之间的传输,尤其是在网络中传输信息的环节,数据的安全性变得尤为关键。这种广泛的信息共享可能使得用户数据在传输过程中面临黑客攻击、窃取或未授权访问的风险。网络环节的漏洞或不安全的传输通道可能为恶意行为提供可乘之机,从而危及用户隐私。

(2)数据存储。数字化转型过程中用户数据的集中存储增加了整个系统在面临外部威胁时的脆弱性。大规模的数据存储通常涉及庞大的数据库,一旦系统的安全措施不严密,黑客可能针对这些中心化存储点发动攻击,获取用户敏感信息。

2)用户数据的敏感性和多样性。用户数据的敏感性和多样性增加了电力系统数据的复杂性,也增加了隐私保护的难度。

(1)数据敏感性。就用户数据的敏感性而言,电力系统涉及的用户信息不仅包括基本的身份信息,同时可能包括用电模式、能源消耗等更为敏感的个人数据。这种敏感性使得隐私保护需要更为严格的措施,以防范不法分子通过获取这些信息进行身份盗窃、精准定位等潜在的风险。因此,系统在数据存储、处理和传输的各个环节都必须实施高效的加密技术、访问控制和监测机制,以确保用户的敏感信息不受到未经授权的访问和泄露。

(2)数据多样性。在用户数据的多样性方面,电力系统所涉及的用户信息呈现出多样化和细致化的特点。除了基本的身份信息外,用电模式、能源消耗等数据反映了用户的行为模式和生活习惯。这种多样性增加了隐私保护的难度,因为不同类型的数据可能需要采用差异化的安全策略。例如,基本身份信息可能需要更强化的身份验证和加密技术,而用电模式等更为敏感的数据则需要更加细致的访问权限控制。

因此,电网系统必须在设计中考虑这种差异,以确保在保护用户数据的同时,不影响合法的数据利用和分析,实现隐私保护与数据有效利用的平衡。

3)用户使用数据的透明度和控制权。用户对于保障数据使用透明度和控制权的需求日益增强。在用户使用数据的透明度方面,要关注的核心问题包括如何确定哪些数据应该对用户透明,以及数据透明程度。在用户使用数据的控制权方面,面临的核心挑战包括技术复杂性、信息不对称和缺乏标准化的控制工具等方面。

(1)透明数据类型。用户关心的数据通常是涉及其个人隐私和影响其决策的重要信息。在电力系统中,用户可能期望了解的数据包括用电模式、能源消耗、费用计算等个性化信息。此外,用户还可能关心电力系统的运行状态、可再生能源使用比例等对整体社会和环境产生影响的数据。

（2）数据透明度。由于电力系统涉及庞大而多样的数据，其中一些可能受到商业机密、技术安全等方面的保护，不可能完全开放给终端用户。同时，系统的复杂性和多样性可能导致数据在流动和传递的过程中出现信息丢失、格式转换等问题，从而降低了数据透明度。此外，为确保用户理解和接收数据，透明度还需要考虑用户的专业知识水平和信息处理能力，以避免信息过载或误导。

（3）技术复杂性。电力系统的运行涉及多个复杂的技术环节，包括数据的采集、传输、存储和处理等。由于这些技术过程对于普通用户来说较为专业和复杂，他们很难深入理解数据在这些环节中的具体流动和处理方式。这使得用户在行使对数据使用的控制权时面临理解和应用复杂技术的挑战，削弱了他们在决策过程中的主动性。

（4）信息不对称。信息不对称是另一个制约用户控制权的因素。用户与电力系统提供方之间存在信息不对称，即用户难以获取有关数据使用的全面和准确的信息。电力系统通常未清晰地传达数据使用的具体目的和方式，导致用户对于其数据被如何利用存在疑虑。这种不对称信息关系使得用户在决策中处于弱势地位，难以全面了解和评估其数据使用的合理性，从而限制了他们对数据的有效控制。

（5）缺乏标准化的控制工具。缺乏标准化的控制工具也是一个困扰用户的问题。目前，缺乏通用、易用的标准化工具，使得用户难以灵活地管理其数据使用的权限和目的。标准化的控制工具可以帮助用户更直观、方便地设定和修改对其数据的控制参数，但由于目前缺乏这样的标准，用户往往需要应对各个系统提供的不同控制界面，增加了使用的复杂性和困扰。

如表 3.7 所示，在数字化转型过程中，用户数据集中存储的方式增加了整个系统在面临外部威胁时的脆弱性，可能成为黑客攻击的目标，威胁用户的隐私。同时，电力系统中用户数据的敏感性和多样性增加了隐私保护的难度，不同类型的数据需要采用差异化的安全策略。用户对数据使用透明度和控制权的需求不断增强，但由于技术复杂性、信息不对称和缺乏标准化的控制工具等原因，用户在实际行使控制权时面临诸多困难。因此，在数字化转型中，平衡隐私保护和数据利用的需求，提高数据透明度和用户控制权，是当前亟须解决的问题。

表3.7 用户数据隐私总结

问题/挑战	解决对策
用户数据的传输和存储	数据传输：实施安全的传输通道，防范黑客攻击和未授权访问 数据存储：加强系统的安全措施，防范黑客攻击和数据泄露
用户数据的敏感性和多样性	数据敏感性：实施高效的加密技术、访问控制和监测机制 数据多样性：差异化的安全策略，根据数据类型采取不同的保护措施
用户使用数据的透明度和控制权	透明数据类型：确定哪些数据对用户透明，考虑用户需求 数据透明度：平衡信息保护和用户理解能力，确保透明度 控制工具：推动标准化的控制工具，提高用户设定和修改权限的便捷性

3.3.2.2 隐私合规标准

电网供应链系统在隐私合规标准方面面临的问题涉及多个层面[34]，呈现出复杂性和多样性。这源于电力行业的特殊性质，其供应链系统涵盖了从电力生产到终端用户的多个环节，每个环节都涉及大量的数据收集、传输和处理。

1）数据传输问题。电网供应链在涉及数据传输时，必须遵守不同地区的法律法规，这涉及复杂的法律环境。由于各地法规可能存在差异或相互矛盾，因此在数据传输的过程中，确保同时符合所有相关的隐私合规标准变得极为困难[35]。

（1）隐私法规差异。电网供应链涉及的数据可能包含个人信息，如客户、供应商或员工的数据。不同地区对个人数据的保护有着各自的法规框架，包括但不限于我国的《个人信息保护法》、欧洲的通用数据保护条例（GDPR）等[36]。这些法规对于数据的收集、处理、存储和传输提出了详细要求，供应链系统需要确保其数据处理流程符合这些法规的要求。

（2）数据传输冲突。由于电网供应链的复杂性，涉及的数据传输可能涉及多个地区。在这种情况下，电网系统需要考虑不同地区法规之间的互操作性和冲突。例如，某一地区可能要求数据存储在本地，而另一地区可能没有此类限制。这就需要电网系统在设计数据传输方案时，兼顾不同地区法规的要求，以避免法律风险和合规问题。

（3）数据法规变更。随着技术的不断发展，一些地区可能对新兴技术的数据处理提出了额外的法规要求。这就需要电网供应链及时了解并遵守这些法规，以确保其数据传输过程符合最新的法律要求。同时，由于法规的变化可能带来供应链调整的需要，电网系统需要具备灵活性，及时调整数据管理和传输策略。

2）管辖权分配。电力公司和供应商跨越多个司法辖区运营，而不同地区可能有不同的隐私法规。此外，市政电力公司和合作式电力公司等不受相关监管机构管辖的实体也一定程度上增加了管辖权划分的不确定性[37]。在这种情况下，确定适用的隐私法规变得更加复杂，因为这些实体可能不受传统的行业监管框架的限制，而需要更加灵活的法规和适用机制。

3）云服务和外包。随着云计算的迅猛发展，电力公司在寻求提高效率和降低成本的同时，可能选择借助国内公司提供的云服务，将其计算需求托管于分布在不同辖区内的数据中心。然而，这一发展趋势也带来了一系列复杂的云服务和外包问题，需要企业在确保服务灵活性的同时，综合考虑不同地区的隐私法规和标准，以确保合规性。

（1）地区特性。云服务和外包的地区特性使得数据在跨越政府边界的过程中面临着不同地区的隐私法规和标准的不一致性[38]。每个地区可能拥有独特的隐私法规，而这些法规之间可能存在差异，包括对于数据收集、存储和处理的规定，以及用户权利的不同定义。

（2）第三方参与。外包服务可能涉及第三方的参与[39]，这增加了管理和监控的复杂性。云服务提供商可能使用不同地区的数据中心，其中的数据处理流程可能受到不同地区法规的影响。电力公司需要确保云服务提供商在合同中明确数据的使用、传输和存储方式，并监控第三方的合规性，以防止潜在的隐私违规问题。

4）用户知情权和选择权。在社会层面上，政府在保护自愿和非自愿的商业关系中发挥着关键的角色。在自愿关系中，比如银行与客户之间的关系，顾客能够将银行的保密政策作为选择银行的一个重要因素。然而，在电力用户与电力供应商之间的关系中，用户面临着相对有限的选择权，这意味着无论供应商制定何种政策，用户似乎都只能被动地接受。这种局面给监管机构带来了巨大的责任，要求其确保电力公司在用户信息采集、存储和保护计划方面行事谨慎。具体而言，用户知情权和选择权面临着一系列挑战。

（1）专业术语晦涩。用户往往难以充分了解电力公司关于信息采集和使用的具体政策，因为这些政策通常以专业术语和法律术语呈现，不易为一般用户理解。这使得用户在做出知情的决策时面临信息不对等的问题，削弱了其知情权的实质性效力。

(2) 供应商选择有限。电力用户在选择供应商时的实际选择余地相对有限，可能受到地理位置、市场竞争程度等因素的制约。这意味着即使用户了解了某供应商的信息政策，也可能无法轻松地切换到另一家更符合其隐私偏好的公司，从而降低了其选择权的实质性意义。

(3) 数据使用真实意图。信息的复杂性和数据收集的普遍性使得用户在实践中很难全面了解其数据被如何使用的全貌。对于用户而言，如何有效地行使选择权和知情权成为一个复杂而困难的问题，因为他们很难判断特定数据使用背后的真实意图和潜在影响。

(4) 信息政策变更。即使用户有了知情权和选择权，电力公司的信息政策可能仍然存在变更和调整的可能性，这使得用户的知情权和选择权变得相对脆弱。政策的不断调整可能导致用户的知情权在时间上的不稳定性，增加了用户在保护自身权益方面的挑战。

数据隐私法规对电力系统的业务模式和数据处理流程的影响不容忽视（表3.8）。合规性要求可能导致企业需要进行技术和流程的调整，以适应更为严格的数据保护标准。同时，用户对于个人数据的拥有权要求日益提高，这意味着电力行业需要更加透明和负责地处理用户数据。随着法规的不断演变，电力系统需要保持灵活性，及时调整政策和实践，以应对日益严峻的隐私和合规性挑战。

表3.8 隐私合规标准总结

问题/挑战	解决对策
数据传输问题	隐私法规差异：了解和遵守各地区的隐私法规，确保数据传输合规 数据传输冲突：考虑不同地区法规之间的互操作性，避免冲突 数据法规变更：灵活调整数据管理和传输策略，应对法规变化
管辖权分配	清晰定义管辖范围：考虑不同实体的法规适用问题
云服务和外包	地区特性：综合考虑不同地区隐私法规，确保云服务合规 第三方参与：在合同中定义清楚数据使用方式，监控第三方的合规性
用户知情权和选择权	专业术语晦涩：采用用户友好的语言解释政策，提高用户理解 供应商选择有限：考虑用户实际选择余地，加强其他保护措施 数据使用真实意图：提供明确的数据使用目的，增强用户信任 信息政策变更：确保政策变更时通知用户，并保持透明沟通

3.4 供应链管理与漏洞

3.4.1 ICT 管理漏洞

电力 ICT 供应链是电网系统中关键的组成部分,负责提供信息和通信技术支持,以确保电力系统的高效运行。然而,电力 ICT 供应链管理存在一些潜在的漏洞,包括恶意供应商、物理入侵、供应链协同、物流成本控制、供应链复杂性和全球化等,可能导致恶意活动和系统脆弱性。

3.4.1.1 恶意供应商

在电网 ICT 供应链中,恶意供应商可能使用多种手段引发安全问题,包括但不限于植入恶意硬件或软件,提供虚假或受损的组件,以及滥用权限获取敏感信息等。

(1)植入恶意硬件或软件。在植入恶意硬件或软件方面,恶意供应商可能通过在电力设备的硬件或软件中植入后门、木马或恶意代码[40],实施隐蔽而有目的的攻击。这种行为的目的是在不引起注意的情况下,远程操控或监控设备,使其执行未经授权的操作。通过这种方式,他们可以扰乱设备或系统的正常功能,甚至对整个电力网络造成破坏,从而引发安全隐患。

(2)提供虚假或受损组件。恶意供应商可能提供虚假或受损的组件,以削弱电力设备的性能或可靠性。这可能包括以次充好的元件,这些组件在运行时可能产生故障,从而引发电力系统的中断或不稳定。通过向供应链引入这样的缺陷元件,恶意供应商可以对电力基础设施造成潜在威胁,使其更容易受到外部攻击或故障。

(3)滥用权限获取敏感信息。恶意供应商可能滥用其在供应链中的地位,获取未经授权的权限,并窃取敏感信息。通过这种滥用权限的方式,他们可能访问关键系统或网络,进而威胁电力基础设施的整体安全性。这种行为可能导致泄露敏感数据,进而被用于制定更为精密和有针对性的攻击,对电力系统产生严重影响。

3.4.1.2 物理入侵

在电力 ICT 供应链中,物理入侵是一项极具潜在威胁的行为,其可能通过多种狡猾手段引发严重的安全问题,包括设备篡改、数据截取、电磁干扰、物理损害等。

(1) 设备篡改。设备篡改是一种危险的物理入侵手段,攻击者可能通过操纵电力设备来引入漏洞或植入恶意代码。这类恶意行为可能包括修改设备固件或软件,篡改配置文件,或者更改设备的物理连接。这种篡改可能导致设备功能异常,例如改变电流、电压或频率,以影响设备的正常运行。攻击者还可能试图隐藏这些篡改,使其难以被检测到,增加入侵的持久性。

(2) 数据截取。数据截取是另一种物理入侵手段,攻击者可能通过拦截传输线路或在设备上安装监听设备来获取系统传输的数据。这些数据可能包括关键操作记录、敏感信息或其他机密数据。攻击者可能试图窃取这些数据以获取竞争优势、进行勒索或进行其他恶意活动。为了减轻被检测的风险,攻击者可能使用隐蔽的方法,如使用特殊设备进行无线数据拦截,或通过物理接触方式在设备上安装数据截取工具。

(3) 电磁干扰。电磁干扰是一种直接影响电力 ICT 系统正常运行的物理入侵手段。攻击者可能发送有针对性的电磁信号,导致电力设备被干扰、误操作甚至损坏。这种入侵可能通过无线传播,攻击者可以远程触发电磁干扰,使其更难以被追踪。恶意行为可能包括发送干扰信号以干扰通信信号、扰乱传感器数据或操纵设备的电磁特性,从而危及整个电力供应链的稳定性。

(4) 物理损害。物理损害是一种直接破坏电力设备的入侵手段,攻击者可能通过物理手段损坏设备的硬件或破坏电缆、线路等基础设施。这种恶意行为可能导致系统的故障、停摆或甚至引发火灾等安全事故。攻击者可能选择在供应链的关键节点进行破坏,以最大限度地破坏电力系统的可用性。物理损害具有极高的破坏性,不仅可能导致供应链中断,还可能引发长时间的维修和恢复工作,对整个电力系统造成严重影响。

3.4.1.3 供应链协同

电网系统在供应链协同上面临着多个核心挑战,其中首要问题是信息不对称和数据集成[41]。不同环节使用不同的信息系统,导致数据标准和格式存在差异,妨碍了协同与信息共享。其次,能源市场的复杂性增加了供应链运作和管理的难度,受到政策、需求和天气等多因素影响。技术标准和互操作性也是一个重要挑战,不同环节采用不同的标准,需要克服技术难题以确保系统协同运行。最后,建立有效的供应链伙伴关系管理至关重要,但可能面临组织间的利益冲突和合作意愿不足。这些问题共同构成了电力供应链优化与协同管理的复杂背景。

(1) 信息不对称和数据集成。电力供应链涉及多个环节,包括发电、输电、配电等,每个环节都产生大量数据[42]。然而,由于不同部门和企业使用不同的信息系统，数据的标准和格式存在差异，导致信息流通不畅、不一致。缺乏统一的数据标准和互操作性阻碍了供应链各环节的协同和信息共享。

（2）能源市场的复杂性。电力市场受到政府政策、季节性需求、天气变化等多种因素的影响，导致供需波动和能源价格波动。这使得供应链计划和协同需要更灵活的系统来适应市场的变化，但这也增加了管理的不确定性。

（3）技术标准和互操作性。不同环节使用不同的技术标准，可能涉及不同的设备和通信协议。需要确保各个系统具有良好的互操作性，以实现无缝的数据交换和协同操作，还需要克服技术上的难题，确保系统能够有效地集成和配合运行。

（4）供应链伙伴关系管理。电力供应链涉及多个参与方，包括发电厂、输电公司、配电公司等。建立良好的伙伴关系、协同工作是确保整个供应链高效运作的关键。然而，不同组织之间可能存在利益冲突、合作意愿不足等问题，需要通过有效的合作机制和协商来解决，以推动整个供应链的协同发展。

3.4.1.4 物流成本控制

电力供应链系统在物流成本控制方面面临着一系列挑战，这些挑战涉及多个环节，包括能源采购、输电、储能和配送等。

（1）能源采购。电力供应链的起始点是能源的采购，其中能源价格的波动对物流成本产生直接影响。能源市场的复杂性和波动性，以及供应链参与者对能源价格的不确定性，使得在合适的时间、地点和价格采购能源变得复杂。这种不确定性使得供应链在能源采购方面难以实现成本的精确控制。

（2）输电和储能。输电系统需要维护和升级，而输电损耗也是一个重要的成本考虑因素。储能技术的成本和效率对整个系统的经济效益产生直接影响。在实际操作中，电力供应链需要在输电和储能环节中找到平衡，以最小化总体成本，但这往往涉及复杂的技术和工程决策[43]。

（3）电力配送。电力配送需要考虑到用电用户的地理分布、用电强度变化以及不同区域的需求差异。因此，建立高效的配送网络和路线规划是至关重要的。然而，这也面临着市场变化、交通拥堵、配送设施投资等多方面的不确定性，这些因素都可能导致额外的物流成本。

（4）技术引入。为了实现物流的高效管理，需要投资于先进的信息技术和物联网设备。然而，引入新技术和系统也涉及一定的成本和培训投入。同时，要确保不同环节的信息系统能够协同工作、实现数据的准确共享也是一个挑战。

3.4.1.5 供应链复杂性与国内安全

此外，ICT 供应链在复杂性和国内安全方面也存在许多潜在风险，这些风险可能对组织的信息安全和业务连续性产生重大影响。

(1) 复杂性。ICT 供应链的复杂性表现在多个层面，包括硬件、软件、人员和过程[44]。在硬件方面，不同的组件和设备可能来自不同的供应商，其制造和组装可能涉及多个地区和制造商。这种多层次的依赖关系使得跟踪和验证整个供应链变得异常困难，为潜在的漏洞提供了温床。软件的开发和维护也涉及多个阶段和参与者。在国内，软件开发人员、测试人员和维护人员可能分布在不同的地理位置，而他们之间的合作可能受到语言、文化和地区政策的影响。这样的分散性和复杂性使得沟通和协作变得更加困难，可能导致代码错误、存在漏洞或不完善的安全实践。

(2) 国内安全。国内安全也使得 ICT 供应链容易受到地缘政治和国内法规变化的影响。不同地区的法规要求和标准可能不同，可能导致难以保持一致的安全标准。此外，国内公司可能会受到国际关系紧张或贸易争端的冲击，从而影响供应链的稳定性和可靠性。在这种复杂的环境下，信息的传递和共享也变得更加容易受到攻击。网络连接和通信渠道的不安全性可能导致数据泄露、窃听或篡改。恶意行为者可以通过操纵国内供应链中的一个环节，轻松地渗透到目标组织的系统中。这种情况下，即使在 ICT 系统内部实施了强大的安全措施，由于供应链中的某个环节存在漏洞，整个系统的安全性也可能受到威胁。

电力 ICT 供应链管理面临多重潜在威胁，包括恶意供应商、物理入侵、供应链协同、物流成本控制、供应链复杂性和国内安全等方面的漏洞，如表 3.9 所示。首先，恶意供应商可能通过植入恶意硬件或提供虚假组件等手段引发安全问题，威胁电力系统的正常运行。其次，物理入侵可能导致设备篡改、数据截取、电磁干扰和物理损害等风险，直接影响电力 ICT 系统的稳定性。在供应链协同方面，信息不对称和数据集成、市场复杂性和伙伴关系管理等问题增加了供应链运作和管理的难度。物流成本控制方面存在能源采购的不确定性、输电和储能的技术挑战以及电力配送环节的复杂性等挑战。最后，ICT 供应链的复杂性和国内安全使得跨地区的合作变得困难，同时也增加了保障信息安全和业务连续性面临的风险。因此，确保供应链的完整性、安全性和高效协同成为确保电力系统可靠性的关键因素。

表 3.9　电力 ICT 供应链管理潜在威胁总结

漏洞类型	描述
恶意供应商	植入恶意硬件或软件、提供虚假或受损组件、滥用权限获取敏感信息等
物理入侵	设备篡改、数据截取、电磁干扰、物理损害等
供应链协同	信息不对称和数据集成、能源市场复杂性、技术标准和互操作性、供应链伙伴关系管理等
物流成本控制	能源采购、输电和储能、电力配送、技术引入等
供应链复杂性与国内安全	网络连接与通信安全、跨地区合作困难等

3.4.2　物理安全漏洞

电力供应链中存在着多方面的物理安全漏洞，包括设备安全性、设备维护和设备监控等方面。电力系统的设备安全性关系到整个电力行业的可靠性和稳定性，是维护基础设施网络完整性的关键因素。电力供应链当前面临的物理安全挑战主要集中在关键设备的设计与实施缺陷、未经授权人员进入电力设施的访问控制漏洞以及员工对设备安全性认知不足等方面。这使得电力系统容易受到外部攻击的威胁，可能导致系统可靠性降低。

3.4.2.1　设备安全性

电力系统的设备安全性方面，当前面临三大主要挑战：首先，关键设备在物理防护方面存在设计和实施上的缺陷，使得这些设备在外部攻击下显得脆弱，直接威胁整个系统的可靠性；其次，是未经授权人员进入电力设施的问题，访问控制系统的漏洞可能使设备面临被操控和损坏的风险。此外，员工面对这些挑战时，由于对设备安全性的认知不足，往往难以有效地识别和应对潜在的安全威胁。

1）物理防护缺陷。关键电力设备在物理防护方面存在的问题主要起源于设计和实施阶段的缺陷。这一问题的核心在于，有些设备在设计时未充分考虑防护材料的耐久性和抗破坏性，导致它们在遭受外部攻击时表现相对脆弱。物理防护缺陷特别突出的设备包括变电站和输电线路等至关重要的设备。这些设备的物理安全性直接影响整个电力系统的可靠性和稳定性。

（1）抗破坏性。一些设备可能缺乏足够的抗破坏性，使其容易受到外界因素的影响，从而导致设备性能下降或损坏。

（1）耐久性。有些设备在面对外部攻击时可能因耐久性不足而无法有效保护其内部结构。

在这种情况下，设备容易受到物理损害，影响其正常运行，并可能引发系统级的故障。例如，变电站和输电线路的设计缺陷可能表现为防护外壳的不足或使用材料的选择不当，使得这些关键设备更容易受到恶劣环境、恶意攻击或自然灾害的影响。因此，设计阶段的不完善可能导致电力系统在面对外界威胁时无法提供足够的保护，从而威胁到整个电力系统的运行稳定性。

2）访问控制漏洞。未经授权人员进入电力设施的问题也构成一项严重的现实挑战，其复杂性需要更深入的研究。这一问题的关键点在于访问控制系统存在的薄弱环节，其中包括门禁系统或监控系统可能存在的漏洞。由于缺乏全面规划和实施的访问控制策略，这可能导致未经授权的人员进入设备区域，从而显著增加设备被操控或损坏的风险。

3）员工培训问题。员工在应对安全问题时，由于他们对电力设备的安全性缺乏全面的认知，因此存在一系列挑战。首先，他们可能无法准确识别设备潜在的安全威胁，因为他们对设备功能、漏洞和攻击的方式了解不足。其次，缺乏全面认识可能导致员工在制定有效的安全应对策略时存在困难，无法迅速而准确地应对安全事件。此外，对设备安全性的不完全了解可能使员工在发现异常行为或入侵尝试时无法迅速做出反应，从而延缓了安全问题的解决过程。

3.4.2.2　设备维护

在设备维护方面存在定期检查和维护不足的问题，这可能在物理安全层面引入潜在漏洞。这些问题不仅限于设备的机械部件，还包括电气元件和其他关键部分。若这些潜在问题未能及时被发现和处理，可能导致设备的运行不稳定，甚至导致设备发生故障。尤其是在电力系统中，设备的高负荷运行和恶劣环境可能会迅速加剧设备的磨损和老化，因此，定期检查和维护成为确保设备可靠运行的至关重要的环节。设备问题的根源可能涉及设备的多个方面，包括机械部件的磨损、电气元件的老化以及其他关键部分因长时间使用而受到的影响。在电力系统中，由于设备长时间处于高负荷状态，可能导致部分部件更容易受到损耗，从而引发潜在的故障风险。需要特别关注的是，电力系统通常在各种环境条件下运行，包括极端温度、湿度和其他恶劣气候条件。这样的环境可能会进一步加速设备的磨损和老化过程，使得定期检查和维护的重要性更为显著。因此，了解并解决这些不同方面的问题对于确保电力设备的可靠性和延长使用寿命至关重要。

3.4.2.3 设备监控

电力供应链在设备监控方面面临多个方面的问题和挑战。首先,监控系统可能无法及时捕捉设备异常,导致错过关键时刻,威胁电力系统稳定性。其次,系统全面性有所欠缺,无法覆盖所有关键设备,可能导致一些问题长时间未被察觉。同时,设备异构性和互操作性问题也是挑战,不同设备采用不同协议,集成困难,限制了监控系统的协同工作。这些挑战使得系统在全面了解供应链状态、及时识别问题方面存在限制。

(1)实时性。监控系统面临着无法及时捕捉设备异常状况或性能下滑的问题。这种滞后可能导致监控系统错过关键时刻,无法及时感知设备的潜在故障或损坏。由于监控系统无法实时响应,可能会错过及早发现并解决问题的机会,从而直接威胁电力系统的稳定性和可靠性。

(2)全面性。监控系统无法全面地涵盖电力系统中所有关键设备的监测需求,导致一些设备可能被忽略或未能得到充分的监控。这种不全面可能使得一些设备的性能问题长时间未被察觉,直至问题严重到影响整个电力系统的正常运行。因此,全面性的不足会使监控系统在提供全局性设备状态把握方面存在明显的限制。

(3)异构性。由于来自不同厂商的设备采用各种各样的监控协议和标准,系统面临着集成困难的问题。这种异构性导致设备监控系统难以有效地协同工作,因为它需要同时应对多种不同的通信和数据格式。因此,系统在整合不同设备时可能遇到兼容性问题,限制了监控系统的顺畅运作。因缺乏统一的标准,电力系统很难全面了解整个供应链的状态。每个设备采用独立的监控协议,使得系统无法在全局范围内获得一致的监测数据。这种局部性导致监控系统在评估电力供应链整体状况时存在局限,降低了对设备监控的准确性和全局性。

(4)互操作性。互操作性问题也是一个突出的障碍,限制了系统对设备监控的深入洞察。由于监控系统必须应对不同设备之间的通信差异,可能出现信息传递不畅或解析错误的情况。这种互操作性问题增加了监控过程中可能出现的盲点和漏洞,使得系统无法全面理解设备之间的关联性,从而影响了对整个电力供应链系统的全局监控和分析。

物理安全在电力系统中扮演着不可忽视的关键角色,其重要性贯穿于整个电力行业并影响其可靠性和稳定性。电力系统的运行涉及庞大的基础设施网络,包括发电站、输电线路、变电站等复杂组件,而这些组件的物理完整性直接关系到整个系统的稳健性。从基础设施到医疗、通信和交通等各个领域,任何对电力系统的干扰都可能引发连锁反应,对社会造成不可估量的影响。在这种情况下，通过实施物理安全措施，可有效减少对电力系统的威胁，确保其持续、可靠地为各个行业提供所需的能源（表 3.10）。

表 3.10 物理安全漏洞总结

漏洞类型	详细问题	具体描述	解决方案
设备安全性	物理防护缺陷	设备易受外界因素影响，性能下降或损坏	优化防护材料，提高抗破坏性
		设备在外部攻击下耐久性不足，无法有效保护内部结构	考虑防护材料的耐久性，加强设计
	访问控制漏洞	可能导致设备被操控或损坏	制定全面的访问控制策略，强化门禁和监控系统
	员工培训问题	难以识别和应对安全威胁，反应迟缓	提供全面的员工培训，增强对设备安全性的认知
设备维护	定期检查和维护不足	设备运行不稳定，可能导致故障	实施定期检查和维护计划，关注机械和电气部件
设备监控	实时性	错过关键时刻，威胁系统稳定性	优化监控系统以提高实时性
	全面性	问题可能长时间未被察觉，影响系统正常运行	扩展监控范围，确保所有关键设备得到监测
	异构性	限制了监控系统的协同工作	制定统一的监控标准，提高系统集成性
	互操作性	信息传递不畅，可能出现盲点和漏洞	解决不同设备之间的通信问题，提高系统互操作性

第4章 ICT供应链安全风险防护策略

在ICT供应链安全风险防护策略的第四部分，笔者将深入探讨多个关键领域，以建立全面的安全体系。首先，4.1小节将聚焦于恶意软件与病毒的防护措施，通过实施先进的防御机制和定期的安全审查，确保电力系统不受到潜在的数字威胁。进而，在4.2小节将探讨网络和通信风险的缓解策略，强调采用加密技术、访问控制和安全通信协议，以保护电力系统中传输的关键信息免受未经授权的访问和截获。在4.3小节将关注数据安全与隐私问题的保护措施，通过采用数据加密、访问权限管理和隐私保护技术，确保用户和系统数据得到最大限度的安全保护。同时，在4.4小节将研究供应链管理漏洞的修复与监控，强调建立可信赖的供应链体系，对供应商进行定期审核，并追踪物理和数字化环节中的潜在风险。最后，在4.5小节将探讨紧急响应计划和业务连续性策略，以应对潜在的安全事件，确保在面临威胁时能够迅速、有效地应对，最大限度地减小业务中断的可能性。这一系列的策略将共同构成一套完善的ICT供应链安全风险防护体系，以确保电力系统在数字化转型中保持高度的安全性和可靠性。

4.1 恶意软件与病毒的防护措施

4.1.1 恶意软件检测与防范

在电网数字化转型中，恶意软件的多样性对电力供应链和系统安全构成潜在威胁。这包括病毒、蠕虫、木马、勒索软件、间谍软件、恶意附件、社会工程攻击和漏洞利用等多种形式。这些恶意软件威胁可能导致数据泄露、服务中断、系统损坏等问题。为了对抗这些威胁，采用有效的恶意软件检测方法至关重要。恶意软件检测方法包括签名检测、行为分析、机器学习等手段。通过综合使用这些方法，可以提高对电网数字化中潜在恶意软件威胁的检测和防范能力，确保电力供应链和系统的安全性。

4.1.1.1 基于签名的恶意软件检测方法

基于签名的恶意软件检测方法是一种常见而有效的策略，通过比对已知恶意软件的签名或特征来识别新的潜在威胁。这种方法基于事先确定的恶意软件的独特标识进行检测，这可以是特定的代码片段、文件哈希值或其他恶意行为的特定模式。当系统或网络流量中的数据与已知签名匹配时，就可以确定存在恶意软件。这种检测方法的优势在于其高效性和准确性，特别是对于已经广泛传播的恶意软件变种。其流程主要包括以下步骤：

（1）特征提取。首先，安全专家会对已知的恶意软件样本进行分析，确定其特征或签名。这些特征可以是文件的特定部分、恶意代码的指纹、文件哈希值等。特征提取的目的是捕获恶意软件独有的标识。

（2）特征数据库构建。提取的特征被组织成一个特征数据库，其中包含了各种已知恶意软件的签名。这个数据库充当了一种模板，用于后续的检测。

（3）扫描和比对。在实际的电网数字化系统中，安全软件会定期扫描电脑系统中的文件，并将其与特征数据库中的签名进行比对。如果文件的签名与数据库中的任何一个匹配，系统就会将该文件标记为潜在的恶意软件。

（4）警报和隔离。一旦发现匹配的恶意软件签名，系统会发出警报，通知管理员或自动采取措施，例如将文件隔离或删除。这有助于防止恶意软件传播和对系统造成损害。

虽然基于签名的方法可以有效检测已知的恶意软件，但它有一个明显的局限性，即对于新型、未知的恶意软件无法进行及时有效的检测，因为其特征不在已有的数据库中。这导致了恶意软件创作者采用不断变异和伪装的手法来规避这种检测方法。因此，对于电网这样的关键基础设施，综合使用不同的检测方法是至关重要的，以提高对各类恶意软件威胁的检测覆盖范围。其他方法包括行为分析、机器学习等先进技术，有助于构建更全面、多层次的安全防线，确保对未知和已知恶意软件的及时检测和应对。

4.1.1.2 基于行为分析的恶意软件检测方法

基于行为分析的恶意软件检测方法是一种先进的安全策略，强调检测恶意软件的行为模式而非特定的签名。这种方法关注恶意软件在系统内的活动，包括文件的创建、注册表修改、网络通信、进程启动等行为。通过监控这些活动并与已知的恶意行为模式进行比对，系统可以识别潜在的恶意软件。相比基于签名的方法，基于行为分析更具适应性，可以检测零日攻击和未知变种。基于行为分析的恶意软件检测方法主要关注软件执行时的行为模式，而非特定的静态特征。以下是基于行为分析的恶意软件检测方法的一般流程：

（1）行为模型定义。安全专家首先定义正常软件和恶意软件的行为模型。这包括了正常软件通常执行的操作，以及恶意软件可能采取的异常行为，例如修改系统文件、未经授权的网络通信等。

（2）数据收集。在电网数字化系统中，监视和收集软件的行为数据是关键的一步。这可以包括文件操作、注册表修改、网络通信、系统调用等。数据收集通常通过系统监视工具、日志记录或专用的传感器完成。

（3）行为分析。收集到的数据被送入行为分析引擎，该引擎会分析软件的执行行为是否符合已定义的模型。这可能涉及检测不寻常的文件访问、异常的系统调用序列、不正常的网络活动等。

（4）异常检测和警报。如果分析引擎发现软件的行为与正常模型不符，系统将生成警报。这可能表明系统中存在潜在的恶意软件行为。

（5）动态适应性。基于行为分析的方法通常具有动态适应性，能够不断学习和更新正常和异常行为模型。这有助于应对恶意软件不断变化的策略和模式。

（6）隔离和响应。一旦检测到异常行为，系统可以自动采取措施，例如隔离受感染的系统或阻止恶意软件的进一步活动。这有助于限制潜在的损害。

尽管基于行为分析的方法能够更好地适应新兴的恶意软件威胁，但也存在一些挑战。误报率可能较高，因为某些正常的系统活动也可能呈现与恶意软件相似的行为。此外，由于涉及对系统活动的监控和分析，可能会对系统性能产生一定影响。因此，在采用基于行为分析的检测方法时，需要平衡检测的准确性和对系统性能的影响。在电网数字化中，结合基于行为分析的方法和其他先进的检测技术，可以提供更全面的安全防护。

为提高对电网数字化中的恶意软件威胁的检测和防范能力，许多组织选择综合使用不同的检测方法。这包括结合基于签名的方法和基于行为分析的方法，以构建更全面的安全防线。此外，随着技术的不断发展，在恶意软件检测中引入人工智能和机器学习等先进技术也成为提高恶意软件检测效能的趋势。

基于机器学习的恶意软件检测方法是近年来备受关注的领域，利用机器学习算法来分析大量的数据并学习恶意软件的特征，以实现对未知和新型威胁的高效检测[45]。这种方法与传统的基于签名的检测方法不同，不依赖于已知的恶意软件签名，而是通过学习和识别恶意软件的行为和模式来进行推断，使得它更适用于应对零日攻击和变种威胁。机器学习模型可以基于历史数据训练，从而提高对恶意软件的准确性和实时性。以下是基于机器学习的恶意软件检测方法的一般流程（图4.1）：

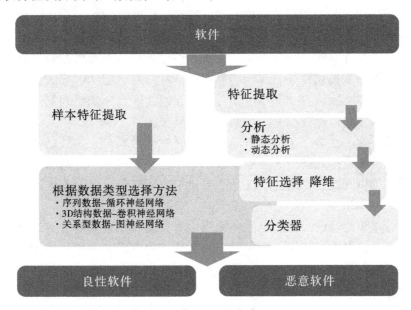

图 4.1　恶意软件检测方法

（1）数据收集和准备。收集大量包含已知恶意和正常软件的数据集。这些数据可能包括文件属性、网络流量、系统调用等信息。数据需要经过预处理，以便于机器学习算法的处理。

（2）特征提取。从收集的数据中提取特征，这些特征是机器学习模型训练和预测的基础。特征可能涉及文件的静态属性、动态行为、执行路径等。

（3）数据标记。将数据标记为正常或恶意，以便机器学习算法分析不同类别数据之间的区别。这通常依赖于已有的恶意软件样本和安全专家的标记。

（4）模型训练。使用已准备好的数据集，训练机器学习模型。模型通过学习样本中的模式来区分正常和恶意软件。

（5）模型评估。使用独立的测试数据集评估模型的性能，包括准确率、召回率、精确率等指标。调整模型参数，以提高其在未见样本上的泛化能力。

（6）实时检测。将部署训练好的模型放至实时环境中，监测新样本并判断其是否为恶意软件。这可以是文件上传、执行路径分析或网络流量监测等。

（7）反馈和更新。持续收集新的数据，将其加入训练数据中，以便不断改进模型的性能。机器学习模型具有适应性,可以在不断变化的恶意软件威胁环境中进行更新。

基于机器学习的恶意软件检测中,特征工程是关键的一步,它涉及提取恶意软件和正常软件的区别性特征,以供机器学习模型进行学习和分类。特征可以包括文件属性、行为模式、系统调用序列等。一旦模型经过训练,它可以自动推断未知软件是否属于恶意范畴。常见的机器学习算法包括支持向量机、决策树、随机森林和深度学习等,它们能够在大规模和复杂的数据集中发现模式,从而提高检测的灵敏性和精确性。

机器学习的优势在于能够发现未知的恶意软件模式,尤其是在面对日益复杂和不断变化的威胁时。在电网数字化中,基于机器学习的恶意软件检测方法可以提供高效、自适应的安全防护机制,帮助保护电力系统的稳定性和可靠性。

尽管基于机器学习的恶意软件检测方法在提高恶意软件检测效率方面取得显著进展,但它也面临一些挑战。恶意软件的不断演进和变异使得提高训练模型的推断能力更具挑战性,而且对于大规模和多样化的网络环境,模型的泛化能力也是一个关键考量。因此,持续的数据更新、模型调优和适应性算法的应用是提高机器学习恶意软件检测效果的重要手段。

4.1.2 安全软件开发流程

本章深入探讨了确保数字化电力系统安全性的关键步骤。首先,强调了安全软件开发的关键性,指出在数字化转型中,安全性不仅仅是一个附加项,而是整个开发过程的核心。通过在软件开发的早期阶段引入安全性,可以有效地降低后期漏洞修复的成本,并最大限度地减小潜在的安全威胁。

在接下来的探讨中,聚焦于安全编码实践,包括但不限于输入验证、输出编码等关键实践。输入验证有助于防止恶意输入和潜在的注入攻击,而输出编码则确保系统产生的数据在被呈现时不会成为安全漏洞的来源。这些实践不仅提高了系统的整体安全性,还有助于维护用户和数据的完整性。

最后,提出了针对开发团队的培训和安全编码标准的实施。培训开发团队有助于提高其对安全性的认识,并使其具备识别和纠正潜在漏洞的能力。同时,制定和实施安全编码标准有助于确保开发人员在整个开发生命周期中都遵循一致的安全实践要求,提高整个团队的安全素养。

这一系列的步骤形成了一个全面的安全软件开发流程,旨在确保数字化电力系统的软件部分具备强大的抵御能力,从而有效应对不断演变的网络威胁。通过将安全性融入开发文化和流程中,企业能够更好地保护电力系统免受潜在的安全威胁（图4.2）。

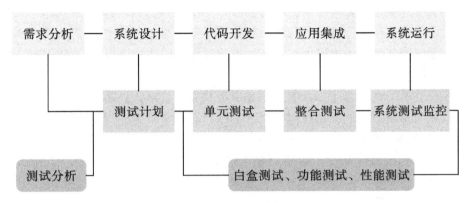

图4.2　软件开发流程

4.1.2.1　安全软件开发

电网数字化的安全软件开发流程是一个复杂而关键的过程，旨在保障电力系统的安全性和可靠性。首先，该流程通常从需求分析和规划阶段开始。在这一阶段，团队会与电力系统的利益相关者合作，明确安全需求、功能和性能指标。这有助于建立一个明确的开发目标，确保安全软件在整个开发周期中能够满足实际需求。

随后，安全软件的设计阶段涉及制定系统架构、定义模块和组件，以及确定数据流和交互。在数字化电网环境中，强调网络安全和数据保护是至关重要的。因此，在设计阶段需要考虑安全措施，如访问控制、加密通信、身份验证等，以确保系统的完整性和机密性。

紧接着是实际的软件编码和开发阶段。在这个过程中，开发团队应该遵循安全编码准则，以减少潜在的漏洞和弱点。静态代码分析和代码审查是发现潜在安全问题的关键步骤。此外，引入自动化测试和持续集成可以帮助及早发现和修复问题，确保软件的质量和安全性。

最后，软件的部署和维护是电网数字化安全软件开发流程的最后两个阶段。在部署阶段，团队需要确保安全软件能够正确地集成到电力系统中，并且不会引入新的安全风险。维护阶段涉及对软件进行定期的更新和修复，以适应新的威胁和漏洞。在整个开发流程中，团队还应该遵循合规性标准，确保软件的开发和使用符合法规和其他标准，以提高整体的安全水平。

4.1.2.2　安全编码实践

安全编码实践是为了降低软件系统面临的安全风险，其中输入验证和输出编码是至关重要的方面。输入验证涉及对从外部来源输入的数据进行检查和验证，以确保数据的合法性和安全性。这包括检查输入是否符合预期的格式、长度和类型，防范常见的攻击手段如 SQL 注入、跨站脚本（XSS）和跨站请求伪造（CSRF）。有效的输入验证能够防止恶意输入引发的安全漏洞，确保系统能够处理用户提供的数据而不受到潜在的攻击。以下是常见的输入验证过程：

（1）用户输入验证。所有用户输入都应经过验证，以防止恶意输入或不良数据对系统造成危害。这包括对文本框、表单字段等进行长度验证、格式验证以及数据类型验证。

（2）过滤特殊字符。对用户输入进行过滤，防止注入攻击，如 SQL 注入、XSS 攻击等。通过使用白名单或黑名单，可以限制输入中的特殊字符，确保输入的合法性。

（3）合法性检查。验证输入数据是否符合预设的合法性规范，例如日期格式、数字范围、枚举值等。这有助于防止因为不规范的输入而引发的安全问题。

输出编码是另一个关键的安全编码实践，其目标是确保应用程序正确地处理和呈现输出，防止恶意用户通过操纵输出而执行攻击。在输出编码中，所有的输出都应该以安全的方式进行编码，以防范潜在的 XSS 攻击。这包括对输出进行适当的转义和过滤，以防止用户提供的数据被错误地解释为代码。通过对输出进行正确的编码，可以有效减轻安全风险，确保应用程序提供的信息对用户和系统都是安全可信的。以下是输出编码过程：

（1）HTML 编码。对于通过用户输入生成的动态网页内容，应使用 HTML 编码，将所有 HTML 特殊字符转换为相应的 HTML 实体，以防止 XSS 攻击。

（2）URL 编码。在构建 URL 时，对于用户输入的数据进行 URL 编码，以防止 URL 注入攻击。这包括对空格、特殊字符等进行替换，确保 URL 的完整性。

（3）JavaScript 编码。如果网站包含动态 JavaScript 内容，应对用户输入的数据进行 JavaScript 编码，以防止嵌入式脚本攻击。

（4）数据库编码。在与数据库交互时，使用参数化查询或预编译语句，而不是直接拼接用户输入，以防止 SQL 注入攻击。

综合而言，安全编码实践在软件开发过程中是不可或缺的一部分。通过在输入验证和输出编码方面采取严格的措施，开发团队可以显著提高应用程序的安全性，减少潜在的漏洞和攻击面。在整个软件开发生命周期中，培养开发人员对安全编码的关注和实践是确保软件系统抵御潜在威胁的重要措施。

4.1.2.3 团队培训与安全编码标准

（1）团队培训。为了提高开发团队的安全编码和软件开发水平，有针对性的培训是至关重要的。首先，可以提供专门的培训课程，涵盖安全编码的基本原则和方法。这包括输入验证、输出编码、身份验证和授权、安全配置以及对常见漏洞的识别和防范等方面。培训内容可以结合实际案例、演示和互动式的学习，以帮助开发人员深入理解安全编码的重要性，并为其提供在实际项目中应用这些原则的能力。

（2）通过组织安全编码的实践工作坊和模拟演练，使开发团队能够在实际项目环境中应用所学知识。这可以包括编写和审查安全代码、模拟攻击和防御演练等活动。通过实际的实践，开发人员可以更好地理解安全编码的实际应用，锻炼他们在真实项目中处理安全问题的技能，提高他们的安全意识和反应能力。

除了定期的培训课程和实践活动，建立持续学习和分享的文化也是关键。这可以通过定期的安全分享会议、知识库、在线资源和社区参与等方式实现。鼓励团队成员分享他们在安全编码方面的经验和发现，促进相互学习和合作。通过这样的培训和文化建设，确保开发团队保持对安全编码和软件开发最新技术的了解，并持续提高他们在实际项目中的安全编码水平。

在团队培训之后，引入安全编码标准是一个逻辑的延续，以确保在培训中获得的知识和实践能够在实际项目中得到实施。企业可以通过培训强调安全编码在软件开发中的重要性，并提供一系列关键的措施和技能。而引入安全编码标准可以巩固这些知识，从而降低漏洞风险，提高系统的整体安全性。这一步是为了在实际项目中实现对学到知识的一致性和规范性应用。

（3）安全编码标准。安全编码标准是为了确保在软件开发生命周期中积极应对潜在的安全威胁而制定的一系列规范。这些标准为开发团队提供了一套一致的指导原则，帮助他们在设计、开发、测试和维护软件时集成安全性。典型的安全编码标准通常包含对于输入验证、输出编码、身份验证与授权、会话管理、错误处理、加密与数据保护等方面的具体要求。这些标准不仅对代码层面提出规范，还涵盖了架构设计、部署配置以及团队协作等多个层面，从而全面提高软件系统的整体安全性。

安全编码标准的制定往往基于企业已有的编码方案和广泛接受的标准，如OWASP Top 10、CWE/SANS Top 25等。这些标准的制定过程通常涉及多方的专业意见，有效确保标准的全面性和实际可行性。标准的更新和维护是一个动态的过程，随着技术的发展和新的威胁出现，标准需要及时更新以保持其有效性。通过遵循安全编码标准，组织可以降低软件开发中的漏洞风险，提高系统对于潜在威胁的抵抗能力。

4.1.3 软件供应链审查

在进行软件供应链审查时，企业必须深入研究和验证软件供应链的可信度。这一过程不仅涉及企业直接合作的供应商，还包括与之相关的第三方。

首先，讨论如何审查和验证软件供应链的可信度。这包括审查供应商的安全实践、质量控制和合规性，以确保其提供的软件是经过充分验证的。这种审查还可能涉及对供应商的工程和开发流程的深入了解，以确保其软件不仅具有功能性，而且具有必要的安全性和稳定性。

其次，笔者认为第三方供应商的风险评估是审查软件供应链的关键组成部分。企业需要认识到，不仅仅是直接的供应商，与之关联的第三方也可能对整个供应链的安全性和可信度产生重大影响。因此，建立全面的风险评估机制，深入了解所有涉及方的安全和合规性情况，是确保软件供应链可信度的必要步骤。

最后，笔者提供了建立可信软件供应链的方法。这包括建立严格的合作伙伴选择标准，使用加密和数字签名来验证软件的完整性，以及确保与供应商之间建立了透明而协调的沟通机制。这些措施可以帮助组织在建立和维护可信软件供应链时更有效地管理风险。通过全面考虑这三个方面，企业可以确保在软件供应链中建立起更可靠、安全和可信的合作关系。

更具体地说，软件供应链审查包括以下九个重要步骤：

（1）供应商评估。审查和评估软件供应商的信誉和可靠性。这包括了解供应商的历史、客户反馈以及是否遵循行业标准。

（2）合规性检查。确保软件供应商符合相关的合规性标准和法规。这可能涉及对供应商的证书、安全认证、合规性文件等的检查。

（3）源代码审查。对从供应商获取的软件源代码进行审查，以确保其质量、安全性和符合标准。这可以通过专业的安全团队进行定期审查。

（4）第三方验证。聘请第三方安全专家或机构进行独立的软件安全验证。这有助于避免可能存在的利益冲突，并提供独立的安全评估。

（5）软件构建过程。了解供应商的软件构建和交付过程。审查其采用的安全措施，包括代码审查、自动化测试、持续集成等。

（6）版本和变更管理。跟踪软件供应商的版本和变更管理实践。确保在系统中引入新版本或更新时，进行适当的测试和审查，以防止潜在的安全漏洞。

（7）数据隐私和保护。确保软件供应商采取必要的措施来保护用户数据隐私。了解其隐私政策和数据保护措施，以确保符合相关法规。

(8) 漏洞管理。确保供应商实施有效的漏洞管理策略。了解供应商如何响应并修复发现的漏洞，以及他们与安全社区的合作关系。

(9) 监控和审计。建立监控和审计机制，以实时监测供应链中的活动，及时检测任何异常或潜在的安全威胁。

通过综合以上实践，电网数字化系统可以建立一个可信赖的软件供应链，提高系统的整体安全性和可靠性。这些审查和验证步骤应当成为软件采购和集成的关键组成部分。

4.1.3.1 可信度验证

在审查和验证电力供应链中的可信度时，关注直接合作的供应商是至关重要的。例如，如果一个电力公司使用特定的 SCADA（Supervisory Control and Data Acquisition）系统来监控和控制其电网，那么对该系统供应商的审查就变得关键。这可能包括审查其软件开发流程，确保其符合电力行业的安全标准，以及验证其对潜在网络攻击和数据泄露的防范措施。

与此同时，考虑到电力供应链的复杂性，也需要关注与第三方供应商的关联。这可能包括电力公司使用的硬件设备、传感器、通信设备等的供应商。通过审查这些关键组件的供应链，可以确保整个电力系统的可靠性。例如，对于智能电表的供应链，审查电表制造商以及涉及的芯片制造商，以确保电表数据的采集和传输是可信的，不受到潜在的恶意干扰。

最后，建立透明的合作机制和采用数字签名等技术也是确保电力供应链可信度的关键步骤。通过与供应商建立清晰的合作伙伴选择标准，以及在软件和硬件交付过程中使用安全验证措施，电力公司可以有效地保障其电力系统的稳定性和安全性。通过这些措施，电力供应链可以建立起一个可信赖的体系，确保电力系统在面临各种威胁时能够保持高度的可靠性。

4.1.3.2 风险评估

进行第三方供应商的风险评估在电力供应链中至关重要，以确保整个电力系统的安全性和可信度。

首先，这需要对第三方供应商进行全面的调查和审查，包括其安全实践、数据保护措施、合规性和质量控制等方面。例如，在智能电表的情境下，如果电力公司合作的第三方供应商提供了数据存储和处理服务，就需要审查其数据加密、访问控制和备份策略，以确保电表数据的隐私和完整性。

其次，风险评估还需要深入了解第三方供应商的供应链。在电力系统中，一个硬件组件的可靠性可能依赖于多个层次的供应商。通过审查整个供应链，了解每个层级的安全实践、质量标准和业务合规性，可以更全面地评估潜在的风险。例如,电力系统中使用的传感器可能包含芯片、通信模块等多个层级,对这些层级进行细致的评估可以帮助发现隐藏的潜在风险。

最后,建立风险评估的指标和监测机制,使得能够持续追踪第三方供应商的表现。这可以包括定期的安全审计、合规性检查和漏洞评估。通过这些持续性的评估措施,电力公司可以更好地管理与第三方供应商合作过程中的潜在风险,确保供应链的稳定性和可靠性。通过以上措施,电力企业可以更全面地了解第三方供应商的风险状况,从而在合作关系中保持高度的警惕性。

4.1.3.3 可信供应链建立

建立可信的软件供应链需要采用一系列措施,以确保从软件开发到部署的全过程都符合高标准的安全和可靠性要求。

首先,建议制定严格的合作伙伴选择标准,以确保只选择那些具备必要安全认证和质量控制的供应商[46]。如图4.3所示,可以建立一个电网供应商数据库,筛选出合适的供应商。例如,在电力供应链中,如果一个电力公司决定采购一个用于监控电网的SCADA系统,制定合作伙伴选择标准可能包括对供应商的安全认证、先前项目的成功案例,以及其软件开发流程的审查。

图4.3 电网供应商数据库

其次,采用数字签名和加密等技术,以验证软件的完整性和来源。这意味着在软件开发过程中引入强有力的安全措施,以确保软件在交付过程中不会被篡改或植入恶意代码。比如,在电力供应链中,智能电表的软件可能通过数字签名来确保其在生命周期内未被篡改,以保障电表数据的可靠性。

最后,建议建立透明而协调的沟通机制,以确保在整个供应链中的各方之间有良好的信息流。这包括定期的审计、演练和紧急响应计划,以协同应对潜在的安全事件。例如,在电力供应链中,确保电力公司与供应商之间的沟通畅通,可以帮助快速响应潜在威胁,以确保电力系统的连续性和安全性。通过采用这些措施,电力供应链可以建立起一个可信赖的框架,确保软件的安全性和整体供应链的可靠性。

4.2　网络和通信风险的缓解策略

4.2.1　网络安全基础设施

网络安全基础设施如图 4.4 所示。

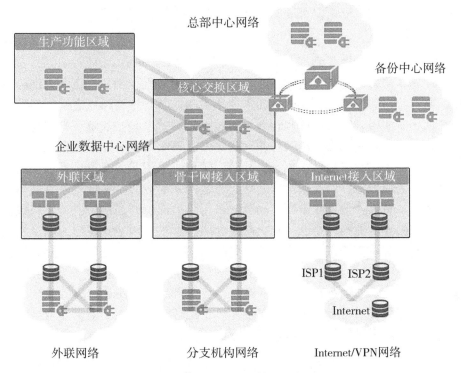

图 4.4　网络安全基础设施

在讨论网络安全基础设施时,关注关键要素是确保网络安全性的首要任务。首先,建立网络安全基础设施需要关注网络的物理和逻辑层面,包括网络拓扑、身份验证和访问控制。探讨这些关键要素将有助于理解如何在基础设施层面确保网络的稳健性和安全性。例如,网络拓扑设计应考虑隔离敏感系统、制定有效的身份验证机制以及合适的访问控制策略,以防止未经授权的访问。

其次，强调网络设备和协议的安全配置是确保网络安全的重要方面。网络设备如路由器、交换机以及使用的协议都可能是网络攻击的目标。讨论如何正确配置这些设备以及使用安全协议是建设安全基础设施的关键一步。例如，在一个企业网络中，正确配置路由器以过滤不必要的流量，使用加密协议来保护数据传输，都是确保网络设备和协议安全性的实践。

最后，强化网络防火墙、入侵检测系统和入侵防御系统的部署是建设网络安全基础设施的综合性措施。网络防火墙用于监控和控制网络流量，入侵检测系统用于检测潜在的攻击行为，而入侵防御系统则可以主动阻止这些攻击。讨论如何有效地部署这些安全工具，包括配置规则、更新签名数据库等方面的最佳实践，有助于确保网络在面临威胁时能够及时做出响应。通过这些讨论，可以建立全面而有效的网络安全基础设施，提高网络对各种安全威胁的防御能力。

4.2.1.1 关键要素

首先，网络的物理和逻辑拓扑是重要的考虑因素。例如，在电力供应链中，电力公司的控制系统可能包括多个站点和设备，这些站点之间的物理和逻辑连接需要得到精心设计和管理。通过隔离敏感系统、实施有效的身份验证措施，以及采用适当的访问控制策略，可以降低未经授权访问的风险。

此外，关键要素包括强化身份和访问管理，采用多因素身份验证，以确保只有合法用户能够访问系统和数据。通过网络隔离，将网络划分为逻辑隔离的区域，有效降低了攻击面。同时，采用强大的加密通信手段，确保数据在传输中的安全性和完整性。安全配置和漏洞管理、网络监控与入侵检测系统、入侵防御系统等技术的应用都是提高网络安全性的关键步骤。培训员工和建立应急响应计划，以及确保供应链的安全也是不可忽视的方面。遵循法规和监管要求，加强合规性和监管遵从，将为网络安全基础设施提供全面保障。这些综合要素将有助于电力系统在数字化转型中建立起坚实的网络安全防线，保障电力系统的稳定和可靠运行。

4.2.1.2 安全配置

网络设备和协议的安全配置是确保电力供应链网络安全的关键步骤。首先，对于网络设备，如智能电表、电力监控系统等，必须实施安全配置，以减少潜在攻击面。例如，在配置智能电表时，确保只开启必要的通信端口，限制对设备的远程访问，并使用强密码进行身份验证，以减少攻击者入侵的机会。类似地，电力监控系统的网络设备也需要根据最佳实践进行安全配置，以降低系统受到网络攻击的风险。

其次，采用安全的通信协议是至关重要的。例如，电力供应链中的数据传输可能涉及远程监控、数据采集等关键业务。需要使用加密协议，如 TLS/SSL，来保护数据在传输过程中的机密性，防止敏感信息被窃取或篡改。同样，对于控制系统使用的协议，如 Modbus、DNP3 等，也需要进行正确的安全配置，以确保通信的完整性和保密性，防范潜在的网络攻击。

最后，网络设备和协议的安全配置也需要考虑定期的审计和更新。随着网络威胁的不断演变，定期审查和更新网络设备的配置是保持网络安全的关键。在电力供应链中，这可能包括对智能电表和监控设备进行定期的漏洞扫描和安全审计，以确保它们的安全配置得以维持，并及时更新以防范新型威胁。通过这样的安全配置实践，电力供应链可以建立更为坚固的网络基础设施，以确保电力系统在面对潜在网络威胁时能够保持高度的安全性。

4.2.1.3 部署建议

网络防火墙、入侵检测系统和入侵防御系统的有效部署对于维护电力供应链的网络安全至关重要。首先，网络防火墙在电力供应链中的部署应注重对网络流量的监控和控制。防火墙应允许合法的流量而拦截潜在的恶意流量。在电力系统中，防火墙可以配置为检测异常的数据流量，例如大规模数据传输或来自异常地理位置的请求，以防范可能的网络攻击。

其次，入侵检测系统（IDS）在电力供应链中的应用有助于实时监测潜在的网络威胁。IDS 可以通过分析网络流量和系统日志来检测异常行为，警报管理员并采取必要的响应措施。在电力供应链中，IDS 可以用于监测电力系统中的数据传输和控制流程，以及检测任何未经授权的访问或异常活动。例如，如果 IDS 检测到对智能电表的非正常查询或控制请求，可以立即发出警报并采取防御措施，防止潜在的攻击。

最后，入侵防御系统（IPS）在电力供应链的作用包括主动阻止潜在攻击。IPS 可以根据先前的威胁情报和实时分析，主动阻断潜在的攻击流量，防止其对网络和系统造成损害。在电力系统中，IPS 可以用于阻止恶意的控制指令或数据传输，确保电力系统的运行不受到未经授权活动的干扰。例如，如果 IPS 检测到对电力系统控制信令的异常行为，可以立即采取阻断措施，保障系统运行的稳定性。

通过合理配置和维护网络防火墙、入侵检测系统和入侵防御系统，电力供应链可以建立一套强大的网络安全防线，有效防范各类网络威胁，确保电力系统的稳定和安全运行。

4.2.2 数据传输加密

在讨论数据传输加密时，首先需要了解数据传输加密的基本原理。数据传输加密的主要目标是保护数据在传输过程中的机密性和完整性。这是通过使用加密算法来对数据进行编码，使其在传输过程中对未经授权的访问者保持不可读和不可篡改。加密使用密钥进行操作，确保只有持有正确密钥的受信任的接收方才能解码和还原原始数据。这种原理提供了一种有效的手段，使得即使在网络传输中，敏感信息也能够受到有效的保护。

TLS/SSL 协议是一种常用的数据传输加密实现方法。TLS（Transport Layer Security）和 SSL（Secure Sockets Layer）是加密保护协议，用于在网络通信中建立安全连接。TLS 是 SSL 的继任者，更加安全和先进。通过 TLS/SSL 协议，数据传输过程中的通信双方可以建立加密连接，确保信息在传输过程中不会被窃听或篡改。TLS/SSL 协议广泛应用于 Web 浏览器和服务器之间的通信，确保用户在进行在线交易或敏感操作时的数据安全。

最后，点对点通信的数据保护是数据传输加密的关键方面。点对点通信意味着信息直接从发送方传输到接收方，而不经过中间节点。在这种通信中，数据传输加密尤为重要，因为没有中间节点的加密，数据容易受到窃听和干扰。通过实施点对点的加密通信，数据在整个传输过程中都能够受到最高水平的保护，确保信息的隐私和安全性得到维护。

通过深入了解数据传输加密的原理、TLS/SSL 协议的实施方法以及点对点通信的数据保护，可以建立一个强大的数据安全框架，确保信息在网络传输中得到可靠的保护。

4.2.2.1 数据传输加密原理

数据传输加密的原理基于使用加密算法对传输中的数据进行编码，以确保数据在传输过程中的机密性和完整性。在电力供应链中，这一原理的应用至关重要，特别是在涉及敏感信息传输时。加密的过程涉及使用密钥对原始数据进行编码，形成加密后的数据。只有持有正确密钥的受信任接收方才能解码和还原原始数据，从而保护数据免受未经授权的访问。

例如，考虑电力公司与供应商之间的点对点通信。在这个场景中，可能涉及传输关键的供应链信息，如能源交易合同、供应链计划等。通过在通信中使用数据传输加密，电力公司可以确保这些敏感信息在传输过程中得到充分的保护，防止第三方或恶意行为者进行未经授权的访问。

此外，数据传输加密的原理还强调了保障传输过程中的数据完整性。在电力供应链中，这意味着防止数据在传输过程中被篡改或损坏。例如，电力监测系统可能定期向控制中心报告电力网络的状态。通过使用加密，这些报告的完整性可以得到验证，确保其内容在传输过程中没有被非法修改，从而维护了电力供应链信息的可信度和准确性。基于 RSA 非对称加密算法的 TLS

握手流程如图 4.5 所示。

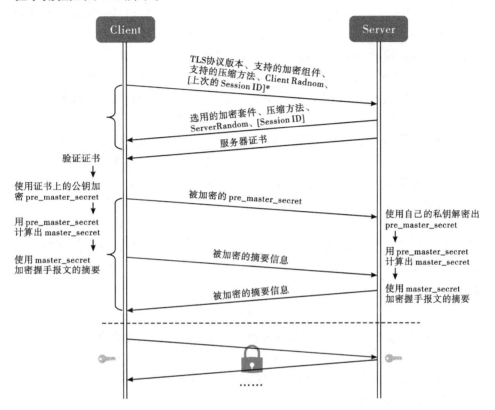

图 4.5　基于 RSA 非对称加密算法的 TLS 握手流程

综上所述，数据传输加密的原理在电力供应链中的应用可以帮助保护敏感信息、防范未经授权的访问，并确保数据传输的完整性。这一原理为电力公司和相关供应商之间的安全通信提供了强有力的保障，有助于维护整个电力供应链的稳定性和安全性。

当谈论数据传输加密方法时，有几种常见的加密技术，它们基于不同的原理来保护数据的机密性。以下是其中一些主要的数据传输加密方法：

（1）对称加密。对称加密使用相同的密钥进行数据的加密和解密。加密和解密过程非常快速，但密钥的安全传输是一个挑战。在电力供应链中，如果两个通信节点之间可以安全地共享密钥，对称加密是一种有效的方法。

（2）非对称加密。非对称加密使用一对密钥，它们分别是公钥和私钥。数据用公钥加密，必须用相应的私钥才能解密，反之亦然。这种方法解决了对称加密中密钥分发的问题。在电力供应链中，非对称加密可用于安全地交换密钥或验证通信节点的身份。

(3) TLS/SSL 协议。传输层安全性协议（TLS）和安全套接层协议（SSL）是用于在互联网上建立安全通信的协议。它们使用混合了对称和非对称加密的方法，确保通信的机密性和完整性。在电力供应链中，TLS/SSL 协议可用于保护能源交易、监测报告等敏感信息的传输。

(4) 公钥基础设施（PKI）。PKI 是一种基于非对称加密的系统，用于建立和管理数字证书。数字证书可用于验证通信节点的身份。在电力供应链中，PKI 可以用于确保供应商和电力公司之间的通信是安全的。

(5) 端到端加密。端到端加密确保数据只在通信的两个端点上进行加密和解密，中间节点无法读取其内容。这种方法在点对点通信中非常重要，例如电力监测系统向控制中心报告数据。端到端加密可防止中间节点对数据进行拦截或篡改。

这些加密方法的选择取决于具体的使用场景和安全需求。在电力供应链中，综合运用这些加密方法可以构建一个强大的安全框架，确保数据在传输过程中得到可靠的保护。

4.2.2.2 协议实施方法

实施 TLS/SSL 协议是确保在电力供应链中进行安全数据传输的关键步骤之一。首先，TLS/SSL 协议的实施通常涉及在服务器端配置数字证书。数字证书是用于验证通信节点身份的加密密钥。例如，在电力供应链中，一个电力公司的服务器可以通过配置数字证书，确保只有合法的供应商或控制中心能够与其建立安全连接。

其次，TLS/SSL 协议的实施包括选择适当的加密算法和密钥长度。在电力供应链中，这涉及权衡安全性和性能的问题。例如，对于一些较为敏感的数据传输，可能选择更强大的加密算法和密钥长度，以确保数据在传输过程中得到最高水平的安全保护。

最后，配置服务器和客户端以启用 TLS/SSL 协议，并确保及时更新协议版本是实施的关键方面。电力供应链中的数据传输可能涉及长期的合作关系和频繁的通信，因此及时升级协议版本以应对新的安全漏洞是至关重要的。这可以通过定期审查和更新安全配置来实现，以适应不断演进的网络安全威胁。

通过以上实施方法，电力供应链可以建立一个基于 TLS/SSL 协议的安全通信框架，确保敏感信息在传输过程中得到可靠的保护。这样不仅可以应对数据传输中的潜在风险，也有助于建立信任关系，推动电力供应链的数字化转型。

4.2.2.3 点对点通信中的数据保护

点对点通信的数据保护在电力供应链中至关重要，特别是在涉及关键业务信息和敏感数据的传输时。首先，点对点通信意味着数据直接从一个通信节点传输到另一个，而不经过中间节点。例如，在电力供应链中，电力公司与能源供应商之间的直接数据传输可能涉及能源价格、供应计划等敏感信息。通过强调点对点通信的数据保护，可以确保这些敏感数据不会在传输过程中受到未经授权的访问或干扰。

其次，点对点通信的数据保护涉及使用强大的加密算法和安全协议。例如，采用端到端加密的方法，确保数据只能在通信的两个端点进行解密，防止在中间节点对数据进行窃听或篡改。在电力供应链中，这样的加密保护可以应用于实时的监控系统，以确保从电力监测设备到控制中心的数据传输得到充分的安全保护。

最后，点对点通信的数据保护需要对通信节点进行身份验证，确保通信双方的合法性。在电力供应链中，这意味着电力公司和供应商需要相互验证其身份，以确保通信的可信度。通过使用数字证书和公钥基础设施（PKI），可以实现有效的身份验证，防止恶意节点冒充合法通信方的身份，从而保护数据传输的完整性和可信度。

通过这些措施，强调点对点通信的数据保护可以在电力供应链中建立一个安全、可靠的通信环境。这不仅有助于确保敏感信息在传输过程中得到充分的保护，还有助于建立电力供应链中各方之间的信任关系，推动数字化转型的顺利进行。

4.2.3 网络监控与事件响应

在网络监控与事件响应领域，首先需要强调网络监控的必要性。网络监控是一种持续观察和记录网络活动的方法，有助于发现潜在的威胁、异常行为或漏洞。在电力供应链中，网络监控对于确保电力系统的运行安全和稳定至关重要。通过对网络流量、设备状态和用户行为进行监视，可以及时发现并防范各种网络威胁，提高网络的安全性。

其次，网络事件和入侵检测系统是网络监控与事件响应中的关键话题。网络事件可以包括恶意软件攻击、未经授权的访问、数据泄露等各种安全事件。入侵检测系统是一种重要的工具，用于实时监测网络流量，识别潜在的攻击行为，并发出警报。在电力供应链中，IDS 可以用于监控与电力系统相关的通信和数据流，帮助及时识别可能的安全威胁，确保电力系统的运行不受到干扰。

最后，建立事件响应计划和应急通知流程是确保网络安全的关键步骤。事件响应计划是一个组织的预先规划，明确了在发生安全事件时的应对步骤。应急通知流程包括及时通知相关人员，以便他们能够迅速做出反应。在电力供应链中，建立健全事件响应计划和应急通知流程有助于在网络事件发生时迅速而有效地采取行动，最小化潜在损害。

通过强调网络监控的必要性、深入讨论网络事件和入侵检测系统，并提出建立事件响应计划和应急通知流程，可以构建一个强大的网络安全框架，以确保电力供应链网络的安全和稳定运行。

4.2.3.1 网络监控

网络监控在电力供应链中具有至关重要的作用。首先，电力供应链涉及大量的数据传输和设备交互，包括从电力生产到分配和交付的各个环节。这种复杂性使得网络成为供应链中不可或缺的基础构成。通过网络监控，可以实时观察电力系统的各个组成部分，确保数据的安全传输、设备的正常运行，以及网络的稳定性。例如，对于电力公司而言，监控能源交易平台的网络流量和用户访问模式可以帮助及时发现异常行为，防范潜在的网络攻击。

其次，网络监控有助于提高网络安全性，预防潜在的威胁和攻击。在电力供应链中，网络威胁可能包括对智能电表、能源监测系统和供应链管理软件的恶意访问。通过实时监控网络流量和设备行为，可以检测到异常模式和潜在的入侵，从而及时采取措施进行防范。举例而言，对于电网的监测系统，网络监控可以帮助识别异常的电力流向模式，防止不正当的控制指令对电力系统造成危害。

最后，网络监控是保障电力供应链可靠性的一项关键措施。通过实时监测电力系统中的网络状态，可以及时发现潜在的问题，如网络拥塞、设备故障等，并采取相应的措施进行调整和修复。例如，如果监控系统发现了电力传输中的异常波动，可以迅速采取措施来调整电力分配，确保供应链的稳定运行。

总体而言，网络监控对于电力供应链来说是一项不可或缺的措施，有助于保障数据的安全传输、提高网络安全性，以及确保电力系统的可靠运行。通过有效的网络监控，电力供应链可以更好地抵御潜在的网络威胁，确保业务的平稳进行。

4.2.3.2 网络事件和入侵检测系统

网络事件和入侵检测系统在电力供应链中扮演着关键的角色，帮助发现和阻止潜在的安全威胁。首先，网络事件是指可能对网络安全造成威胁或影响的任何不寻常或有害的事件。在电力供应链中，这可能包括对能源交易平台的未经授权访问、异常的电力流向模式，或者对供应链管理系统的恶意操作。通过监视和识别这些网络事件，可以及时采取措施，防止潜在的网络攻击对电力供应链的影响。

其次，入侵检测系统（IDS）是一种网络安全工具，用于实时监测网络流量和系统活动，以检测可能的入侵或恶意行为。在电力供应链中，IDS可以帮助发现对电力系统的未经授权访问、恶意软件攻击或其他潜在的网络威胁。例如，如果IDS检测到一个未经授权的用户正在试图访问控制能源生产设备的网络，系统可以立即发出警报并采取相应的阻止措施，防止潜在的危害。

最后，在电力供应链中，入侵检测系统可以帮助阻止网络攻击，例如拒绝服务攻击。如果恶意行为者试图通过超载能源交易平台的服务器来使其无法正常工作，IDS可以及时识别到这种异常的网络流量，采取措施确保平台的正常运行。通过及时检测和响应，电力供应链可以保护其网络免受潜在的网络攻击和威胁。

综上所述，网络事件和入侵检测系统在电力供应链中是至关重要的组成部分，有助于发现和防范潜在的网络威胁。通过使用这些工具，电力供应链可以更好地维护其网络的安全性，确保电力系统的正常运行。

4.2.3.3 事件响应计划和应急通知流程

建立事件响应计划和应急通知流程对于电力供应链的网络安全至关重要。首先，事件响应计划是一份详细的文件，明确了在网络事件发生时应采取的步骤和措施。在电力供应链中，这可能包括规定哪些团队成员负责何种任务，如何与合作伙伴、监管机构和其他相关方进行沟通，以及应对不同类型网络威胁的具体策略。举例而言，如果电力公司的供应链管理系统遭受到攻击导致数据泄露，服务器应急响应流程如图4.6所示。事件响应计划可以明确具体处理办法，包括通知用户、合规机构以及采取必要的修复措施。

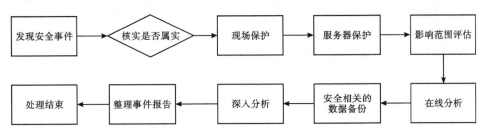

图4.6 服务器应急响应流程

其次，制定应急通知流程是确保在网络事件发生时能够及时通知相关人员的关键措施。在电力供应链中，这可能涉及通知电力公司的IT团队、供应商、监管机构以及其他相关方。通知流程应该包括清晰的通信渠道、通知责任人的身份以及通知的时间表。例如，如果入侵检测系统检测到对电力交易平台的恶意攻击，应急通知流程可以确保相关的安全团队和高层管理人员在最短的时间内收到通知，以采取迅速而适当的行动。

最后，需要建立一个模拟演练计划，通过定期的演练活动测试事件响应计划和应急通知流程的有效性。通过模拟不同类型的网络威胁和攻击场景，可以评估团队的响应能力，发现潜在的问题，并进行及时的改进。在电力供应链中，模拟演练可以涉及模拟对电力系统的网络入侵，以确保响应计划能够在实际攻击发生时被迅速而有序地执行。

综上所述，建立事件响应计划和应急通知流程是电力供应链网络安全的关键措施。通过明确责任、建立清晰的通知流程和进行定期演练，电力公司可以更好地应对网络威胁，降低潜在风险，确保电力供应链的可靠性和安全性。

4.3 数据安全与隐私问题的保护措施

4.3.1 数据分类和标记

在电网ICT供应链系统中，数据分类和标记是确保系统安全性和隐私保护的关键步骤。通过建立详细的分类框架和规范的标识系统，系统能够全面了解各类数据的特性，并有针对性地制定安全策略。此外，遵守合规性和隐私法规是必不可少的，公司需要深入了解并遵守各国法规，同时要符合国际和行业标准。最后，通过综合的数据保护策略，包括数据匿名化、访问控制、加密技术和安全审计，系统能够全面提升安全性和隐私保护水平，确保数据在合法、安全、隐私的前提下进行传输和使用。这一系列综合措施不仅为系统的可持续发展奠定基础，也建立了用户和利益相关方的信任基础。

4.3.1.1 数据分类

数据分类的重要性不可忽视，通过建立详细的分类框架和赋予关键信息严格的安全保障，系统能够提高整体安全性，确保对关键数据的特别保护，从而有效提升整体系统的安全水平[47]。

（1）建立分类体系。对于数据分类，首先需建立一个细致的分类体系，将数据分为不同等级或类别，如按类别分为个人身份信息、财务数据、操作日志等。每一类数据都应被赋予相应的敏感程度和重要性标签，以确保全面了解数据的特性。

（2）明确关键信息。在实施分类的过程中，关键的一步是明确关键信息。这包括对系统的核心数据进行深入分析，确定哪些数据对系统的正常运行和用户隐私具有至关重要的作用。对于关键信息，可以采取更为严格的安全措施，如强化加密、限制访问权限、定期审计等，确保其安全性得到特别保护。

（3）适度安全保护。针对非关键信息，可以采取适度的安全策略，以避免对系统资源的过度保护。通过对数据的分类，系统可以更有效地分配资源，确保关注度高的数据得到更多的安全保障，从而提高了整体系统的安全性和资源利用效率。

4.3.1.2 数据标记

数据标记是确保数据可追溯性的关键，为系统提供了快速应对异常数据流动的能力。同时，通过完整性验证机制，系统有效抵御了数据篡改和破坏，强化了整体安全性，保障了对潜在安全风险的高效防范。

（1）明确标识系统。在数据标记方面，明确而规范的标识系统是至关重要的。为每个数据设置清晰的标识，包括数据的来源、归属、创建时间等信息，以建立对数据流动的可追溯性。这使得系统管理员能够迅速定位任何异常数据流动，并采取及时的安全响应措施。

（2）验证数据完整性。通过实施数据的完整性验证机制，可以使用数字签名、哈希算法等技术手段确保数据在传输和存储的过程中不受损。这有效防范了数据的篡改和破坏，保障了数据的完整性。这种标记和验证的双重机制为系统的整体安全性提供了可靠的保障，确保在数据流动中能够保持高度警惕，及时发现并应对潜在的安全风险。

4.3.1.3 数据保护

确保电网数字化转型中隐私数据的合法、安全应用至关重要，包括数据匿名化、访问控制、加密技术和安全审计等全面的数据保护策略[48]。这些措施不仅保护用户隐私，还确保系统在高效运作的同时维持数据的完整性和安全性。

（1）确保数据脱敏。在数据收集和存储阶段，应对用户的个人身份信息进行有效的匿名化和脱敏处理。这确保了数据的基本特征得以保留，同时有效地保护用户的隐私不被泄露。通过该策略，系统能够获得关键的信息而不暴露个人身份，实现数据的双重保护。数据分类和标记策略如表4.1所示。

表 4.1 数据分类和标记策略

策略	步骤	描述
数据分类	建立分类体系	建立分类体系，划分数据为不同等级或类别
	明确关键信息	明确关键信息，深入分析系统的核心数据
	适度安全保护	采取适度的安全策略，有效分配资源
数据标记	明确标识系统	明确规范标识系统，建立数据流动的可追溯性
	验证数据完整性	实施数据完整性验证机制，防范数据篡改
隐私合规与法规遵守	了解法规条例	了解并遵守电网 ICT 供应链系统的数据处理和安全性方面的法律法规
	遵守行业规范	根据行业规范和标准，制定相应的安全措施
	健全合规体系	建立健全合规体系，明确合规流程
数据保护	确保数据脱敏	保护用户隐私，实现有效的匿名化和脱敏处理
	限制数据访问	建立数据访问控制机制，不同的用户级别设置不同权限
	保障数据加密	采用先进的加密技术，对传输和存储过程中的隐私数据进行加密处理
	实施安全审计	建立健全安全审计机制，监测记录数据的访问和使用情况

（2）限制数据访问。建立严格的数据访问控制机制是保障隐私数据安全的关键步骤。只有经过授权的人员才能访问和使用隐私数据，且需要根据用户的不同级别设置相应的权限。这有助于限制数据的访问范围，防止未经授权的人员获取敏感信息。通过访问控制与权限管理，系统可以有效地管理数据的使用，确保数据只在必要的情况下被合法访问。

（3）保障数据加密。通过采用先进的加密技术，隐私数据在传输和存储过程中得以加密处理，提高数据的安全性。这防止了数据在传输过程中被未经授权的人员窃取或篡改，为隐私数据的完整性和机密性提供了强有力的保障。

（4）实施安全审计。通过建立健全安全审计机制，对数据的访问和使用情况进行监测和记录,系统能够及时发现异常行为并采取相应的应对措施。这种实时监测和审计机制有助于提高对潜在威胁的感知能力,从而更好地保障隐私数据的安全。通过这一系列综合的隐私保护策略,数字化转型电网能够在合法、安全、隐私的前提下高效运作。

总的来说,数据分类和标记在电网 ICT 供应链系统中扮演着关键的角色,通过这一步骤可以更好地理解和管理各类数据,从而有针对性地制定安全策略。同时,通过遵守合规性和隐私法规,电网 ICT 供应链系统能够建立健全法律框架,为数据处理提供明确的指导,从而有效地降低数据泄露和滥用的风险。最后,实施综合的数据保护策略,包括数据匿名化、访问控制、加密技术应用以及安全审计与监测等措施,能够全面提升系统的安全性和隐私保护水平,确保电网 ICT 供应链系统的数据在合法、安全、隐私的前提下得到充分保障。这样的综合保护措施在维护系统可持续发展的同时,也能为用户和利益相关方建立信任基础。

4.3.2 数据备份与恢复

数据备份和恢复是电网数字化转型中不可或缺的关键要素,它们共同构成了数据安全技术架构的重要组成部分[49]。随着电力供应链的数字化转型,大量关键性数据的生成和存储使得电网系统在保护数据安全方面面临更为严峻的挑战。在这一背景下,建立强大的数据备份与恢复策略成为确保电网运行可靠性、业务连续性和安全性的重要支柱。本小节将深入探讨数据安全技术架构中数据备份和恢复这两个关键要素,展示它们是如何成为电网数字化转型的守护者。

4.3.2.1 数据备份

数据备份是指将关键数据从一个位置拷贝到另一个位置,以防止意外的数据损失导致的电力供应中断、设备故障甚至安全风险的出现。电力供应链的数字化转型导致了大量数据的生成和存储,包括电力负载、供电设备状态等信息,这些数据对于确保电网的高效运行至关重要。然而,一方面,由于电网供应链数据量庞大且需要长期保存;另一方面,电力供应链中的关键数据必须在紧急情况下可用,因此,数据备份必须满足高可用性、长期保存和及时恢复的要求。为了应对这一挑战,电力供应链需要建立强大的数据备份策略,包括定期备份和多地点备份等。

1)定期备份。定期性的备份策略在电网供应链系统中扮演着持续保护数据的关键角色,以适应复杂的数据动态变化和更新。在设计有效的备份方案时,必须全面考虑备份介质的选择、自动化备份的实施、备份频率的调整以及备份监控等多个关键因素，以确保系统的稳健性。

（1）备份介质选择。为确保备份数据的安全性和可靠性，有必要将其存储于可信赖的介质上，包括但不限于硬盘驱动器和云存储等先进的数据存储技术。硬盘驱动器作为本地备份的实用选择，不仅具有快速数据恢复的优势，而且在一定程度上减少了对外部网络的依赖。与此同时，云存储作为远程备份的高度可靠选项，因其弹性和可扩展性可以应对不同规模和类型的数据备份需求，为系统提供了更灵活的备份选择。多样的介质选择决策旨在平衡本地和远程备份的优势，以满足电网供应链系统对数据可用性和安全性的复杂需求。

（2）自动化备份。备份方法应当具备自动化的特征。通过预设的计划，自动化备份流程能够实现高效执行，确保备份操作的及时性和一致性。这不仅降低了系统管理人员的工作负担，更最小化了潜在的人为错误。自动化备份的科学实施能够为系统提供可靠、高效的备份操作，有力地支持电网供应链系统在数据保护方面的长期稳健性。

（3）备份频率调整。备份频率的科学合理确定是系统备份策略设计中一项需要经过精密权衡的至关重要的因素。该决策过程必须综合考虑多方面因素，其中包括数据的动态特性、变化速度以及数据的重要性。这种复杂的权衡过程旨在为备份方案提供最佳配置，以满足系统对实时性和可用性的双重需求。①实时数据。对于实时更新的数据而言，建议采用高频率的备份策略，例如，每天或每小时一次。这样的高频备份方案不仅能够最大化减小因数据更新而可能引发的潜在损失，更能够确保备份的及时性和数据的时效性。在科学研究和实践中，这种高频备份策略被广泛认可为有效地应对实时数据变化挑战的手段，使系统具备在任何时刻都能够迅速还原至最新状态的可靠性。②静态数据。相反，对于静态数据，其相对较低的变化频率使得间隔较长的备份频率更为适宜，例如每周一次。这样的策略不仅能够有效降低备份操作对系统性能的潜在影响，同时更好地适应了静态数据的相对稳定性。这种差异化的备份频率设计反映了对不同类型数据特性的深入理解，从而在考虑到数据变化的同时，最大化对于备份资源的利用，确保备份操作既能满足系统实时性的要求，又不引起不必要的负担。

（4）备份监控。备份监控技术作为备份系统性能的定期评估手段，涉及对多方面性能指标的监测和分析。其核心在于监测备份操作的速度、资源占用情况以及备份数据存储的可用性等关键性能参数，以便及时识别并解决潜在的性能瓶颈。这一定期的性能评估旨在为备份系统提供高效运行的技术支持，特别是在应对电网供应链系统中数据动态变化和备份需求不断增加的情境下，确保系统能够持续维持高度可靠的备份运行状态。①备份速度。在备份监控技术的实施中，监测备份速度是关键之一。通过记录备份操作的执行速率，系统管理员可以深入了解备份过程的效率和持续性，以确保备份操作在合理的时间范围内完成，从而保障系统的可用性和稳健性。②资源占用情况。备份监控技术还关注备份操作对系统资源的占用情况。通过监测CPU、内存等资源的使用情况，系统管理员能够判断备份操作是否过度消耗资源，是否存在潜在的性能压力点，以采取相应的优化措施，确保备份过程对系统的影响最小化。③数据存储可用性。备份监控技术也关注备份数据存储的可用性。通过定期检查备份数据的完整性、可访问性以及存储设备的状态，系统管理员能够及时察觉潜在的存储问题，并采取预防性或纠正性的行动，确保备份数据始终处于可靠和可还原的状态。

2）多地点备份。随着电网供应链系统数据量的不断增长，传统的单一存储设备逐渐无法满足不断增长的备份需求。在这一背景下，多地点备份方案应运而生，其基本理念是通过数据切分和分布式存储的方式，实现对海量数据的有效管理与备份。这种策略的核心优势在于确保数据的冗余存储，从而有效地应对可能出现的单点故障，提高数据的可用性与可靠性。多地点备份不仅有助于避免因特定存储设备故障而导致的数据丢失，还通过在不同地理位置存储数据的方式，降低了数据遭受自然灾害、人为破坏等风险的概率。

（1）数据切分。数据切分将大规模数据集分割成小块，分布到不同地点进行存储，以提高备份效率和容错性。这个过程通常基于分片、分块或分区的概念，确保每个数据单元都可以独立备份，并且不同部分可以在不同地点进行存储。①切分原理。数据切分的主要原理是通过将数据分散到多个地点，降低了单一地点发生故障时对整个备份系统的影响。具体而言，通过采用哈希函数或其他精细的分片算法来保证数据的均匀分布，并确保各个数据分片之间具备相互独立性。②切分策略。数据切分必须深入考虑数据的一致性和完整性，这意味着任何时候对数据进行切分，都要确保切分后的各部分数据能够在整个备份系统中无缝协同工作，以保障备份数据在各种操作下的稳固性和可靠性。

（2）分布式存储。分布式存储是建立在数据切分基础上的后续关键环节。其核心原理是将数据分散存储到多个节点，这些节点可以分布在不同的物理位置，如不同的数据中心或云服务提供商，以提高系统的可用性和容错性。①优化分布。为了实现有效的数据分布，通常采用一致性哈希算法或类似的分布式哈希算法，以确保数据在各个存储节点保障均匀分布，从而系统的负载均衡和性能。②冗余备份。考虑到系统的稳定性和可靠性,分布式存储不仅需要关注数据的分布特点,还需要考虑数据的冗余备份。通过在不同的存储节点上保存数据的冗余副本,可以有效防范存储节点故障或数据损坏的风险,从而提高整体电网供应链系统的鲁棒性和性能表现。

4.3.2.2 数据恢复

在电网供应链管理中,数据恢复是确保系统可靠性和业务连续性的关键。数据恢复策略作为综合性的风险管理措施,涵盖了版本控制、备份测试等多个关键步骤,使得电网运营者能够有效地预防和应对各种潜在的系统故障和数据丢失情况。

1) 版本控制。版本控制是数据恢复策略的首要步骤之一,其核心目标是精准跟踪和管理系统中各个组件的不同版本。

(1) 跟踪追溯。在电网供应链这一复杂系统中,版本控制确保在系统更新或修改的进程中能够追溯到先前的状态,为备份提供了清晰而有序的时间轴。这种精准的时间轴不仅有助于防范错误版本的误用,更在系统升级后如果出现问题时,提供了快速回退到稳定版本的可操作性。

(2) 管理审查。版本控制的有效实施要求系统变更的明确标识、完善记录和深度审查。通过明确标识每个版本的独特性,详尽记录变更的细节,并深入审查系统中的各项调整,以确保数据的一致性。这一过程强调了对系统演进的全面把控,使得电网供应链管理者能够以科学、系统的方式保障系统的健壮性和可维护性。

2) 备份测试。备份测试作为数据恢复策略中的另一至关重要的步骤,旨在验证备份过程的有效性和数据的可恢复性[50]。

(1) 场景模拟。备份测试的实施包括从备份中还原数据并验证其准确性,以及确保备份的频率和所采用的存储介质符合系统的严格要求。这一过程的关键在于通过模拟真实的恢复场景,评估备份系统的性能,并验证其在不同条件下的可行性。通过这种系统性的方法,电网运营者能够更加确切地了解备份过程中可能存在的潜在问题,如硬件故障、软件错误或人为失误,并采取相应的措施进行及时修复,以提高整个系统的可靠性和抗灾能力。

(2) 定期测试。通过定期进行系统的备份测试,电网运营者不仅能确保备份文件的完整性、可访问性,以及与实际生产环境的兼容性,而且保障了系统持续的健康运行。这种定期的实践不仅为应对潜在问题提供了早期预警,也为系统在面对不断变化的需求和环境时保持稳健性提供了坚实的保障。

总体来看,数据备份与恢复在电网供应链系统中扮演着不可替代的关键角色（表4.2）。通过建立定期备份和恢复计划，系统能够有效地缓解由硬件故障、人为错误或其他不可预测事件引起的数据丢失风险。备份计划不仅是对数据的简单复制，更是一项战略性的安全措施，确保在关键时刻能够快速还原系统状态，最小化潜在的业务中断和数据损失。容灾计划、故障切换与冗余系统等综合性的数据恢复策略更是加强了系统的抗灾能力，为系统可靠性和业务连续性提供了全面的保障。通过将重要的数据备份与可靠的恢复机制置于核心位置，电网供应链系统能够更加坚固地面对各类挑战，确保数据的安全性和系统的稳定运行。因此，数据备份与恢复不仅是应对潜在风险的关键步骤，也是电网供应链系统可持续发展的基础。

表4.2 数据备份与恢复的关键要素和步骤

备份与恢复策略	关键实施步骤	实施要点
定期备份	备份介质选择	硬盘驱动器、云存储等
	自动化备份	预设计划、高效执行、减少人为错误
	备份频率调整	实时数据高频备份、静态数据较低频备份
	备份监控	监测备份速度、资源占用、数据存储可用性
多地点备份	数据切分	切分原理、切分策略
	分布式存储	优化分布、冗余备份
版本控制	跟踪追溯	明确标识系统变更，详尽记录变更细节
	管理审查	审查系统中的各项调整、保障数据一致性
备份测试	场景模拟	从备份还原数据，验证准确性
	定期测试	确保备份文件的完整性、可访问性，与生产环境兼容

4.4 供应链管理漏洞的修复与监控

4.4.1 供应商审查和合同管理

在有效的供应链管理中，修复与监控供应链管理漏洞是确保业务顺畅运作和降低潜在风险的关键环节。有效的供应链管理不仅仅依赖于物流和库存的顺畅流动，更需要在供应链各个环节建立健全供应链审查、合同管理和监控体系，提高供应链的透明度和稳定性，并为企业提供应对潜在问题的敏捷性和灵活性。

4.4.1.1 供应商审查

供应商的选择直接影响企业的整体运作，因此通过深入审查潜在供应商，企业能够全面评估其合规性、财务状况以及信息安全性。这种全面审查不仅有助于降低合作风险，而且能够建立起一个可信赖的合作伙伴网络。

1）供应商的合规性。在进行供应商审查时，首要关注的焦点在于确保供应商的合规性。这一步骤至关重要，因为通过深入了解潜在供应商的法规遵从情况，企业得以保证合作伙伴在其运营中严格遵守相关法规和标准。这种审查不仅有助于规避潜在的违规行为所带来的法律责任和声誉损害，更在供应链的起始阶段为企业建立起一个稳健的合作基础。

（1）法规条例。审查供应商的合规性首先包括对其在运营过程中是否遵守国家和地区的法规的全面了解。这可能涉及环保法规、劳工法规、贸易法规等多个方面，具体取决于供应商所在的行业和地理位置。通过明确了解供应商的合规情况，企业能够确保其不会因法规违规而受到法律制裁，从而保护企业免受潜在的法律风险。

（2）行业标准。关注潜在供应商是否符合特定行业标准和质量要求也是合规性审查的一部分。确保供应商符合行业标准有助于提高产品或服务的质量水平，降低出现缺陷或问题的风险。这进一步巩固了合作伙伴之间的信任，确保整个供应链在合规情况下运作得更加顺畅。

2）供应商的财务状况。在供应商审查中，同样至关重要的是对供应商的财务状况进行深入审查，以确保其经济实力足够稳健，有能力履行合同义务，从而保障供应链的持续稳定运作。通过对潜在供应商的财务状况进行全面了解，企业能够更深入地评估其健康度，有助于避免由于供应商经济困境而可能导致的合作中断或不稳定性。在审查供应商的财务状况时，企业应关注多个方面，包括供应商的盈利能力和债务水平。

（1）盈利能力。通过分析其财务报表和财务指标，企业可以了解供应商是否能够持续盈利，并评估其财务状况的稳健性。这有助于确保选择的供应商具备足够的经济实力，能够应对各种市场波动和挑战。

（1）债务水平。对供应商的资金流状况和债务水平的审查也是不可忽视的一环。了解供应商的资金流动情况有助于判断其短期支付能力，而审查债务水平则有助于了解其财务稳健性，从而避免企业选择潜在财务风险较高的供应商，确保供应链的持续稳定运作。

3）供应商的信息安全性。信息安全性在供应商审查中是一个至关重要且不可忽视的方面。在当今数字化时代，企业需要全面评估潜在供应商的信息安全措施，以确保其具备有效的防范措施，能够抵御数据泄露和网络攻击的威胁。这一方面的审查不仅直接关系企业自身敏感信息的安全，更牵涉客户数据的保护，从而在防范潜在的网络威胁方面发挥着至关重要的作用，同时也是维护整个供应链信誉的关键环节。

(1) 网络架构和数据存储。在信息安全性审查中，企业应关注潜在供应商的网络架构和数据存储方式。了解供应商的网络结构是否健壮、安全，以及其数据存储的安全性措施是否符合最佳实践，是确保信息安全的首要步骤。这有助于降低由于网络漏洞或数据存储不当而引发的潜在风险。

(2) 访问控制和身份验证。审查潜在供应商的访问控制和身份验证机制同样至关重要。确保只有经过授权的人员能够访问敏感信息，而且采用强化的身份验证手段，有助于防范内部威胁和未经授权的数据访问，从而提升整个供应链的信息安全性。

(3) 数据传输和通信安全。供应商的数据传输和通信安全也是一个需要重点关注的方面。确保在数据传输过程中采用加密技术，以及在通信中实施安全协议，有效防止敏感信息在传输过程中被截取或窃取，从而提升整个供应链的通信安全性。

在当今数字化时代，信息安全性的保障不仅关系企业敏感信息的安全，也关系客户数据的保护，进而有助于防范潜在的网络威胁，维护整个供应链的信誉。

4.4.1.2 合同管理

在电网 ICT 供应链系统中，建立供应商合同是确保系统运作顺畅、双方权责关系清晰明确的关键步骤。这一过程不仅仅包括对服务水平和交付标准的明确定义，更需要特别关注电网 ICT 领域中涉及的隐私保护、数据安全等关键条款的明确规定。

1) 服务水平和交付标准。在建立供应商合同时，首要关注的是明确的服务水平和交付标准。这涉及确保供应商能够按照预期的质量和时间表提供所需的产品或服务。在电网 ICT 系统中，这一步至关重要，因为系统的稳定性和性能直接关系电网运行的可靠性。对于关键任务和运行要求的准确定义成为首要任务，这有助于确保整个供应链在执行阶段能够高效协同工作。

(1) 服务水平。服务水平包括对产品或服务质量的具体要求，以及对交付时间表的明确规定。对于电网 ICT 系统而言，关键任务往往包括实时数据传输、系统容错能力等，对这些关键任务的准确定义至关紧要。服务水平的明确有助于确保供应商理解并满足系统的需求，从而在执行阶段提供可靠的支持。

(2) 交付标准。交付标准的明确定义也是在建立供应商合同时不可或缺的一环。在电网 ICT 系统中，交付标准可能涉及软件的性能指标、硬件的规格要求等方面。通过明确交付标准，企业可以确保供应商交付的产品或服务符合系统的要求，并能够顺利集成到整个电网运行环境中。

3）隐私保护和数据安全：鉴于电网ICT系统的特殊性质，合同中需明确规定有关隐私保护和数据安全方面的条款。这包括对敏感信息的保护措施、数据存储和传输的安全标准等方面的详细规定。在电网ICT供应链中，隐私和数据安全的问题直接关系系统的可靠性和用户信任，因此这些方面的合同规定至关重要。

（1）隐私保护。在电网ICT系统中，可能涉及用户的个人身份信息、用电数据等敏感信息，因此合同需要明确规定供应商应当采取何种措施来保护这些信息的安全性。这可能包括数据加密、访问权限管理以及合规性审查等方面的具体措施，以确保敏感信息不会被未经授权访问或泄露。

（2）数据安全。关于数据存储和传输的安全标准也需要在合同中得到明确定义。这可能包括对数据存储设备的物理安全性要求，以及对数据传输过程中所采用的加密和安全通信协议的规定。关系通过这些明确的条款，合同能够确保供应商在处理和传输数据时遵循最高的安全标准，从而提升整个电网ICT系统的安全性。

通过建立健全合同体系，电网ICT企业能够更有效地应对潜在的执行阶段问题。合同作为双方权责关系的法律依据，不仅确保了合作伙伴在供应链中履行其责任，也为企业提供了法律保障。

4.4.1.3 监控体系

确保供应商按合同履行其责任的过程还需要建立一套有效的监控方法。这涉及制定全面的监控体系，以便企业能够全面了解供应商的执行情况，并在必要时采取及时的纠正和优化措施。供应商审查、合同管理和监控体系要点总览如表4.3所示。

表4.3 供应商审查、合同管理和监控体系要点总览

领域	要点	实施方法
供应商审查	合规性审查	审查供应商是否遵守国家和地区的法规，关注供应商是否符合特定行业标准和质量要求
	财务状况审查	分析供应商财务报表，评估其持续盈利能力；审查供应商的资金流状况和债务水平，了解其财务稳健性
	信息安全审查	关注供应商的网络结构和数据存储方式；审查供应商的访问控制和身份验证机制；关注数据传输过程中的安全措施；建立可信赖的合作伙伴网络

（续上表）

领域	要点	实施方法
合同管理	服务水平和交付标准	明确产品或服务质量的具体要求；明确软硬件性能指标等，确保交付符合要求
	隐私保护和数据安全	规定对敏感信息的保护措施，规定数据存储和传输的安全标准
监控体系	建立实时监控系统	使用先进的监控工具，追踪供应商在供应链中的活动；制定预警机制，迅速发现可能导致问题的因素；根据实时数据调整战略，提高供应链的适应性
	定期审查供应商绩效	定期评估供应商的关键绩效指标；发现问题并制订改进计划，提高供应商整体绩效水平；与供应商共同制定目标，营造积极的合作氛围

1）建立实时监控系统。建立实时监控系统是确保供应链顺畅运作的关键监控方法。通过这一系统，企业能够随时追踪供应商在供应链中的各项活动，以确保其严格按照合同约定履行义务。这种实时性的监控系统在供应链管理中具有至关重要的作用，能够实现对整个供应链的及时观察和掌控。

（1）识别潜在风险。实时监控系统的优势之一是其能够快速发现潜在问题。通过对供应商活动的实时监测，企业能够迅速识别出可能导致供应链中断或问题的因素。这为企业提供了及时干预的机会，使其能够快速做出决策，采取有效的纠正措施，最大限度地降低潜在风险对供应链的负面影响。

（2）适应市场动态变化。实时监控系统还能够帮助企业更好地应对市场的动态变化。通过随时了解供应商的活动状况，企业可以更灵活地调整自己的战略，以适应市场需求的实时变化。这种敏捷性有助于提高供应链的适应性，使其更具竞争力。

（3）协同业务运作。在供应链管理中，实时监控系统还为企业提供了对整个供应链执行情况的全面洞察。通过收集、分析实时数据，企业能够评估供应商的绩效，并及时发现可能存在的瓶颈或改进空间。这有助于建立更加高效和协同的供应链网络，提升整体业务运作的效率。

2）定期审查供应商绩效。定期审查供应商的绩效是一种高效的监控方法，能够全面评估供应商的整体表现。通过定期的审查流程，企业能够深入了解供应商在合同期间的履行情况，识别可能存在的问题，并与供应商共同探讨改进措施。这种定期性的绩效审查不仅有助于发现潜在风险和瓶颈，同时也为建立合作伙伴之间的密切沟通机制提供了有力支持。

（1）关键绩效评估。在绩效审查中，关注供应商的交付准时性、产品或服务质量，以及遵守合同条款等方面是至关重要的。通过对这些关键绩效指标的评估，企业能够全面了解供应商在供应链中的角色和表现，从而建立起对其绩效的清晰认知。

（2）识别潜在问题。绩效审查的一个重要目标是发现潜在问题并及时解决。通过识别供应商的强项和改进空间，企业能够与供应商紧密合作，制订有效的改进计划。这种合作方式不仅有助于提高供应商的整体绩效水平，同时也加强了企业与供应商之间的合作关系。

（3）达成合作共识。定期性的绩效审查还有助于建立双方之间的共识和理解。通过与供应商定期沟通，企业能够明确期望、分享反馈，并在改进方面形成共同的目标，从而构建积极的合作氛围，提高供应链合作的整体效率。

3）设立阶段性评估机制。设立阶段性的评估机制也是在供应链执行过程中至关重要的一项监控手段。通过设立明确的评估节点，企业能够有针对性地对供应商的执行情况进行定期评估，实现对整个供应链的有效管理。这一机制的设立有助于及时发现潜在问题，同时为合作伙伴提供了共同回顾合同履行情况的机会，进一步增强了双方之间的信任和透明度。

（1）设立评估节点。阶段性的评估机制通常可以包括在合同执行的不同阶段设立评估节点，例如在项目启动阶段、中期阶段和项目完成阶段。每个评估节点都可以涵盖关键绩效指标、交付准时性、合规性等方面的评估内容，以确保供应商在合同期间持续履行其义务。

（2）识别潜在风险。通过这样的阶段性评估，企业能够更灵活地应对供应链执行中的变化和挑战。在评估过程中，企业可以识别出存在的问题，并与供应商共同制订解决方案，从而及时纠正可能导致潜在风险的因素。这种定期的合同履行回顾有助于保持供应链的高效运作，降低不确定性，同时在合作伙伴之间建立起更加稳固的合作基础。

（3）开放沟通渠道。阶段性的评估机制还有助于建立合作伙伴之间的开放沟通渠道。在评估会议中，双方可以分享反馈、讨论问题，并共同制订未来的改进计划。这种沟通机制有助于提高合作伙伴之间的理解和信任，为解决问题和持续优化供应链关系创造了有利条件。

通过将供应商审查、合同管理和监控执行相互衔接（表4.3），企业能够全面把握供应链环节，确保其高效、安全地运转。这一整合的方法不仅提高了对潜在风险的识别和应对能力，同时也有助于优化业务流程，提升供应链的整体可靠性和可持续性。这种综合性的管理方式使企业能够在不同环节间建立有机连接，从而更灵活地适应市场的变化，确保合作伙伴在供应链中有序协同工作。

4.4.2 物理安全控制

正如 3.4.2 小节描述的，供应链中存在着多种物理安全威胁，其中包括设备安全性、设备维护和设备监控等。这些威胁可能导致设备遭到破坏、未经授权的访问或监控缺失，需要采取一系列有效的物理安全控制措施来应对这些潜在威胁。因此，本小节将针对不同的物理安全漏洞，深入探讨建立物理安全控制措施的必要性和有效性。

4.4.2.1 访问控制措施

在电网供应链管理中，实施访问控制措施是确保系统安全性和数据完整性的至关重要的一环。访问控制措施旨在防范未经授权的访问和潜在的物理风险，从而有效保护关键设备和系统。

（1）物理访问限制。对于关键设备和系统，应采取一系列有效的物理访问限制措施，以确保只有经过授权的人员能够进入关键区域。这可以通过建立受控的物理访问点，例如，安全门和通道，限制人员的进出，并在这些访问点部署监控设备以实时监测人员活动。

（2）电子身份验证。为了进一步加强访问控制，可采用生物识别技术、智能卡或双因素身份验证等先进技术手段。生物识别技术，如指纹、虹膜或人脸识别，能够确保只有授权人员的生物特征被识别后方可进入关键区域。智能卡和双因素身份验证则提供了额外的安全保障，要求用户除了提供密码外，还需通过卡片或其他身份验证手段进入，以增加访问的安全性。

（3）物理锁保护。除了电子身份验证外，在关键设备上安装物理锁和封条是另一个关键的举措。物理锁和封条可用于限制设备的物理访问，确保设备未被擅自打开或篡改。这种实体层面的保护措施能够有效防止未经授权的物理访问，增加了对设备安全的整体掌控。

4.4.2.2 设备维护系统

在电网供应链管理的复杂环境中，设备维护系统的设立与强化成为保障电力设备长期、可靠运行的不可或缺的关键环节。电力系统的正常运行依赖于众多设备的协同工作，而设备的稳定性和性能表现直接影响整个电网供应链的可靠性与效能。因此，设备维护系统不仅涉及维护流程的规范化，更包含对维护活动的全面掌控和追溯。

（1）设定维护权限。设备维护流程应该详细规定每一步骤，从维护请求的发起到实际维护操作的完成，确保整个流程有序而受控。在此基础上，设定明确的维护权限，只有经过授权的维护人员才能进行相应的维护操作。这可以通过严格的身份验证机制来实现，包括使用生物识别技术、智能卡或其他双因素身份验证方式，以确保每位维护人员的身份真实可信。

（2）记录维护活动。建议使用数字签名和时间戳等技术手段对每次维护活动进行记录。数字签名能够确保维护记录的完整性和真实性，防止被篡改或伪造。时间戳的使用则有助于确保维护活动的时间顺序和准确性，提高审计和追溯的效率。这种记录系统的建立不仅为后续的安全审计提供了可靠的数据支持，也在发生问题时提供了有效的追溯途径。

4.4.2.3 摄像监控

在电网供应链管理中，摄像监控系统作为物理安全的关键组成部分，通过布置高清摄像头，全面覆盖关键区域和设备周围，监控系统能够实时记录和监测物理环境的变化，为电力设备提供强大的安全保障。在这个数字化转型的时代，摄像监控不仅仅是简单的图像捕捉工具，更是通过智能分析技术赋予了系统实时分析和主动识别异常行为的能力。

（1）布置摄像监控。建议在关键区域和设备周围布置高清摄像头，以确保其覆盖范围全面，能够实时监测和记录物理环境的变化。通过摄像监控系统，管理人员可以随时远程查看关键区域，对设备周围的活动进行实时观察，从而及时察觉任何异常情况。

（2）智能化监控。智能分析技术能够对监控画面进行实时分析，识别异常行为，如未经授权的人员进入、设备异常操作等。一旦发现异常行为，系统能够立即触发警报，通知相关人员进行快速响应。这种智能化的监控系统不仅提高了异常行为的检测准确性，还加速了问题的解决速度，为整个安全体系提供了高效的保障。

（3）定期巡检监控。定期对监控系统进行巡检和维护也是确保其正常运行和可靠性的必要步骤。巡检可以包括对摄像头的定期校准、对存储设备的健康状况检查等，以确保监控系统始终处于良好的工作状态。维护工作包括软件和硬件的更新，以及系统漏洞的修复，以提高系统的抗攻击能力和安全性。这些举措不仅有助于防范潜在的技术故障，也确保了监控系统的可靠性，使其在关键时刻能够正常运行。

4.4.2.4 物理隔离措施

在电网供应链管理中，物理隔离措施是确保关键设备和系统安全的重要战略之一。通过将关键设备和系统隔离在专门的物理空间内，系统管理者能够有效地防范潜在的入侵威胁,为电力设备提供了坚实的第一道防线。建立专门的设备房间或设备区域,并配备安全门、电子门禁系统等控制措施,不仅限制了未经授权人员的物理访问,也构筑了一道坚不可摧的安全屏障。

(1) 设备系统隔离。建议将关键设备和系统隔离在安全的物理空间内,以防范潜在的入侵威胁。这可以通过建立专门的设备房间或设备区域,配备安全门、电子门禁系统等控制措施,确保只有经过授权的人员才能进入。这样的隔离空间不仅限制了未经授权人员的物理访问,也提高了对设备的整体保护水平。

(2) 定期健康检查。定期巡检可以涵盖对设备周围环境的监测,如温度、湿度等参数,以及设备本身的外观和布局。这有助于及时发现潜在的物理风险,如设备放置不当、异常设备或线缆连接等。定期的健康检查包括对设备内部的硬件和软件状态的检查,以防范潜在的故障和问题。这种预防性的巡检和健康检查能够在问题发生之前及时采取措施,提高设备的稳定性和可靠性。

在电网 ICT 供应链系统中,物理安全控制是确保设备的完整性、可靠性和可用性的至关重要的方面。综合而言,通过严格的访问控制、设备维护流程、摄像监控和物理隔离等多种物理安全控制措施的综合应用,可以有效应对电网 ICT 供应链系统中的物理安全威胁,确保系统的稳定运行和数据的安全性。

4.5 紧急响应计划和业务连续性策略

4.5.1 紧急响应计划的建立

在电网 ICT 供应链系统中,紧急响应计划的制订与实施是确保系统在面对各种突发事件时能够迅速、有序地做出反应的至关重要的环节。随着科技的不断发展和依赖信息通信技术的程度不断加深,电网 ICT 供应链系统在运营中面临的潜在风险也日益复杂多样。突发性的故障、网络攻击、自然灾害等不可预见的事件都可能对系统的正常运行带来严峻的挑战。

在这个背景下,建立健全紧急响应计划成为保障系统安全、最小化潜在损失和维护业务连续性的不可或缺的措施。紧急响应计划不仅仅是应对突发事件的技术手段,更是一项战略性的举措,旨在通过有序而高效的应对措施,保障电网 ICT 供应链系统在不可预测的环境中能够迅速适应并持续稳定运行。因此，强调并深入理解紧急响应计划的重要性，对维护整个系统的健康运转和应对不确定性因素至关重要。

4.5.1.1 紧急响应团队

在建立紧急响应计划时，需全面考虑技术、人员和沟通等多方面的因素，以确保系统性的、协调一致的响应。其中，首要而关键的元素是建立紧急响应团队。该团队应该涵盖各个领域的专业知识，确保在紧急情况下能够迅速而有效地应对各类问题。

（1）技术专家。紧急响应团队需要包括技术专家，他们具备深厚的技术知识，能够快速分析和解决技术性问题。这些专家应该熟悉系统架构、网络安全、数据恢复等关键技术领域，以确保对技术性威胁和问题有高效的应对手段。

（2）通信专家。通信专家也是紧急响应团队中不可或缺的一部分。在紧急情况下，及时而有效的沟通至关重要。通信专家可以负责建立并维护通信渠道，确保团队成员之间的信息流畅，并与外部利益相关者保持有效的沟通，提高响应效率。

（3）安全专家。安全专家在紧急响应团队中的作用同样至关重要。他们能够提供有关安全漏洞、风险评估等方面的专业建议，并协助团队采取必要的安全措施，以确保系统和数据的安全性。

（4）业务决策者。业务决策者也是紧急响应团队中的关键成员。他们需要具备对业务影响的全面了解，能够在紧急情况下迅速做出决策，以最大限度地减小损失并维护业务连续性。

（5）团队协作。团队成员应该具备对紧急情况的快速反应和协调能力。这包括定期进行模拟演练，以确保团队在紧急事件实际发生时能够协同工作、迅速做出决策，并有效地执行应急计划。

4.5.1.2 明确流程步骤

在建立紧急响应计划时，明确的流程和步骤是确保团队在面对紧急情况时能够高效协同工作的关键。

（1）风险评估和场景模拟。建议采用风险评估和场景模拟等方法，以全面识别潜在的紧急情况，并为每一种情况明确相应的响应步骤。风险评估可以通过分析系统和业务的脆弱性，确定潜在的威胁和风险，从而为制订相应的响应计划提供依据。场景模拟则是通过模拟真实的紧急情况，考察团队在应对不同场景时的协同工作和响应能力，从而完善响应流程。

（2）定期演练和培训。定期演练和培训是确保紧急响应团队熟悉流程的关键。通过定期演练，团队成员可以在模拟的环境中应对各种紧急情况，熟悉流程和步骤，并发现流程中可能存在的问题或改进点。培训则有助于更新团队成员的知识和技能，确保他们能够应对不断演进的威胁。

4.5.1.3 紧急通知协调

在紧急响应计划中，紧急通知和协调是确保团队迅速而有效应对紧急情况的关键环节。为了保证信息的及时传递和有效协调，建议建立明确的通信渠道和协作平台。

（1）通信系统。通信系统应该具备高可靠性和鲁棒性，以确保在紧急情况下能够持续运行。这包括采用冗余通信设备、多个通信渠道和云服务等技术手段，以应对可能发生的通信中断或设备故障。高可靠性的通信系统能够保障信息在关键时刻的快速传递，确保团队成员能够及时获知紧急情况。

（2）通知机制。制定并实施快速而准确的通知机制是非常重要的。这可以通过使用紧急通知系统、短信、电子邮件等多种渠道，确保关键信息能够快速传达给团队成员和相关利益相关者。通知机制应该具备多层级、多途径的特性，以适应不同紧急情况的需求，并确保信息能够全面、及时地传递给关键人员。

（3）指挥协调。在协调方面，采用集中的指挥中心和协同工具可以帮助团队成员快速而有效地集结各方资源，协同应对紧急情况。指挥中心可以作为信息的汇聚和决策中心，通过集中处理和分析信息，指导团队成员采取相应的行动。协同工具则可以提供实时的协作环境，使团队成员能够共享信息、协同工作，提高协同效率。

在电网ICT供应链系统中，建立高效的紧急响应计划至关重要。团队建设是其中的关键元素之一，通过明确团队成员的角色和职责，培训他们的快速反应和协同能力，能够确保在紧急情况下团队协同有序。同时，流程的明确也是保障响应计划有效性的重要保证，通过风险评估和场景模拟等方法，建立明确的响应步骤，为每种情况制订翔实的应对计划。此外，通信协调机制是紧急响应计划的核心，建立高可靠性的通信系统、制定快速准确的通知机制，并采用集中的指挥中心和协同工具，能够在紧急情况下迅速传递关键信息、协调资源，提高团队协同效率。通过注重团队建设、流程明确和通信协调等关键环节，电网ICT供应链系统能够更好地适应和应对突发事件，确保业务连续性和系统稳定性，为应对未知风险提供了全面而可靠的保障。

4.5.2 业务连续性策略

在电网ICT供应链系统中制定业务连续性策略是保障系统运行稳定性的不可或缺之举措。在当前数字化时代，这一策略的重要性愈发凸显，因为系统在面临各种潜在风险和可能的突发事件时，需要能够迅速而有效地维持业务运行，以最小化潜在的中断和损失。业务连续性策略不仅是对技术系统的一种预防性保护，更是一项关乎组织整体韧性和可持续性的战略性计划。通过强调这一策略的制定，系统可以更加有信心地面对未知的挑战，确保在任何时候都能够以稳健的姿态应对风险，为业务提供持续支持，获得更高水平的安全性和可靠性。

4.5.2.1 风险因素分析

在制订全面的业务连续性计划时，必须深入分析各种可能影响系统正常运行的风险因素，以确保系统能够有效地应对潜在的威胁。

（1）定义关键业务流程。关键业务流程的准确定义是业务连续性计划的基石。通过清晰地界定关键业务流程，可以有针对性地优先考虑对这些流程的保护和恢复，确保系统核心功能的连续性。

（2）评估系统潜在风险。对相关风险进行全面评估是业务连续性计划中的关键步骤。这涉及对自然灾害、技术故障、供应链中断等各种风险进行深入分析。通过了解潜在威胁的性质和可能带来的影响，能够更有针对性地制定相应的预防和应对策略，为未来可能发生的不可预测事件做好充分准备。

（3）规划紧急响应步骤。在业务连续性计划的核心内容中，规划紧急响应步骤同样尤为关键。在制定这些步骤时，需要考虑不同紧急情况的特殊性，并确保响应步骤能够覆盖各种可能发生的风险场景。这包括明确通信流程、资源调配、人员安全等多个方面，以确保在紧急情况下团队能够协同一致地采取迅速而有效的行动。这一全面而周密的规划确保了业务连续性计划能够在各种复杂情况下顺利实施，最大限度地减少潜在的影响和损失。

4.5.2.2 设施资源备份

在业务连续性策略的设计中，备份设施和资源的可用性显然是至关重要的方面。确保在紧急情况下备份系统和数据能够快速而有效地投入使用，直接关系到业务连续性的牢固基础。

（1）制订备份计划。制订全面的备份计划是保障系统稳定性的不可或缺的步骤。这包括但不限于定期更新备份数据，以确保备份信息与实际业务数据保持同步，保证信息的最新性和完整性。

（2）建立设施互联性。确保备份设施与主要设施之间的高度互联性也是至关重要的。通过建立强健的连接和通信通道，可以确保备份设施能够在主要设施受到影响时迅速接管业务功能。这种紧密的关联性有助于实现业务的无缝切换，保证在关键时刻业务连续性不受影响。

（3）定期测试评估。为了验证备份系统的可用性，定期的测试和验证步骤也是不可或缺的。通过模拟各种紧急情况，评估备份系统的性能和响应能力，可以及早发现潜在问题并进行及时修复。这种系统性的测试确保备份系统在实际应急情境中能够如期发挥作用，为业务提供强有力的支持。

4.5.2.3 业务测试演练：为了验证业务连续性计划的实际有效性，务业

（1）情景模拟。模拟多种情景是至关重要的。这包括但不限于网络故障、硬件故障、人为错误等各种潜在威胁，以确保系统在各种不同条件下都能够有效应对。通过涵盖广泛的紧急情境，可以更全面地了解系统的强弱之处，为日后应对更为复杂的情况做好充分准备。

（2）协同合作。测试和演练过程中应注重协同作战。这涉及模拟紧急响应团队在紧急情况下的实际合作情况，确保团队成员能够协同一致地采取有效措施。这可以通过定期组织模拟紧急情况的演练来实现，提高团队的协同默契和应变能力。

（3）系统测试。对备份系统的测试也是至关重要的步骤。这包括验证备份数据的完整性和可用性，以及确保备份系统在紧急情况下能够快速而准确地投入使用。通过这一过程，可以确保备份系统在实际应急情境中的实际效用。

综合而言，业务连续性计划的制订涵盖了多个关键方面。首先，需要进行全面风险评估，以了解系统面临的各种潜在威胁。其次，备份设施和资源的可用性是确保在紧急情况下能够无缝切换至备用系统的关键。通过合理规划和建设备份设施，可以提高系统的弹性和抗灾能力。最后，通过定期测试和演练，能够不断提升系统的紧急响应水平。这包括模拟各种紧急情况，检验紧急响应步骤的实际可行性，以及培训团队成员在紧急情况下的协同工作能力。这些措施的综合应用有助于电网 ICT 供应链系统更好地维护业务连续性，确保系统在不可预测的环境中能够稳定运行。

第 5 章 电力系统各环节安全防护实践

本章节将深入探讨电力系统各环节的风险与安全防护策略,分别从供给侧、配置侧和消费侧三个重要方面展开讨论。首先,将关注电力系统的供给侧,即电力生产环节,探讨其中存在的安全威胁,如设备损坏和网络入侵,并提出相应的防护策略。其次,将聚焦于配置侧,这是电力 ICT 系统中至关重要的一部分,涉及能源的存储、分配和调度管理。这一部分将探讨配置侧的安全性对维持电力系统稳定性和高效运行的重要性,并提出相应的措施。最后,将关注消费侧,即电力能源的最终使用端,通过分析消费侧 ICT 面临的安全风险,以及应对策略,来全面了解电力系统的安全挑战与应对之道。这些内容将有助于读者深入了解和应对电力系统安全方面的重要问题,确保电力系统的稳定运行和社会经济安全。

5.1 供给侧

电力系统的供给侧,指的是电力生产环节,包括发电厂、输电线路、变电站等。它不仅是保障电力供应的核心,更是支撑现代社会各个领域运行的基石之一。然而,随着信息技术的迅猛发展,供给侧也面临着日益复杂和普遍的安全威胁,如设备损坏、网络入侵等,这些威胁可能导致电力系统的瘫痪或供电中断,造成严重的社会经济损失甚至安全隐患。因此,研究电力系统供给侧的安全风险并制定相应的防护策略至关重要。

5.1.1 供给侧 ICT 风险

新型电力系统在电网建设过程中引入物联网、大数据等新技术,能够有效实现电力系统智能化、数字化、网络化,并且具有高效节能的特点。但与此同时,也给电力系统供给侧带来了更多的安全风险,对现有技术架构和安全防护体系带来新的挑战。在本节中,笔者将对新形势下电力系统供给侧 ICT 的网络安全风险和物联设备安全风险进行说明。

5.1.1.1 网络安全风险

随着信息技术的飞速发展，电力系统作为现代社会运转的重要基石，其供给侧的网络安全问题日益凸显。

首先，随着电力系统信息化程度的不断提升，黑客的攻击方式也日趋多样化。黑客能够利用电子邮件附件、可移动存储介质、软件下载等多种途径传播病毒、木马等恶意软件，悄无声息地侵入电力系统供给侧的网络或设备。一旦这些网络或设备受到感染，将对电力系统的安全与稳定构成严重威胁，数据泄露、系统瘫痪等安全问题可能接踵而至。同时，路由器、交换机等网络设备自身也可能存在安全漏洞，这往往源于设备制造商在软件设计上的疏忽以及安全更新的滞后。若电力系统供给侧缺乏完善的安全更新管理机制，无法及时为系统和设备打上安全补丁，那么这些漏洞将成为黑客的突破口，导致设备被远程控制、数据包被嗅探、数据被篡改等风险问题。另外，弱密码和不当凭证管理也是电力系统供给侧网络安全的一大隐患。弱密码易于被黑客猜测或破解，使得他们能够轻易获取系统访问权限，进而发起攻击。而密码共享、未经授权的访问等不当凭证管理行为，同样会加大系统被入侵的风险。

其次，电力系统正逐步演变为一个高度互联、信息交互频繁的复杂网络。相较于传统电力系统主要聚焦于电力的生成、传输和分配等环节，数字化转型后的电力网络涉及更为广泛的信息交互和数据处理，从而使得电力系统的网络边界变得模糊且宽泛，由此带来了诸多潜在的攻击点和安全风险。其一，网络边界的扩大意味着电力系统网络出现了更多的入口点和连接点，这为攻击者提供了更多的机会。他们可以利用这些入口点和连接点进行入侵和渗透，进而威胁电力网络的安全。其二，网络拓扑结构的复杂化使得需要管理的设备和系统数量激增，这无疑增加了电力系统管理人员的网络管理和监控难度。他们需要投入更多的时间和精力来监控和分析网络状态，识别潜在的安全风险，并采取有效措施进行防范。然而，面对庞大的网络系统和海量的数据信息，管理人员难免会出现管理和监控方面的疏漏和不足。一旦发生安全事件，由于难以全面掌控网络状态，管理人员可能难以及时响应和处理，导致事态进一步恶化。其三，网络边界的扩大也意味着更多的数据流动和交换。如果网络边界没有得到适当的保护，黑客可能会通过入侵网络边界获取敏感信息，进而引发信息泄露问题。

最后，随着电力系统中的网络安全防护设备种类日益增多，一线信息运维人员面临着管理成千上万台不同品牌、种类各异的 ICT 基础设施的挑战。这些设备可能采用不同的加密机制，且限制与其他厂商设备的数据交互，造成了不同品牌设备间信息孤岛的困境。在这种背景下，运维人员不得不投入大量时间与精力，去收集、分析来自不同系统的日志和运行数据，这无疑增加了安全事件监测的难度。同时，网络安全防护设备的资源分配不当和统筹管控能力薄弱，使得安全事件的响应速度大打折扣，给电力系统供给侧带来了不容忽视的风险。此外，系统的重要数据大多设备分散存储并无法互通，这不仅增加了管理难度，更可能使这些关键信息成为黑客攻击的目标，面临被窃取或篡改的风险。

5.1.1.2 物联设备安全风险

随着物联网技术的广泛应用，电力系统供给侧的物联设备数量不断攀升，它们广泛分布于发电、输电、配电等各个环节，涉及众多关键数据的采集、传输和处理。这些物联设备在提升电力供应效率与智能化水平的同时，也带来了前所未有的安全挑战。

首先，物联设备通常部署于外部环境，它们不可避免地会受到自然与人为因素的双重冲击。恶劣天气，如高温、暴雨雷电和台风，都可能对物联设备的运行造成严重影响。具体来说，高温天气可能导致物联设备过热，暴雨和雷电天气可能引发物联设备短路或损坏，台风天气可能导致物联设备移位或脱落。这些环境因素不仅增加了设备损坏的风险，更可能导致重要数据的丢失，进而影响电力系统的稳定运行。同时，部分物联设备在物理安全防护方面存在不足，缺乏防拆、防盗等设计，容易成为不法分子攻击的目标，面临被破坏或盗窃的风险。

其次，物联设备在网络安全方面亦面临严峻挑战，易受黑客攻击。由于设计简单、硬件资源有限、软件功能单一，物联设备往往缺乏足够的安全性能。在制造过程中，物联设备涉及由不同供应商和制造商提供的多个组件和模块。如果任意一个供应商或制造商的资质、技术能力和信誉等方面存在问题，引入了不合格或存在安全漏洞的组件，那么就会产生潜在的安全漏洞。随着物联设备的广泛应用，黑客能够利用这些漏洞发起攻击，导致设备功能异常、服务中断甚至完全失效。更糟糕的是，黑客还可能利用受感染的物联设备作为跳板，进一步侵入电力系统，对其他设备构成威胁。此外，物联设备的通信协议和数据传输方式也存在安全隐患。由于物联网通信协议众多且标准化程度不一，设备间的通信和数据传输往往缺乏足够的加密和验证机制，这使得黑客有机会截获、篡改或伪造通信数据，进而对电力系统实施攻击和破坏。

最后，物联设备的远程访问功能也会带来一定的安全风险。具体来说，部分物联设备在出厂时使用的是默认凭证，即默认用户名和密码。在这种弱密码环境下，黑客可以通过暴力破解等方式，远程访问物联设备的控制界面。一旦成功入侵，黑客就可以对物联设备进行任意操作，包括修改配置、关闭设备甚至执行恶意代码。这将会导致电力系统出现故障，甚至引发严重的安全事故。同时，黑客还有可能利用物联设备的远程控制功能，构建僵尸网络或进行分布式拒绝服务攻击。攻击者扫描、攻击、感染物联设备并将其加入僵尸网络的过程如图 5.1 所示。通过控制大量物联设备，黑客可以对攻击目标造成巨大的流量压力，导致电力系统网络崩溃或无法提供服务等问题。此外，通过远程控制设备，黑客可以读取物联设备上的存储数据或截取设备间的通信数据，从而获取电力系统的设备配置、运行状态、用户数据等关键信息。这些泄露数据可能被用于进一步攻击或进行勒索等非法活动。

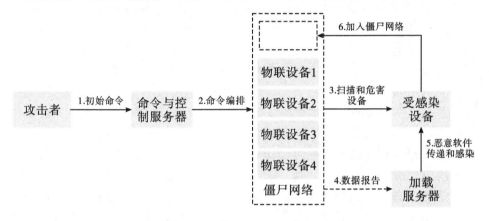

图 5.1　扫描、攻击、感染物联设备并将其加入僵尸网络的流程

5.1.2　安全防护策略

随着电力系统数字化和网络化进程的加速推进，引入物联网、大数据等新技术的同时，也给电力供给侧带来了新的安全挑战。面对日益复杂和多样化的安全威胁，我们需要采取创新的安全防护策略，以保障电力系统的稳定运行和数据安全。在接下来的内容中，我们将针对电力系统供给侧面临的网络安全、物联设备安全和数据安全风险，提出详细的防护策略，以应对潜在的安全威胁，确保电力系统的安全可靠运行。

5.1.2.1　网络安全防护

2016 年 4 月，习近平总书记在网络安全和信息化工作座谈会上强调："要确立正确的网络安全观，加快构建关键信息基础设施安全保障体系，全天候全方位感知网络安全态势，提升网络安全防御和威慑能力。"为确保新型电力系统的安全稳定运行，我国陆续出台法律法规，以保护电力网络基础设施和信息安全，并制定行业标准和技术规范，指导电力企业落实网络安全措施。

在应对网络安全风险时，电力系统供给侧的防护技术体系需要充分运用主动防御技术，打造多层面的防线，构建一个全面、立体的网络安全技术防护体系。这会推动新型电力系统的网络信息安全向更深层次的防御阶段发展。主动防御技术体系的建设需要形成三个主要防线。第一道防线由网络安全防护措施组成，遵循"安全分区、网络专用、横向隔离、纵向认证"的原则，使电力系统的信息体系具备一定的抗攻击能力。"安全分区"是指将管理信息和生产控制划分为两个大区，其中，管理信息大区进一步划分为信息内网和信息外网；生产控制大区则进一步划分为实时子网和非实时子网。"网络专用"意味着生产控制大区和管理信息大区在各自的信息传输方面独立组网，实现与外部网络的物理隔离。"横向隔离"则是指各网络之间通过逻辑强隔离装置、单向隔离装置和防火墙进行隔离，这些设备是不同网络或网络安全域间信息的唯一出入口，可以根据网络的安全策略控制出入网络的信息流。"纵向认证"则是采用认证、加密、访问控制等技术手段，确保数据的安全远程传输和纵向边界的安全防护。

第二道防线的核心是检测，其目标是实时识别电力系统供给侧设备所遭受的攻击。如图 5.2 所示，这一防线由入侵检测系统和漏洞检测系统构成。入侵检测系统在网络和主机层面主动搜寻异常活动，以发现潜在的入侵行为并进行报警。这样，无论是源自内部、外部的攻击，还是用户的误操作，都能得到实时的监控和保护。当网络系统面临威胁时，入侵检测系统能够及时介入，阻止潜在风险在早期阶段扩散。漏洞检测系统则采用漏洞扫描技术来检查网站、网络、操作系统、应用服务以及防火墙的潜在安全漏洞。通过定

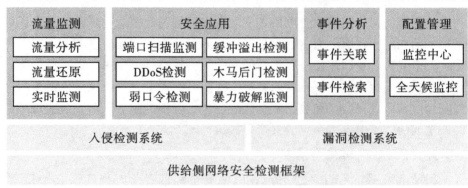

图 5.2 电力系统供给侧网络安全检测框架[51]

期扫描和及时修复这些安全漏洞,确保整个系统的稳定运行。为了实现有效的监测,必须常态化地对网络空间中的能源系统设备进行重点监控,全面了解各类系统的类型、特性及其安全性现状,从而掌握能源基础设施的安全状况。加强网络安全风险的管理控制至关重要,这有助于确保能源信息系统的安全,并保障系统的安全稳定运作。构建一个动态而综合的网络安全防御体系,需要从基础结构安全、纵深防御、态势感知、积极防御到威胁情报等多维度提升网络安全能力。此外,面向网络空间内的计算机、网络设备等基础设施,我们需要进一步完善电力监控系统的安全防护体系,增强现有能源系统的安全评估工作,及早识别隐患并迅速处理。例如,利用网络流量审计技术收集、分析电网关键基础设施的内外网流量数据,实时监测是否存在可能引起控制系统故障的恶意流量或代码,并在发现网络攻击时及时预警和响应。同时,建立强有力的网络安全专业运行机制,通过实施电力系统网络安全监控中心全天候(7×24 小时)值班制度,确立网络安全异常监测与紧急处置流程,以此确保网络的安全性。

电力系统网络安全第三道防线是保护,目的是确保系统在遭受攻击时能够迅速恢复,并尽可能避免受到攻击行为的损害。这道防线由多种终端安全防护措施构成,它依托于终端准入、病毒防护、加密认证和访问控制等技术,通过一个安全接入平台来确保只有安全可信的终端设备被允许接入。为了应对新型电力系统中多样化的业务需求,建立有效的保护防线首先需明确不同部分的职责界限,制定统一的网络安全技术标准和分区原则,建立一个既清晰又高效的管理机制。其次,利用源代码审计、入网检测和网络安全审查等手段加强供应链管控,挖掘工控设备和物联网设备及其协议中可能存在的安全漏洞,以此提升系统的内在安全水平。再次,需要开展针对物联网的可信计算体系研究,采用基于可信计算、态势感知和工控流量基线的技术从多个层面进行安全性检查和主动防御。这些层面包括身份验证、程序完整性、配置正确性和行为分析,旨在保障分布式终端的安全接入,并强化对安全威胁的智能分析和自动处置能力。最后,通过在各个关键环节实施"感知层防御、接入层防御、平台层防御"等多重防护措施,构建一个既能精准防护又能高效运作的新型电力系统全场景网络安全防护体系,实现智能化的主动防御战略。

5.1.2.2 物联设备安全防护

随着物联网技术的蓬勃发展,电力系统物联设备的升级成为智能化革新的重要一环。然而,这些设备在提升效能和智能化水平的同时,也面临着自然环境挑战、黑客攻击风险以及远程访问安全隐患。为此,电力企业应当提出面向物联设备的综合防护策略，加快提高电力系统中物联设备的安全性，从而保护整个电力系统免受外部威胁和攻击。

为了有效应对电力系统中物联设备所带来的安全挑战，我们可以从以下三大方面制定防护策略。第一，加强物理安全和环境适应性。电力企业应该注重提高物联设备的物理强度和环境适应能力。在设计阶段，应考虑到各种恶劣天气条件，采用耐高温、防水、防雷等材质或涂层，确保设备在极端气候下也能稳定运行。此外，可以采用防腐材料，防止设备在潮湿环境中生锈损坏，以及使用抗紫外线材料，延长设备在强烈日光下的使用寿命。同时，也要引入物理安全防护机制，如防拆报警、锁定装置和防盗追踪技术，以减少设备被故意破坏和盗窃的风险。防拆报警能够在设备被非法打开时发出警报，并且通过联网功能迅速通知维护人员。锁定装置则可以防止设备在未经授权的情况下被打开或移动。除此之外，需要定期对物联设备进行维护和检查，特别是在恶劣天气后，及时修复或更换受损部件，确保系统的完整性和数据安全。维护工作包括对设备外壳的完整性检查，确保所有的密封条和接缝没有破损，以及检查设备的散热系统，清理可能堵塞的空气过滤器，保持设备在良好的散热条件下运行。除此之外，对于位于野外或不安全地带的物联设备，可以考虑加装防护罩或围栏，提供额外的物理障碍以防止动物侵害或人为破坏。在安装物联设备时，选择的位置也应尽量避开容易被洪水淹没或土石流冲击的区域。通过这些增强的物理安全措施和环境适应性的提升，可以显著降低物联设备因外界因素导致的故障率，增加系统的可靠性和安全性。

第二，提升网络安全性和软件防护。从供应链管理着手，电力企业应与信誉良好的供应商建立合作关系，进行深入的安全审查和质量测试。这涉及对每个组件的制造过程、技术规格和安全性能的全面评估，确保所有部件都能满足行业安全标准，没有设计缺陷或潜在的安全隐患。在软件开发和维护方面，实施定期的软件更新和补丁管理是保护物联设备的关键措施。这不仅包括修复已知漏洞，也包括对新发现的威胁作出快速响应。关闭不必要的服务端口和服务可以减少潜在攻击面，使得黑客难以找到系统的弱点进行攻击。进一步地，使用先进的认证和加密技术是保护通信数据不被截获或篡改的有效手段。通过实现端到端的加密通信，可以确保数据在传输过程中的安全性。同时，应用复杂且难以预测的算法来增强身份验证过程，能够防止非法访问和数据泄露。为了应对物联网环境中多样化的通信协议带来的挑战，发展和采用专门的物联网安全协议也至关重要。这些协议应当致力于统一和标准化设备间的通信方式，实施强大的验证机制和加密措施，从而提供更高水平的数据保护。

第三，强化远程访问管理和监控。首先，所有物联设备的默认登录凭证在初次启用前必须更换，并且为每一台设备配置复杂且独一无二的密码。这些强密码要定期自动更新，以抵抗潜在的猜测攻击。此外，还可以引入多因素认证（MFA）机制，结合密码、设备识别码、生物特征或手机令牌等多种验证方式，大幅提升非法访问的难度。其次，电力企业应当使用实时监控系统，记录所有远程访问尝试和操作行为，包括时间戳、访问者身份、访问地点和执行的操作等详细信息。利用机器学习和行为分析技术对正常操作模式进行建模，从而检测到偏离正常模式的异常行为，及时发出安全警报。在检测到潜在威胁时，系统能够自动采取响应措施，如锁定账户、限制访问或触发告警程序。在远程控制访问限制方面，电力企业应制定严格的远程控制政策，定义允许远程访问的时间段，减少非工作时间的非法访问风险。通过设置 IP 地址白名单，只允许来自特定网络地址的访问请求，阻断未经授权的网络连接尝试，还可以根据用户的角色和工作职责分配不同的操作权限，确保用户只能执行其权限范围内的操作。最后，对所有远程访问活动进行完整审计，确保有足够的记录用于事后分析和法律合规性审查，定期检查和评估远程访问策略和事件，以确保遵守行业标准和法律法规的要求。

5.1.3 实践案例

为了确保电力系统的稳定运行和安全，国家电网各级单位积极实践安全防护策略，取得了显著成效。本节精选两个电力系统供给侧安全防护体系的实践案例，并进行深入剖析。通过这些生动的案例，相关企业将能够更深刻地认识到电力系统供给侧安全防护的重要性，并学习到有效的应对策略，从而为电力行业的安全发展提供宝贵的启示。

在构建灵活、高效、更大规模的新型电力系统的过程中，跨省跨区电网的互联互通显得至关重要。在此背景下，作为我国中部的核心地区，河南省成为全国电力交换的重要枢纽。随着特高压电网的快速发展和能源结构向清洁能源的转型，国家电网河南电力公司积极拥抱技术创新，将新技术融入电力供给环节，确保特高压电网的安全稳定运行。例如，国家电网河南电力公司在豫南换流变电站成功部署了智能机器人巡检系统、全自动巡检系统、换流变电站远程智能巡视系统等智能巡检平台。通过结合5G技术、北斗导航系统和图像识别算法，实现了设备巡检的自动化和智能化，即全站90%设备"机器代人"巡检，大大提高了巡检效率和准确性。此外，国家电网河南电力公司还致力于打造数字化站项目，强化设备状态深度感知，加快数据融会贯通，促进管理精益高效，为特高压站的高效健康运行提供有力支撑[52]。这些实践举措不仅增强了电力系统的安全性和稳定性，也为河南省乃至全国的电力供应体系注入了新的活力。

2019 年，国家工业和信息化部开展的 2019 年工业互联网创新发展工程——工业企业网络安全综合防护平台项目落地福建，并在国家电网福建信息通信分公司、国家电网南平供电公司等地进行试点。该项目构建了电力企业电力物联网安全综合防护平台及相关的感知防御中心，为 10 多家企业提供安全服务和监管服务，实现了对企业网络与信息安全全天候、全方位的感知和防护。具体来说，通过匹配物联网安全芯片应用，该项目实现了将物联设备无缝安全接入物联管理中心。同时，该项目充分利用现有的网络安全系统和安全日志数据，打造了一个能够执行高价值安全信息分析、感知和联动处置的网络安全运营平台。在数据安全防护方面，该项目针对共享数据在流通过程中可能遭遇的篡改、越权访问、泄露等威胁，设计并研发了相应的识别、定位、防护及处置流程。在项目成果方面，从 2020 年至今，福建公司依托于该项目累计出具高危漏洞修复意见三千余条，有效减少了设备故障损失，为电力行业的网络安全防护树立了典范[53]。

5.2 配置侧

配置侧是电力 ICT 系统中一个至关重要的组成部分，其职责在于有效管理和控制能源的存储、分配和调度。在电力系统的结构中，配置侧扮演着不可或缺的角色，其组成包括各种硬件和软件组件，这些组件通常涵盖数据管理系统、能源储存设备、控制器和监控系统等，以确保电力系统的可靠运行和高效管理，直接影响着电力系统的稳定性和安全性。通过配置侧，能源可以在不同的来源之间进行有效的分配和转移，以满足各种能源需求。此外，配置侧还负责实时监测能源的流动情况，并根据需要进行调整，以确保系统的平衡和稳定。在这里，我们主要讨论配置侧中的电力存储和传输。

5.2.1 配置侧 ICT 系统风险

当探讨电力系统中的安全风险时，我们不得不考虑到配置侧的重要性。配置侧涵盖了电力系统中的关键环节，其中包括电力传输和电力存储。在这两个方面，安全问题的存在可能对整个电力系统的运行和稳定性造成严重影响。因此，为了确保电力系统的安全性和可靠性，有必要深入了解并针对配

第 5 章　电力系统各环节安全防护实践

置侧的安全挑战采取相应的措施。在此背景下，我们需要探讨如何在电力传输和电力存储环节中实施有效的安全防护策略，以最大限度地降低潜在的安全风险，保障电力系统的稳定运行和对用户的安全供电。

具体而言，电力系统的能源存储环节是指用于储存和释放能源的过程和设施。该环节涵盖了诸多安全风险，包括控制系统安全风险、物理安全风险和网络安全风险。在控制系统安全方面，恶意攻击者可能通过远程入侵存储设施的控制系统，篡改能源存储和释放的数据，或者操纵能源释放过程，导致能源浪费或供电不稳定。在物理安全方面，未经授权的人员可能进入存储设施的物理空间，进行破坏或盗窃，直接损害能源存储系统并导致能源资源被窃取或系统受损。在网络安全方面，电力系统的网络设施可能成为恶意软件、网络钓鱼或拒绝服务攻击等网络攻击的目标，导致存储设施无法正常运行，甚至造成数据丢失或泄露等严重后果。

此外，电力系统的能源传输环节通常包括输电线路、变电站和相关设备。在电力系统中，能源从发电厂产生后，通过输电线路输送到变电站，然后再由变电站转换、调节电压和频率，并通过配电网传输到终端用户。能源传输环节和存储环节类似，也面临着控制系统安全风险、物理安全风险和网络安全风险。这些风险可能导致系统运行中断、数据泄露、设备损坏或被操纵，从而对电力系统的运行和安全构成严重威胁。

5.2.1.1　控制系统安全风险

图 5.3 所示的架构是电网控制系统架构的一种，可见控制系统和电力传输、存储环节密不可分。因此，在电力系统中，配置侧的控制系统安全风险是一个至关重要的问题。控制系统负责监控、控制及管理电力传输和存储设备，因此其安全性直接关系到整个电力系统的稳定运行和供电安全。在电力传输环节，控制系统可能面临未经授权的访问、数据篡改以及网络攻击等风险，这可能导致设备故障、数据丢失甚至是系统瘫痪，严重影响电力传输的可靠性。与此同时，在电力存储环节，控制系统的安全风险同样存在，可能导致储能系统受到损坏、信息泄露或者恶意操控，进而影响电力储存和供电的稳定性。

在电力存储方面，控制系统安全风险主要包括恶意攻击者可能针对控制系统进行入侵和篡改的情况，这可能导致能源存储和释放的数据被篡改，进而影响能源系统的稳定性和可靠性。恶意入侵者可能利用各种手段试图远程入侵存储设施的控制系统，通过恶意软件、网络钓鱼等方式获取存储设施的系统访问权限，进而操纵能源释放过程或篡改能源存储和释放的数据。例如，黑客可以利用网络漏洞或弱密码远程入侵控制系统，然后修改能源释放

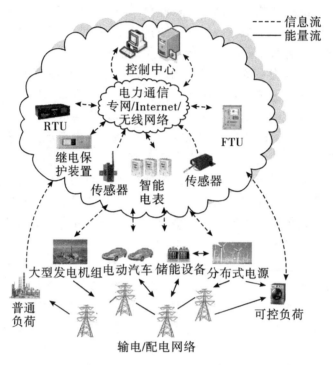

图 5.3 电网综合能源信息物理系统（CPS）架构[54]

参数，导致能源过度释放或不稳定释放，从而引发系统崩溃或造成供电不稳定的情况。

此外，攻击者还可能利用社交工程学手段，通过欺骗性的电子邮件、钓鱼网站等途径诱使存储设施的操作人员泄露账号、密码等敏感信息，进而实施远程入侵。一旦控制系统遭受到入侵，攻击者可以通过篡改数据的方式操纵能源存储和释放过程，从而实现其恶意目的，例如，故意造成能源浪费或系统崩溃，给供电系统带来严重影响。在应对控制系统安全风险时，必须采取有效的安全措施来保护存储设施的控制系统免受恶意攻击。这包括加强网络安全措施、提高操作人员的安全意识、定期对系统进行安全审计等。只有通过综合的安全措施，才能有效防范控制系统安全风险，确保能源存储系统的稳定运行和可靠性供电。

当涉及电力传输系统时，与电力存储的安全问题有相似之处，但也有一些特定的考虑因素。比如未经授权的访问、数据完整性问题以及系统漏洞。如图 5.4 所示，电力传输系统和控制系统的关系非常紧密。首先，控制系统可能受到未经授权的访问，导致黑客或内部恶意人员能够操纵系统、篡改数据或者造成设备故障。这可能会对电力传输过程造成严重影响。其次，控制系统中的数据可能会受到篡改或损坏,从而导致错误的决策或操作。例如,篡改控制系统中的传感器数据可能会导致错误的设备调节或操作,影响电力传输过程的稳定性和可靠性。最后,控制系统可能存在软件或硬件漏洞,使其容易受到攻击或者故障。这些漏洞可能是由于设计缺陷、编程错误或者未经充分测试所导致的。黑客可能会利用这些漏洞来入侵系统、破坏设备或者窃取敏感信息。

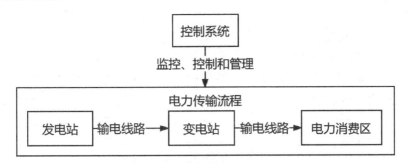

图 5.4　电力传输系统和控制系统的关系

5.2.1.2　物理安全风险

在电力系统中,配置侧的物理安全风险是必须认真对待的问题,这一风险不仅涵盖了电力传输环节,也包括了电力存储环节。在电力传输环节,关键设备和设施可能受到未经授权的物理访问和破坏,这可能导致传输设备损坏、电力线路中断,甚至引发供电事故。同时,在电力存储环节,储能设备和相关基础设施同样面临物理安全威胁,可能导致储能设备的损坏或被盗,以及储能设施的破坏或损失。

2022 年 12 月 26 日,据美国政治新闻网站 POLITICO 报道,随着极端分子、破坏者和网络犯罪分子越来越多地瞄准美国的关键基础设施,美国电网正遭受十年来的攻击高峰。POLITICO 对联邦记录的调查核实,对供电设备的物理和计算机攻击达到至少自 2012 年以来的最高水平,截至 2022 年 8 月底报告的攻击高达 101 起[55]。同年 12 月 15 日,美国华盛顿州皮尔斯县的 4 个变电站遭到极端分子的袭击,导致华盛顿州当地约 1.4 万名客户的灯在圣诞节当天熄灭,但没有嫌疑人被拘留。相关电力监管机构和行业专家表示,在新能源和分布式能源需求增加的背景下,电网的安全和监管难度持续加大。可见,在电力 ICT 系统的供应链中,物理安全的紧迫性和重要性日益凸显。

随着电力系统的数字化和网络化不断发展,核心要素如物理设备、通信网络以及数据中心正面临日益复杂的威胁,其中包括恶意入侵和供应链攻击。这不仅直接危及电力系统的稳定性和可靠性，还可能引发社会经济方面难以估量的损失。物理安全在电力 ICT 系统的供应链安全体系中扮演着基础性的角色，通过预防、监测和响应机制提供了牢固的保障。其建设对于减轻自然灾害和人为恶意攻击的风险至关紧要，对整个供应链的安全和可靠性起到了至关重要的作用。因此，对物理安全的紧密关切和高度重视成为确保电力系统持续安全运行的不可或缺的一环。在探讨电力 ICT 供应链系统的物理安全时，这一复杂领域面临着多方面的严峻挑战和威胁。因此，为了有效应对配置侧的物理安全风险，在电力传输和存储环节都需要采取一系列综合而有针对性的物理安全措施，以确保电力系统的稳定运行和设施的安全性。

电力系统的存储环节面临着物理安全风险，主要涉及存储设施的物理空间可能遭受未经授权人员进入的威胁。恶意入侵者可能试图进入存储设施的物理空间，进行破坏或盗窃行为，从而直接危及能源存储系统的安全性和可靠性。造成物理安全风险的方式多种多样。例如，入侵者可能利用非法手段强行闯入存储设施，然后对设备进行破坏或窃取重要部件。此外，他们还可能通过潜入设施内部的方式，如利用社交工程学手段获取门禁系统的访问权限，或者伪装成合法人员进入设施后实施破坏行为。一旦存储设施遭受物理安全威胁，可能会导致严重的后果。例如，入侵者破坏存储设备或窃取重要部件，可能导致能源资源被盗取，进而影响供电系统的正常运行。此外，他们还可能故意损坏设备，造成供电系统的故障或停运，给用户带来不便甚至损失。因此，保障存储设施的物理安全至关重要。这包括加强门禁控制、安装监控摄像头、实施安全巡逻等措施，以及加强员工的安全意识培训，提高对潜在威胁的警惕性。只有通过综合的物理安全措施，才能有效预防存储设施遭受未经授权的物理进入，确保能源存储系统的安全运行。

而在电力传输过程中，物理安全风险涉及设备被破坏、未经授权的物理访问等问题。控制系统的物理设备可能受到恶意破坏，导致设备损坏、数据丢失或系统停机。这可能是由于内部或外部人员的行为造成的，例如破坏设备、剪断电缆或者破坏电力设备。如 2023 年 11 月 27 日，根据张家口新闻网的报道，张家口下花园区人民检察院成功处理了一起盗窃发电企业电缆、破坏电力设备的案件，为电力企业挽回了经济损失 4 万元[56]。电网中的关键设备，包括服务器、网络设备和传感器，面临潜在的盗窃风险。关键设备被盗窃，不仅造成了资产损失，还使关键信息暴露于未授权者手中，对系统的机密性构成威胁。

同时，设备的恶意破坏可能导致系统故障、数据丢失和服务中断，直接影响电力系统的正常运行。这些威胁还可能因供应链环节的不安全因素加剧，例如，在物流过程中的不慎遗失或缺乏适当的监测和保护。因此，采取物理安全设备加固、加强运输过程的监测和保护以及供应链各环节的安全审查等措施至关重要，以确保关键设备的完整性和可靠性，维护整个电力系统的稳定运行。此外，未经授权的人员可能会访问控制系统的物理设备，从而对系统进行未经授权的访问或控制。例如，未经授权的人员可能会进入控制室或设备房，并操纵或破坏控制系统的设备。

5.2.1.3 网络安全风险

在电力系统中，配置侧的网络安全风险是一项不可忽视的重要问题，这一风险不仅涉及电力传输环节，也涵盖了电力存储环节。在电力传输环节，控制系统和通信网络可能面临各种网络攻击，如未经授权的访问、数据篡改以及拒绝服务攻击，这些攻击可能导致电力传输设备的故障、数据丢失或者系统瘫痪，严重影响电力传输的可靠性和稳定性。同样，在电力存储环节，网络安全风险同样存在，可能导致储能系统受到损坏、数据泄露或者被篡改，进而影响电力储存和供电的稳定性和安全性。

存储环节的网络设施可能成为恶意软件、网络钓鱼或拒绝服务攻击等网络攻击的目标。攻击者可能试图入侵存储设施的网络系统，获取敏感数据或者破坏系统正常运行，从而对能源供应系统造成严重影响。网络安全风险的实现方式多种多样。攻击者可能利用网络漏洞，通过网络传输恶意软件，从而控制存储设施的网络系统。他们还可能利用网络钓鱼等手段，诱使存储设施的操作人员泄露账号密码等敏感信息，进而获取系统访问权限。此外，还有可能发起分布式拒绝服务（DDoS）攻击，通过大量虚假请求淹没存储设施的网络系统，导致其无法正常运行。一旦存储设施的网络系统遭受攻击，可能会导致严重的后果。例如，攻击者可能获取敏感数据，包括能源存储和释放的参数信息，进而篡改数据或控制系统，导致能源释放不稳定或过度释放，造成供电系统的崩溃或不稳定。此外，还可能导致数据丢失或泄露，给供电系统带来严重的安全隐患。因此，保障存储设施的网络安全至关重要。这包括加强网络防火墙、实施入侵检测系统、定期更新系统补丁等措施，以及加强员工的网络安全意识培训，提高对网络威胁的警惕性。只有通过综合的网络安全措施，才能有效预防存储设施的网络系统遭受恶意攻击，确保能源存储系统的安全运行。

和存储环节相似的是，在电力传输过程中，网络安全风险同样涉及以下方面，分别是远程攻击、未经授权的访问以及数据完整性问题。其中，如图 5.5 所示，虚拟电厂等新业务依赖网络进行通信，因此网络安全风险可能比传统业务更甚。首先，由于控制系统可能通过网络连接进行远程访问和控制，这使得系统容易受到网络攻击，例如恶意软件、黑客攻击或者拒绝服务攻击。攻击者可能会尝试入侵系统、篡改数据或者瘫痪系统运行。其次，控制系统可能存在权限配置不当的情况，使得未经授权的用户或者设备可以访问和修改关键数据。这可能导致数据泄露、损坏或者系统崩溃。最后，关于数据完整性问题，控制系统中的数据可能会受到篡改或者损坏，导致系统错误、故障或者误操作。数据的完整性是电力系统运行的关键因素，任何数据的损坏都可能对系统产生严重影响。

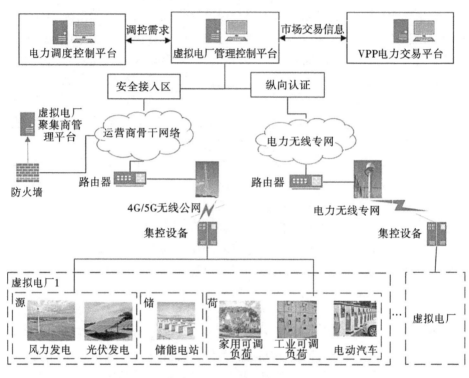

图 5.5　虚拟电厂架构[57]

综合来看，配置侧在电力 ICT 系统中扮演着至关重要的角色，负责管理和控制能源的存储、分配和调度。然而，配置侧也面临着诸多安全风险，包括控制系统安全、物理安全和网络安全等方面的威胁。控制系统可能遭受恶意入侵，导致能源数据被篡改或释放过程受到操纵；物理空间可能遭受未经授权的人员进入，造成设备损坏或资源盗窃；而网络系统可能成为网络攻击的目标，导致系统瘫痪或数据泄露。因此，为了确保能源存储系统的安全运行，必须采取综合的安全措施，包括加强网络安全、提升物理安全和加强员工安全意识等方面，以应对不断演变的安全挑战，保障电力系统的稳定性和可靠性。

5.2.2 安全防护策略

在电力系统的配置侧,无论是在电力传输环节还是存储环节,实施有效的安全防护策略至关重要。配置侧的安全防护策略涉及多个方面,旨在保护控制系统、设备和设施免受各种安全威胁的影响。在电力传输环节,这些安全防护策略包括加强物理安全措施,如周界安全、门禁控制和设备锁定,以防止未经授权的物理访问和破坏。同时,还需要实施网络安全措施,如网络隔离、防火墙和入侵检测系统,以保护控制系统和通信网络免受网络攻击的威胁。另外,在电力存储环节,安全防护策略同样至关重要。物理安全措施也是必不可少的,包括设备和设施的周界安全、门禁控制和设备锁定,以保护储能设备和基础设施免受物理威胁的影响。此外,网络安全防护策略同样重要,包括如图 5.6 所示的网络隔离技术、加密通信和安全认证,以保护储能系统和通信网络免受网络攻击的威胁。

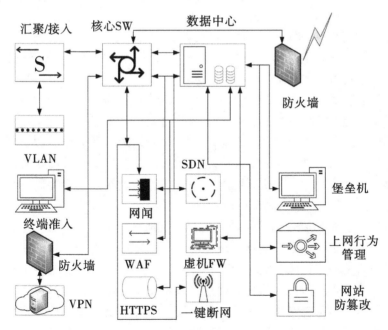

图 5.6　SVLAN 网络风险隔离技术[58]

因此,为了确保电力系统的安全性和可靠性,在配置侧的电力传输和存储环节都需要采取综合而有针对性的安全防护策略。这些策略将有助于最大限度地减少潜在威胁对电力系统的影响,从而确保电力系统的稳定运行和对用户的安全供电。

5.2.2.1 控制系统安全防护策略

在电力存储和传输设施的运行和管理过程中,控制系统的安全性至关重要。有效的安全防护策略不仅可以保障数据的机密性、完整性和可用性,还可以防止潜在的安全威胁对系统造成损害。为此,我们需要采取一系列措施来加强网络安全、提高操作人员的安全意识以及定期对系统进行安全审计。通过综合运用技术手段、人员培训和制度建设等多方面的措施,确保控制系统在存储和传输环节的安全性和可靠性得到充分保障。

(1) 加强网络安全措施。在存储设施的控制系统中,实施严格的网络安全措施至关重要。首先,配置高效的网络防火墙,确保对外部网络的访问受到限制,只有经过授权的用户才能够访问系统。其次,部署入侵检测系统,能够实时监测网络流量和行为模式,及时发现并阻止潜在的恶意攻击。再次,建立安全的虚拟专用网络(VPN)通道,加密数据传输,提高数据传输的安全性。最后,实施网络隔离措施,将存储设施的控制系统与其他网络隔离开来,防止攻击者通过其他网络入侵。

(2) 实施严格的访问控制和身份验证机制。确保只有经过授权的用户才能访问系统。细粒度地管理用户权限,仅允许用户访问其所需的功能和数据,以最小化潜在的风险。

(3) 提高操作人员的安全意识。人为因素是控制系统安全的薄弱环节之一,因此,提高操作人员的安全意识至关重要。开展定期的安全培训和意识提升活动,向操作人员传授安全意识和应对安全威胁的方法。教育他们警惕网络钓鱼、恶意软件等常见的网络攻击手段,并提供应对此类攻击的应急处理方案。此外,建立安全责任制度,明确各级人员在安全事件发生时的责任和义务,提高他们对安全问题的重视程度。

(4) 定期进行安全意识培训和教育。定期进行员工安全意识培养对于确保控制系统安全同样至关重要。通过向员工提供关于安全最佳实践、识别威胁的培训以及如何正确响应安全事件的培训,可以提高员工的安全意识和应对能力,减少内部人员不当行为对控制安全的影响。加强员工的安全意识,使他们成为系统安全的一道坚强防线,有助于全面提升控制系统的安全性。因此,通过综合考虑技术、管理和人员方面的因素,并采取针对性的措施,可以有效地保护电力传输过程中的控制系统安全,确保电力系统的可靠运行和供电安全。

(5) 定期对系统进行安全审计。为了及时发现系统中存在的安全漏洞和风险,必须进行定期的安全审计和漏洞扫描。通过对存储设施的控制系统进行全面的安全审计,包括系统配置、访问权限、网络通信等方面的检查,发现潜在的安全隐患并及时修复。另外,定期更新和维护控制系统的软件和硬件,及时应用厂商提供的安全补丁和更新,以及进行定期的安全审计和漏洞扫描,也是确保控制系统安全的重要步骤。此外,建立安全事件响应机制,对于发现的安全事件和漏洞,及时采取应对措施,避免安全风险进一步扩大。

(6)进行网络隔离和日志记录。采用网络隔离技术[59]将控制系统与其他网络隔离开来,可以减少受到外部攻击的风险。同时建立完善的日志记录和监控机制,以及制订应急响应计划,都是提高控制系统安全性的关键措施。此外,加强对控制系统物理设备和设施的安全防护,包括安装监控摄像头、门禁系统、锁定设备等措施,也是确保控制系统安全的重要手段。综上所述,通过综合采取这些控制系统安全防护策略,可以有效地降低潜在的安全风险,确保电力传输过程的稳定运行和安全性。

5.2.2.2 物理安全防护策略

在传输设施和存储设施的运行和管理中,物理安全同样至关重要。通过采取一系列物理安全防护策略,可以有效地防止未经授权的人员进入存储设施的物理空间,保障设施内部设备和数据的安全。加强门禁控制、安装监控摄像头以及实施安全巡逻等措施,构建了一个多层次的物理安全防护体系,为存储设施的安全运行提供了坚实的保障。

(1)选择安全可控的位置。选择安全可控的位置建立传输设备和设施,远离易受到自然灾害、犯罪活动或其他威胁的地区。此外,需要建立周密的周界安全系统,包括围墙、栅栏、门禁系统等,确保只有经过授权的人员能够进入设备和设施的区域。

(2)物理锁定设施。在传输设备和设施内部,采取物理锁定措施,对关键设备和系统进行锁定,防止未经授权的人员进行篡改或破坏。此外,确保传输设备、设施周围和内部安装充足的安全照明系统,以便在夜间或恶劣天气条件下能够清晰观察到周围环境,减少潜在的安全威胁。同时,安装入侵探测器和报警系统,对设备和设施进行实时监控,并能够及时发出警报以应对任何潜在的安全威胁。

(3)加强门禁控制。在加强门禁控制方面,除了使用门禁卡和生物识别等多重认证方式外,还可以采用访客登记系统。访客需要提供身份信息,并经过身份验证后方可进入存储设施。此外,可以实施访客陪同制度,即访客必须由授权人员陪同才能进入敏感区域,从而进一步提高门禁的安全性。

(4)安装监控摄像头。在安装监控摄像头方面,应该考虑摄像头的布局和覆盖范围,以确保所有重要区域都能被有效监控到。同时,监控摄像头应该配备运动检测功能,能够自动识别异常行为并立即发出警报。另外,存储监控录像至关重要,以便在发生安全事件后进行调查和追踪。

(5)实施安全巡逻。安全巡逻应该定期进行,并覆盖存储设施的各个区域。巡逻人员需要具备专业的安全意识和技能,能够识别出各类安全隐患,并及时采取相应的措施予以解决。此外,应该建立安全巡逻记录,记录每次巡逻的时间、地点和发现的问题,以便进行后续的跟踪和改进。

(6)加强设备安全。除了加强门禁控制和实施安全巡逻外,还应该加强设备的物理安全。这包括安装设备锁具、使用防盗标识、限制设备的物理访问等措施,以防止设备被盗或遭受破坏。另外,应该定期对设备进行安全检查和维护,确保其正常运行和安全性。

(7)定期对工作人员进行安全培训。提高他们对物理安全的重视程度,教育他们如何识别潜在的安全威胁并正确应对。通过综合考虑上述物理安全防护策略,并根据特定的情况和需求进行合理选择和实施,可以有效地保护电力传输设备和设施,确保电力传输过程的安全性和可靠性。

5.2.2.3 网络安全防护策略

在当今数字化时代,网络安全的重要性不言而喻,尤其对于电力ICT系统的存储和传输设施而言,保障其网络的安全至关重要。通过加强网络防火墙、实施入侵检测系统以及定期更新系统补丁等一系列网络安全防护策略,能够有效地保护存储设施网络免受恶意攻击和入侵的威胁,确保数据的安全性和完整性。

(1)加强网络防火墙。在构建存储设施网络时,网络防火墙是第一道防线。配置强大的网络防火墙不仅仅意味着设置访问控制列表(ACL)和端口过滤,还包括深度包检测、基于策略的入侵防御等功能。深度包检测可以分析网络流量中的每个数据包,以检测隐藏在数据包中的恶意代码或攻击行为。而基于策略的入侵防御则可以根据预先定义的策略规则来拦截具有潜在危险的流量,从而提高对存储设施网络的保护能力。

(2)实施入侵检测系统。入侵检测系统和入侵防御系统(IDS/IPS)是一种关键的安全措施,可以帮助实时监控存储设施网络的流量和行为。除了监测网络流量外,还可以监测系统日志、文件系统和应用程序的活动。IDS/IPS可以分为基于签名和基于行为两种类型。基于签名的IDS/IPS通过匹配已知的攻击模式来识别和阻止攻击,而基于行为的IDS/IPS则通过分析网络流量的行为模式来检测异常活动。综合使用这两种类型的IDS/IPS可以提高对存储设施网络安全的检测和响应能力。

(3)定期更新系统补丁。定期更新系统补丁和安全更新是维护存储设施网络安全的基本措施之一。随着新的安全漏洞和威胁的出现，软件供应商会发布相应的补丁程序来修复这些漏洞。及时安装这些补丁可以有效地减少系统被攻击的风险。除了操作系统和应用程序的补丁更新外，还应该关注存储设施所使用的硬件设备的固件更新，因为固件漏洞也可能成为攻击者入侵的一个潜在入口。

（4）加密数据存储。为了进一步保护存储设施中的数据安全，可以采用数据加密技术。对数据进行加密可以确保即使数据在存储过程中被窃取，也无法被未经授权的人访问。同时，在存储设施中使用加密算法对数据进行加密存储，可以防止数据泄露和非法访问。

（5）实施多因素身份验证。多因素身份验证是一种有效的安全措施，可以降低存储设施网络被未经授权访问的风险。传统的用户名和密码登录方式存在被猜测或盗用的风险，而多因素身份验证通过结合多个身份验证因素（如密码、指纹、智能卡等）来确认用户身份，提高了系统的安全性。

综合而言，为了确保电力系统中存储环节的安全性，安全防护策略涵盖了控制系统安全、物理安全和网络安全等多个方面。通过加强网络安全措施、提高操作人员的安全意识、定期对系统进行安全审计以及实施多层次的物理安全防护措施，能够有效地减少潜在的安全风险，并保障存储设施在电力系统中的稳定运行和用户的安全供电。这些综合措施的实施不仅可以确保数据的安全性和完整性，还能有效应对各类安全威胁，为存储设施的安全运行提供坚实的保障。

5.2.3 实践案例

"双碳"目标下我国风电、光伏发电等新能源发电占比不断提高，但受资源禀赋特点影响，我国新能源多集中在"三北"地区，而以工业为代表的能源消费主体多集中于东中部地区，能源资源与需求整体呈逆向分布。为加强区域能源供需衔接、优化能源开发利用布局、提高能源资源配置效率，我国相继出台《"十四五"现代能源体系规划》（发改能源〔2022〕210号）等文件，提出加快特高压电网及主网架建设是促进能源配置平台化的关键支撑。

对于电力系统的储能技术，源网荷储成为解决能源供需之间时空差异的有效手段。源网荷储充分挖掘聚合各类可调节资源调控能力，多渠道构建虚拟电厂，聚合新能源、储能、充电桩、微负荷等资源，推进多种资源的可观测、可调控、可交易能力，提升区域电网自治抗灾能力。支撑大电网安全稳定运行、能源绿色低碳供给、电力市场体系建设。

（1）部署位置。源网荷储平台采用省地两级部署，生产控制大区主要负责数据的采集、聚合、应用分析及控制策略下发，管理信息大区负责数据转发、可视化展示。接入的数据类型包括火电、风电、水电、光伏、储能、核电厂、负荷聚合商等。

（2）接入方式。根据源网荷储各类可调控资源的物理位置，遵循安全可靠、经济适用、因地制宜的原则开展可调控负荷接入。接入方式包括调度数据网接入、数据通信网接入、无线专网/公网、互联网安全接入这四类。

此外，我国在实践中也探索出一系列案例，在东部地区大规模利用源网荷储等技术，储存太阳能和风能等不稳定的新能源，以便在需要时进行调度和使用。这种做法不仅有助于提高能源利用效率，还能够有效平衡能源供需之间的地域差异，为能源系统的可持续发展提供了有力支撑。

（3）国家电网冀北电力实施新型电力系统全域综合示范行动。国家电网冀北电力深入推动构建新型电力系统，发布《新型电力系统全域综合示范行动》，全面打造电源友好、主网增强、配网升级、负荷相应、储能联动、调控提升、市场建设、数智赋能等十大工程，建设"新能源+储能+分布式调相机"、柔性直流换流站智慧运维、塞罕坝智慧配电网区域级自治技术、新型储能试验检测创新平台等示范应用项目，统筹推进源网荷储等全要素先进技术，推进能源资源全域优化配置，提升全社会综合用能效率，为我国能源转型提供样本工程。如图 5.7 所示为张北柔性直流电网试验示范工程。预计到 2030 年，冀北全域基本建成新型电力系统，新能源装机容量占本地电源总量的 85% 左右，新能源发电量占全社会用电量的比重达 80% 左右，储能装机容量达到 2000 万千瓦以上，建成最大负荷 20% 以上的可调节负荷资源池，分布式电源渗透率达到 25%。

图 5.7　张北柔性直流电网试验示范工程

第 5 章　电力系统各环节安全防护实践

（4）安徽金寨分布式发电集群示范区。该示范区工程系统集成调容调压变压器、智能测控保护装置、集中和分散式太阳能光伏发电站（图 5.8）等 300 多套智能并网储能装置，整体实现了可观测、可控制、可治理，确保高渗透率分布式发电集群"发得出、并得上、用得掉"。

图 5.8　安徽金寨金刚台村集中式光伏电站

（5）国家电网天津电力建成新能源车综合服务中心。国家电网天津电力加快充电基础设施建设，构建"光储充换"绿色充电系统和"冷热电"综合能源系统，建成国内首座集数字化、网联化、生态化功能于一体的津门湖新能源车综合服务中心。中心设有 71 个智能充电车位，利用屋顶和车棚建设 379 千瓦光伏电站，配有 1000 千瓦时储能设施和绿色能源管理服务平台，构建了一套"2＋1"的源网荷储交直流绿色微能源网。截至 2023 年 8 月，光伏发电累计 85 万千瓦时，储能累计充放电量 126.31 万千瓦时。中心提供国内技术最先进、充电方式最全、充电安全性最高、互动性最强的充电体验，自投运以来，累计充换电 50.43 万次，充换电量超 1082 万千瓦时，日最高充换电量 2.4 万千瓦时，在天津市公共充电站排名第一位。

（6）国家电网河北电力的网络安全防护。信息系统及企业网络是保障企业运转的关键基础设施。国家电网河北电力搭建了网络安全预警平台，并建立了网络攻防指挥体系，以及加强了网络安全人员队伍建设，以保障近百万亿字节的电力数据安全。该公司总结多年网络安全保障经验，收集梳理了 12 类共 100 多套安全设备的告警数据，并创新性地提出了基于元数据的异构海量数据时空治理算法。河北电力信通公司成功搭建了网络安全预警平台。该平台归并了不同网络防护设备针对同一时刻、同一攻击源的同类告警,使告警数据压缩率达到了 79.2%。同时,该公司构建了网络智能防御框架,从攻击源、攻击类型、被攻击目标三个维度分析攻击数据,并开发了网络安全攻击聚类分析模型。该模型将 1400 多条攻击处置逻辑固化在平台中,并利用自动化联动处置技术开展处置。

(7) 国家电网冀北电力聚焦网络安全人才培养。国家电网冀北电力通过攻防演练磨炼人员的网络安全技术,综合提升公司网络安全防护能力。2021 年 2 月 5 日至 9 日,国家电网冀北电力组织了一次为期 5 天的实战攻防演习。参与演习的成员包括本部、市级供电公司和县级供电公司的网络安全红蓝队员,以及公司网络安全尖兵部队。此次演习针对内网涉及冬奥保电系统和外网核心业务应用进行了不定时的"背靠背"实战模拟。演习结束后,网络安全队员对监控数据进行了统计、分析和复盘,并总结了演习经验及发现的问题。根据统计,共发现并整改高危漏洞 12 项 201 例、中危漏洞 8 项 20 例。在 2022 年 2 月,冀北电力参加了国家电网组织的实战攻防演练。为了确保安全防守,冀北电力在演练前进行了自查整改工作,并重点加强了网络安全薄弱环节的隐患排查整改工作。在演练期间,共封禁了 2044 个 IP 地址,并提交了 4338 份检测数据和 3 份溯源报告。此次演练进一步完善了应急处置机制,提升了对网络安全突发事件的处理能力。通过以上措施,该公司进一步加强了对网络攻击行为的识别和自动化决策,实现了一键封禁网络攻击者的 IP 地址。

5.3 消费侧

在现代电力系统的宏图画卷中,能源消费扮演了核心枢纽角色,它不仅衔接起了电力生产的源头与输送过程,更是电力系统稳健运维与持续发展的基石所在。随着时间的推移与技术的进步,特别是在新能源科技全方位渗透并深度融入电力系统的过程中,电力行业已然步入了一个具有里程碑意义的转型与升级阶段。在崭新的电力系统格局下,消费侧 ICT 系统经历了前所未有的创新改革,而其安全性能与功能完备性的重要性愈发显著,成为决定电力系统整体效能与安全性的关键考量维度。在本节中,笔者将对新形势下电力系统消费侧 ICT 存在的安全风险进行说明,并提出应对的防护策略。

5.3.1 消费侧 ICT 风险

新型电力消费侧 ICT 系统整合了传统负荷（如居民生活、商业办公）、新型负荷（如电动汽车、用户侧储能）、分布式电源（如风电、光伏）、多能耦合设施（如分布式三联供、热泵），以及智慧能源管控系统等功能单元，如图 5.9 所示。该体系较之传统电力系统，在消费侧实现了从单向受电到双向能量交互的转变，拓展了电力应用场景，如电动汽车充电网络的精细化布局，有效支持绿色出行的发展。随着多元化电力消费需求的兴起，包括分布式能源、储能技术等领域加速推进，电力负荷特性正经历从刚性单向到灵活双向的深刻转型，这无疑加大了电力系统消费侧 ICT 面临的安全挑战。本节将聚焦解析新形势下的消费侧 ICT 所面临的终端安全风险、边界安全风险以及应用安全风险。

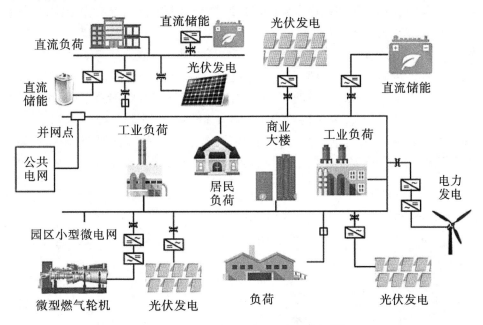

图 5.9　新型电力消费侧生态示意图[60]

5.3.1.1　终端安全风险

在当前电力系统智能化革新的进程中，终端消费环节的 ICT 设备构成了能源消费结构的核心组成部分，如智能电表、电动汽车充电桩和家用储能系统等。这些高度互联的智能终端，如同遍布全社会的神经末梢，密切关联着电力消费的各个环节，并在提高能源使用效率和推动低碳排放方面发挥着决定性作用。然而,伴随着终端设备数量的急剧增长和分布范围的不断扩大,其所蕴含的安全风险也随之加剧。

一方面,智能电表和充电桩等终端设备在数据安全与环保效益的交织互动中扮演着关键角色。它们肩负着实时采集并深度分析大量能源消费数据的责任,这些数据构成了环保政策制定与执行的基石,对于精确衡量能源利用效率、全面跟踪碳排放状况以及公正合理地分配可再生能源补贴起到了决定性作用。换言之,这些终端设备提供的准确数据是环保政策细化和高效执行的依托,对于评估和优化能源使用、严密监测碳足迹、确保可再生能源补贴公正发放等方面具有不可或缺的意义。然而,假如这些数据的完整性和准确性遭到恶意篡改或盗取,将不可避免地导致能源计量误差,可能引发可再生能源补贴分配的不公,从而挫伤绿色能源投资的积极性,对清洁能源产业的稳健发展构成实质性的阻碍,并在一定程度上妨碍预设的碳排放削减目标的达成。同时,存储于终端设备中的用户用电习惯等敏感信息,作为构筑个性化、高效节能服务体系的重要资产,其泄露不仅侵犯用户隐私权,还可能产生消极的社会效应,用户对隐私保护的忧虑可能削弱他们参与能源节约活动的积极性,进而迟滞电力消费结构向绿色可持续模式的过渡。

另一方面,在复杂的电网体系结构中,设备操控与电网稳定性、能源优化利用之间的紧密关系在终端安全风险中得到生动体现,如图 5.10 所示。攻击者对智能电表、充电桩及分布式能源设施等终端设备的恶意操控行为,包括通过利用设备安全漏洞,干预电动汽车充电活动,从而打破电网负荷平

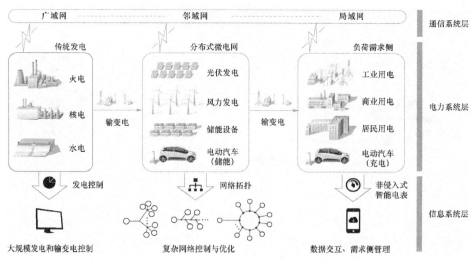

图 5.10　复杂电网体系结构示意图[61]

衡，削弱甚至破坏电网削峰填谷的关键调控能力。这一系列破坏性操作将妨碍电网对可再生能源的有效吸纳和利用，进而间接影响大气环境质量改善目标的达成，因为在一个理想的智能电网中，应能通过精准调度，充分利用风能、太阳能等间歇性能源，以实现最佳环保效能。同时，家庭储能系统及其他分布式能源设施的安全问题同样值得关注。当这些终端设备的安全防线崩溃，它们可能无法按预期方式与电网协同工作，从而影响整个电网系统的稳定性。这种不稳定的态势将不利于最大限度地优化可再生能源配置，限制能源结构向更加清洁、低碳的方向转型的速度，从而在宏观层面阻碍了环境保护目标的实现。

更重要的是，物理安全与设备可用性、环境资源保护之间的内在关联在终端设备安全风险中尤为显著。智能电表、充电桩等终端设备一旦遭受物理损坏或被盗，不仅会导致设备短期内功能失效，甚至可能造成永久性损失，从而增加运营商维修替换的成本负担，而且由此产生的资源损耗和废弃设备处置问题，将无可避免地对环境产生负面影响，与现代社会倡导的绿色低碳理念背道而驰。废弃设备中潜藏的有害物质在处理过程中可能泄漏，加剧环境污染，违反了资源循环利用和环境保护的原则。此外，终端设备固件与软件的维护更新同样是保证设备可用性和环保目标得以实现的重要环节。在设备固件升级和日常维护流程中，如未能及时识别和修复安全漏洞，可能导致设备频繁发生故障，严重影响其长期稳定运行，进而阻碍绿色能源设施的高效利用，拖延环保技术的创新发展步伐，从而制约清洁能源产业在技术创新和资源节约上的长远进步。

5.3.1.2 边界安全风险

随着电力系统智能化转型的深入发展，边界安全风险在电力系统消费侧ICT系统中愈来愈受到关注，特别是在电力系统与外界网络环境，诸如互联网、其他信息系统之间建立起频繁且深入的数据交流时，边界安全的重要性不言而喻。随着电力系统内外部界限的交融程度不断提升，消费侧ICT系统的边界防护性能已经成为确保系统整体安全属性和运行稳定性的一个决定性因素，犹如支撑电力系统安全大厦的坚固基石。

聚焦于电力系统的控制与电网平衡层面，边界防护的脆弱性为各种恶意攻击敞开了机会窗口，其中包括但不限于拒绝服务攻击、中间人攻击以及恶意软件的猖獗散播。在数据传输过程中，若缺失强健的加密技术和严谨的身份认证措施，那些对于电力系统高效运营至关重要的业务数据和操作指令，很可能在传输过程中遭遇非法截取、恶意篡改或伪造。这些安全事件不仅会对电力系统的实时稳定运行构成直接威胁，还可能扩散至关键基础设施层面,对其长期安全稳定产生严重的负面影响。

从生态保护和分布式能源设施的角度深入考察,边界安全风险的防范与管理对于绿色生态的可持续发展具有深远的战略意义。设想一旦电力消费侧ICT系统遭受跨境网络攻击,分布式能源设施如风能站、太阳能电站等很可能受到运行干扰乃至损坏,导致可再生能源的供应出现波动,进而迫使人们不得不更多地依赖化石能源,这无异于削弱甚至逆转我们在节能减排领域取得的部分成果。特别是在边界安全问题上,智能电网的精准调控指令可能会由于数据交换过程中的安全隐患而无法准确送达或被恶意篡改,这将直接导致电力系统无法及时响应负荷变动,不能有效地进行负荷平衡和优化调度作业,最终对提高整体能源利用效率和达成国际社会设定的温室气体减排目标产生消极影响。因此,强化电力消费侧ICT系统的边界安全,不仅是对电力系统本身运行安全的坚守,更是对生态环境保护和能源战略安全的有力保障。

5.3.1.3 应用安全风险

在当前绿色发展战略的推进和可持续能源目标实现的过程中,保障应用安全占据着核心地位。智慧能源管控系统等尖端应用技术作为驱动能源配置优化、能耗降低和绿色转型的核心力量,其内在的安全隐患对生态友好型电力系统稳健运行的维系带来了严峻的挑战。这些先进的应用技术如同电力生态中的中枢神经,深度介入能源生产和消费的各个环节,而在推动能源利用效率提升和低碳排放目标达成之际,其潜在的安全风险随着应用的普及和技术的深化而日益凸显。

在分布式能源管理的视域下,软件安全漏洞的存在可能触发一系列重大的负面效应。具体而言,当用于调控太阳能光伏板、微型风力发电机等分布式能源设施的软件遭受安全攻击或暴露出功能性瑕疵时,这些设备的运行状态可能出现异常,导致其无法按照预设标准高效地生产和传输能源。这种情况下,不仅可能导致宝贵的可再生能源资源无法得到充分而合理的利用,还可能因能源生产和需求的不匹配加剧某些时段和地区的供需矛盾,进一步削弱分布式能源设施与传统能源设施之间的协作效能,从而间接加剧环境污染。

另外,着眼于智能电网的整体效能,那些旨在提升电力利用效率和节约能耗的智能应用,例如,智能电表、智能家居系统等,若其安全防护机制未能得到有效实施,则很可能成为不法分子的潜在攻击对象。一旦这些智能应用受到攻击或被恶意控制,不仅可能引起电力资源的不合理分配和无效消耗,还将对智能电网的稳定性与可靠性产生负面影响,从而阻碍低碳经济的发展进程。例如，恶意操控可能会致使电网负荷分布失衡，无法有效地执行削峰填谷策略，或者误导用户的用电行为偏离低碳节能的初衷。

5.3.2 安全防护策略

在应对消费侧 ICT 系统在电力消费环节可能遇到的安全风险时，至关重要的是要制定并实施一套全面而有目的性的安全防护措施，以确保能源在消费阶段的使用安全和供给稳定性。考虑到消费侧 ICT 系统涉及的具体风险类型，如终端安全、边界安全以及应用安全等多方面因素，相关部门需要因地制宜地设计并执行恰当的安全对策，以最大限度地减少各类潜在威胁对电力系统整体运行的不利影响，确保电力供应的连续性和用户使用的安全性。

5.3.2.1 终端安全风险防护策略

在面对电力系统消费侧 ICT 设备所带来的诸多安全挑战之际，构建全面且精细化的终端安全防护体系是确保电力系统稳定运行、保障用户隐私安全，以及推动绿色可持续发展的必然选择。为了有效应对数据安全与隐私保护、设备操控安全以及物理安全与运维管理三大关键领域的风险，特提出以下具体防护策略：

（1）数据安全与隐私保护策略。强化智能电表、充电桩等终端设备的数据加密与认证机制，确保数据在采集、传输、存储过程中的完整性与准确性。建立健全数据安全管理体系，定期进行安全审计和漏洞检测，及时发现并修复潜在安全风险。同时，加强对用户隐私信息的保护力度，采用先进技术确保敏感数据的安全隔离和匿名化处理，增强用户信任度，鼓励其积极参与绿色节能活动。

（2）设备操控安全策略。强化终端设备的安全防护能力，严格审查和升级设备的固件和软件，消除潜在的安全漏洞，防范拒绝服务攻击、中间人攻击等恶意行为。同时，建立健全电网负荷监控与调度的安全防护体系，确保分布式能源设施能够按照预期与电网进行安全、稳定、高效的协同工作，实现电网削峰填谷和可再生能源的最大化利用。

（3）物理安全与运维管理策略。加强终端设备的物理安全防护措施，确保设备在安装、使用和回收阶段的安全性，降低设备遭受物理损坏或被盗的风险。同时，建立健全终端设备的全生命周期安全管理机制，包括设备采购、安装、运维、报废等环节，确保设备在整个生命周期内的安全性和可用性，减少资源损耗和环境污染。

5.3.2.2 边界安全风险防护策略

为了有效应对来自互联网、其他信息系统等外部网络环境的威胁，保障电力系统运行的安全稳定和能源结构的绿色转型，有必要采取一套全面且高效的边界安全风险防护策略。以下是针对该风险提出的五个关键防护措施：

（1）强化边界安全防护体系建设。基于电力系统与外部网络环境的频繁交互特征，需要建立多层次、立体化的边界安全防护机制，包括但不限于防火墙、入侵检测系统、反病毒软件等，并持续更新和完善防护技术，防止拒绝服务攻击、中间人攻击等恶意行为的渗透。

（2）加密与认证技术升级。确保所有进出电力系统消费侧ICT系统的数据在传输过程中实施高强度的加密算法，同时采用严格的双向身份认证机制，确保数据的完整性和防篡改性。对于关键业务数据和操作指令，应设置额外的安全保护措施，确保其在网络传输中的安全性。

（3）实时监控与应急响应。建立全面的网络流量监控和日志审计系统，实时监测边界处的异常流量和可疑行为，一旦发现安全威胁，立即启动应急预案，快速响应并恢复受影响的系统，最小化对电力系统运行稳定性和关键基础设施的影响。

（4）跨域合作与法规遵从。与国内外相关部门、企业和研究机构建立紧密的合作关系，共享最新的安全情报和防护技术，确保电力消费侧ICT系统符合国际及国内相关法律法规和行业安全标准的要求。

（5）分布式能源设施与智能电网安全集成。针对分布式能源设施的安全防护，不仅要强化边界防护能力，还要将其安全策略与智能电网的精准调控功能紧密结合，确保在遭受网络攻击时，仍能保证电力系统对负荷变化的快速响应能力和优化调度效能。

5.3.2.3 应用安全风险防护策略

为有效应对分布式能源管理系统软件安全漏洞、智能应用防护不足、智能电网安全防护缺失等问题，需要构建全方位、多层次的应用安全风险防护体系。以下五个关键策略旨在从源头防范、技术升级、防御强化、标准合规及用户教育等多个维度，全面提升电力系统应用的安全风险防护能力：

（1）强化软件安全与代码审查机制。针对分布式能源管理系统软件，实施严格的安全编码规范和程序审计，及时发现并修复潜在的安全漏洞，同时对关键功能模块进行加固，确保其在遭受攻击时仍能稳定运行。开发阶段应采用安全开发生命周期的理念，从源头上降低安全风险。

（2）提升智能应用的安全防护等级。对智能电表、智能家居系统等智能应用，加强安全防护技术研发与升级，采用高级加密算法和多重认证机制，防止未经授权的访问和恶意操控。同时，建立完善的安全监测预警系统，实时监控智能应用的状态，以便快速发现并响应潜在安全威胁。

(3) 建立纵深防御体系。在智能电网层面，构建多层次、立体化的防御体系，包括但不限于防火墙、入侵检测系统、反病毒软件等，确保电力系统的每个接入点都有相应的安全防护措施。此外，应加强对智能电网整体安全态势的感知与分析，通过大数据和人工智能技术预测和应对潜在的攻击行为。

(4) 标准化与法规遵从。积极参与并遵循国内外有关能源信息系统的安全标准和法规，确保所有应用技术在设计、开发和运行过程中满足最高级别的安全要求。通过跨域合作与信息共享，及时获取最新的安全情报和防护技术，提高电力系统的整体安全韧性。

(5) 用户教育与培训。提高终端用户对智能电网和分布式能源设施安全的认知，通过开展教育培训活动，引导用户正确使用智能应用，防范钓鱼、欺诈等社交工程攻击，确保用户行为符合低碳节能的目标。

5.3.3 实践案例

为确保电力系统终端用户的安全使用体验与整体系统的稳定运行，国家在《"十四五"现代能源体系发展规划》和《"十四五"节能减排综合性实施方案》等顶层规划设计中，明确强调了在工业、交通等行业领域广泛推广应用电动汽车、港口岸电等先进技术。电力系统实质上已将一系列科学严谨的安全防护理念付诸实施，并催生出一批颇具借鉴意义的成功实践典范。在本章中，笔者将重点剖析两个在电力系统消费侧安全防护机制构建方面的杰出案例。通过对这两个案例深入细致的解析及其实施效果的展示，旨在为各类电力服务提供者及相关产业链伙伴提供切实可行的风险管理策略与部署方案参考。

(1) 国家电网湖北电力公司绿色岸电助力长江大保护。近年来，国家电网有限公司在积极响应《国家发展改革委等部门关于进一步推进电能替代的指导意见》的基础上，着力拓展电能替代在工农业制造、建筑、交通等诸多关键领域的深度和广度，致力于优化我国的终端能源消费格局。为保障这一转变过程的安全与高效，国家电网有限公司不仅大力推进电能替代技术在各领域的应用，而且还特别注重终端接入安全与用户体验的优化。通过不断简化岸电设备的申请流程、减少冗余手续，以及推出一系列便捷接入服务措施，国家电网公司成功降低了终端安全风险，有力地促进了长江经济带、京杭大运河沿线以及东部沿海广阔区域岸电设施的广泛应用和安全发展。

2022年，国家电网湖北省电力公司凭借专业的技术团队，沿长江流域成功实施了安全高效的岸电接入服务项目[62]。在湖北宜昌秭归港，重庆东江凯莎号、巴东楚天长江发现号等四艘豪华游轮在停泊期间安全无虞地接入了岸电系统，实现了绿色能源的平滑过渡。这一实例象征着国家电网在绿色岸电、绿色航空港等交通领域综合能源解决方案的实践中，不仅有效解决了终端安全风险问题，而且成功推动了绿色交通和清洁能源在我国的广泛应用与安全落地，彰显了国家电网在终端安全防护机制建设上的卓越成效和持续进步。

（2）国家电网江苏电力为客户量身定做能效提升专业方案。江苏地区拥有众多的产业园区，其对综合能效提升的需求与区域能源系统的整体建设息息相关，这成为国网江苏电力重点关注并着力解决的重要课题。国网江苏电力坚持以提升园区整体能效为核心，从早期的园区用能规划阶段即积极介入，借助专业技术和服务优势，定制化设计并实施综合能源服务方案，旨在全面提升园区的可再生能源利用率，大幅降低能源消耗，减少应用安全风险，同时最大化综合能源服务项目的经济效益。

2021年的前七个月，国家电网江苏电力展现出了卓越的服务能力和市场影响力，与省内多个园区及工业企业签订了总计434项综合能源服务合同，累计综合能源服务营业收入高达14.68亿元人民币[63]。针对江苏省内园区众多、企业密集，节能需求迫切的特点，国网江苏省电力有限公司充分利用自身的技术领先优势，不断完善并强化"供电＋能效服务"的综合服务体系，精准挖掘能效提升服务市场的潜力，为客户量身打造适合其特点和需求的能效提升专业方案，确保每一环节的能源使用既安全又高效。与此同时，国家电网江苏电力在推广综合能源服务的过程中，高度重视消费侧应用安全风险的防护，通过实施一系列严格的安全防护措施和策略，有效预防和抵御了各类信息安全风险，确保了智能电网、智能电表、充电桩等终端设备在提供综合能源服务的同时，数据安全与设备安全得到有效保障，为客户提供了既节能环保又安全可靠的综合能源服务环境。

第6章 风险管理体系的运营与实施

本章节聚焦于电力行业 ICT 供应链风险管理体系的运营与实施。在这一关键领域，笔者将详细讨论管理、技术和人员方面的具体措施和建议，以应对不断演变的威胁。首先，将引领读者深入了解现代风险管理体系框架，为构建坚实的安全基础提供理论支持。其次，第二部分将重点关注组织架构与责权设计，包括如何建立高效的风险管理团队，并遵循基本原则确保责权清晰明确。第三部分将深入探讨具体的运营与执行方案，包括风险识别评估、全员教育与培训等关键环节，为读者提供实际操作指南。通过本书的全面涵盖，笔者旨在帮助业界从容应对电力行业网络与信息系统安全领域的复杂挑战，实现可持续发展与安全运营的双赢目标。

6.1 风险管理体系的概述

电力网络和信息系统供应链涉及大量的设备、软件、网络和数据，这些元素之间存在复杂的相互依赖关系。一个系统中的漏洞或弱点可能会影响整个网络，因此需要一个全面的风险管理体系来识别、评估和降低潜在的威胁。

6.1.1 风险管理概念

风险管理是一种系统性的管理过程，其核心在于通过对潜在风险的全面识别、科学衡量和深入分析，以及在做出明智选择的基础上，有计划、有目的地应对风险，以在最小成本的前提下确保最大限度的安全保障。源自20世纪50年代的美国，风险管理起初在企业管理中得到关注，其中一次的导火索是通用汽车公司在1953年8月12日遭受的严重火灾，造成了重大财务损失。这一事件以及当时发生的其他偶发事件共同推动了美国风险管理活动的兴起。随着经济、社会和技术的快速发展，人类面临着越来越多、越来越严重的风险。1979年三里岛核电站爆炸，1984年美国联合碳化物公司在印度的农药厂毒气泄漏，1986年苏联切尔诺贝利核电站事故等事件进一步推动了全球范围内风险管理的发展。此外，风险管理作为一门新型管理学科首次在美国商学院中亮相，专注于保护企业的人员、财产、责任和财务资源等方面。如今，风险管理已经演变成一个在企业管理中具有独立职能的领域，在支持企业的经营和发展目标方面发挥着至关重要的作用。

风险管理是一项具有明确目标的管理活动。只有在确立清晰目标的前提下，才能发挥有效作用。否则，风险管理可能仅仅是一种形式化的过程，缺乏实质性意义，并且难以对其效果进行评估。风险管理目标的确定一般要满足以下四个基本要求：①目标的一致性，即确保风险管理目标与风险管理主体的整体目标保持一致，以确保整体方向和目标一致性。②目标的现实性，即确定目标时应考虑实现的客观可能性，使目标具有现实性。③目标的明确性，即在选择和实施各种方案时，需明确目标并客观评价其效果。④目标的层次性，应从总体目标出发，根据目标的重要程度划分风险管理目标的主次。

一般来说，风险管理体系具有四个职能：计划职能、组织职能、指导职能和管制职能。

（1）计划职能涉及通过对企业的风险进行辨识、估算、评估，并选择相应的风险处理手段，制订管理方案，并拟订实施风险处理计划。风险处理预算编制则在选择处理手段后，计算合理、必要的费用，并制订相应的费用预算和实施计划。

（2）组织职能即依据风险管理计划，分配各种风险处理技术的业务至各部门，进行权限下放和组织上的职务调整等方面的组织工作。换言之，风险管理的组织职能在于建立适当的组织关系，确保为实现风险管理目标和执行风险处理计划所需的人力、财力、物力的有效整合。如果风险管理部门处于企业主导部门的位置，它将下放执行权限给各部门成员；而若处于参谋部门位置，则需与生产、销售、财务、劳动人事等主导部门协调联系、提供建议和进行调整。

（3）指导职能包括对风险处理计划的解释、判断，传达计划方案，以及交流信息和指导实际活动，即组织机构成员以实现风险管理计划为目标。

（4）管制职能涉及对风险处理计划执行情况的检查、监督、分析和评价。它根据事先设计的标准，对计划执行情况进行测定、评估和分析，纠正计划与实际不符之处。管制职能范围包括：确定风险的辨识是否准确全面，风险估算是否准确，风险处理技术的选择是否有效，风险处理技术的组合是否最佳，控制风险技术是否能够阻止或减少风险发生，是否能够在预算范围内及时补偿发生的风险事故等。

第6章 风险管理体系的运营与实施

对于现代企业而言，风险管理是通过识别、评估（包括预测）、监控和报告来有效管理潜在风险，以采用有效措施降低成本。企业需要在经营过程中有计划地辨别可能发生的风险，并预测各种风险发生后对资源和运营产生的负面影响，从而确保业务能够顺利进行。由此可见，风险的识别、评估和控制是企业风险管理的主要步骤（图6.1）。

图6.1 风险管理的主要步骤

风险识别：风险管理体系的首要任务是发现潜在的风险。这要求对组织、项目或活动中可能出现的各种不确定性因素进行系统、全面的分析和辨识。这一过程通常需要与利害相关方进行有效沟通、分析历史数据，并征询专业意见。

风险评估：一旦潜在风险被确认，风险管理系统需要对其进行评估，以确定其可能性和影响程度。风险评估的目标是向组织提供关于哪些风险最为紧要、需要首先处理的信息，以有针对性地制定相应的对策。

风险控制：在建立和评估风险的基础上，风险管理系统需要制定并执行一系列控制策略。这包括建立全面的风险规程、采取措施降低风险事件发生的可能性或减小其不良影响、设计应急计划等。风险控制的目标是将风险降至最低，使其在可接受的范围内得到管理。

随着社会经济的不断发展、科技水平和信息化程度的提高，以及全球资源和环境问题的凸显，构建强大的智能电网成为电力工业发展的迫切选择，有助于推动全球能源互联网的建设。这一新格局以电为核心，以清洁能源为主导，目标是实现全球能源的有效配置。智能电网的建设使得发电、输电、变电、配电、用电、调度等环节更加开放，带来了大量业务结构的变革。基于互联网的社会服务和公众参与度得以提升，多种互联网基础上的互动业务应用也在迅速发展。电网侧与用户侧的交互变得更为频繁，但同时，新技术的引入也带来了新的风险，对传统防护结构造成了冲击。前文提到，网络与信息系统的正常运行对电力供应的连续性至关重要，因此，建立完善的风险管理体系是必要的，以帮助识别、评估和应对各种潜在风险，确保电网信息系统的稳定运行和持续发展。

多年来，国家、行业主管部门以及国家的电网公司一直高度重视网络与信息系统安全。自 2002 年以来，公安部、国家能源局、发改委等国家和行业主管部门陆续颁布了一系列法规，如《计算机信息系统安全保护等级划分准则》《信息安全等级保护管理办法》《电力二次系统安全防护规定》等，构建了电力行业网络与信息系统安全法规体系。近年来，电网企业正经历数字化转型，安全的网络和信息系统成为维护电力系统稳定运行的关键。2021 年，国家能源局发布了《电力安全生产"十四五"行动计划》，其中特别强调了网络与信息安全基础能力[64]。2022 年 11 月，国家能源局发布《电力行业网络安全管理办法》，明确了建立健全网络安全保障和责任体系、提升网络安全防护能力的目标。该办法还提到电力企业需按照相关规定进行网络安全风险评估，建立自评估和检查评估制度，完善网络安全风险管理机制[65]。2023 年 3 月，国家能源局发布《关于完善电力系统运行方式分析制度强化电力系统运行安全风险管控的通知》。通知强调电网企业要在年度运行方式分析中总结上一年度经验，不断提升分析的准确性和实效性。当前，电力行业正迎来加快转型升级、迈向高质量发展的关键时期。电网企业应加强风险管控和隐患排查治理，全力确保电力系统安全稳定运行和可靠供应，为实现建党 100 周年乃至"两个一百年"奋斗目标、推动高质量发展提供有力支持。

6.1.2 风险管理体系框架

风险管理体系是为了有效地识别、评估、控制和监测潜在风险而采用的一套组织结构、政策、程序、流程和资源。其目的是在不确定的环境中帮助组织做出明智的决策，降低可能产生的负面影响，并增加对机会的把握。构建风险管理体系通常需要进行系统性工程，考虑到企业的经营环境、产业特点和组织结构等多个方面因素。

风险管理标准是一套规范，旨在协助企业识别、评估和应对可能对其目标实现产生影响的风险。2006 年，国务院国有资产监督管理委员会发布了《中央企业全面风险管理指引》。此外，国际标准化组织（ISO）也发布了一系列风险管理标准，其中以 ISO 31000：2018《风险管理指南》应用最广泛。这些标准提供了通用框架，支持企业制定风险管理策略、评估风险和制订风险管理计划、监控风险等。风险管理标准的实施有助于提升企业风险意识，维护企业利益，增强竞争力和可持续发展能力。

以 ISO 31000：2018 标准为例，如图 6.2 所示，该标准的框架图以"三轮车"为核心，包括原则轮、框架轮和过程轮。原则轮聚焦于"创造和保护价值"，涵盖八大原则；框架轮以"领导力和承诺"为核心，包括五个关键过程;过程轮则包含六个关键环节。风险管理流程涉及将政策、程序和实践应用于沟通和咨询活动,建立环境和评估、应对、监控、审查、记录和报告风险。这一流程被融入组织的架构、运营和流程中,成为管理和决策不可或缺的一部分,可应用于战略、运营、计划或项目层面。在组织内部,风险管理流程有多种应用方式,灵活定制以实现目标,并适应其所处的内外部环境。

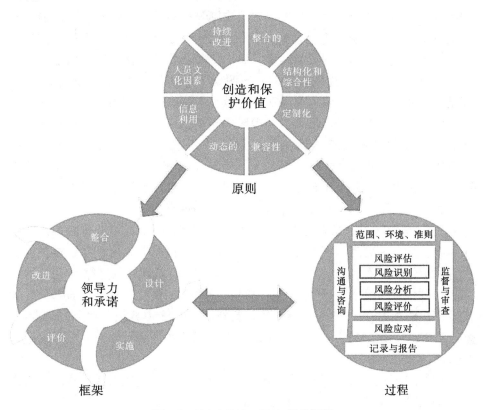

图 6.2　ISO 31000:2018 标准框架

ISO 27001 是一项全球广泛采用的信息安全管理体系标准,为组织提供了一套通用和可验证的框架,以确保其信息资产和利益得到最大限度的保护。该标准秉承了源于业务、高于业务的理念,经过 20 多年的发展,已成为一种真正通用、广泛被认可且与时俱进的标准。在 2022 年 10 月,ISO 发布了更新版的《ISO/IEC 27001:2022 信息安全－网络安全－隐私保护－信息安全管理体系要求》,旨在协助组织建立必要的信息安全管理过程,确保信息资产的保密性、可用性和完整性,并提高相关方对信息安全风险管理的信心。该标准将安全控制域总结为四大主题:人员、物理、技术、组织,涵盖信息安全策略、访问控制、物理和环境安全、操作安全等内容。

ISO 22301 则是业务连续性管理体系的国家标准，起源于计算机技术中的容灾和恢复计划概念。业务连续性作为组织整体或部分过程持续运行能力的指标，已经在各种规模的生产型和服务型组织中得到广泛应用。业务连续性管理体系（BCMS）采用计划、执行、检查、处理（PDCA）的过程方法，通过对风险的识别、分析和预警来帮助组织规避潜在业务中断事件的发生，并制订完备的业务连续性计划，以完成中断发生后的快速恢复，降低损失和恢复成本。业务影响分析（BIA）是 BCMS 的核心过程之一，通过评估中断对组织产品或服务活动的影响程度，确定产品或服务的优先级、恢复顺序和指标。以 IT 服务企业为例，BIA 首先明确 BCMS 的覆盖范围，包括 SLAs、多地点，通过多种方法收集影响业务连续性的因素，如软硬件配置、人员能力、法律法规、客户需求、电力和消防等支持系统。然后，结合定性和定量分析，对 IT 服务功能和中断的影响进行分析，初步确定服务的重要性，如关键服务、重要服务、可暂缓服务等。接着分析正常运行和中断后恢复所需的资源及其关系，最终确定服务的优先级、恢复顺序和指标，通常使用恢复时间目标（RTO）和恢复点目标（RPO）作为恢复指标。

RMF 是美国国家标准与技术研究院（NIST）在 2010 年发布的一份特别出版物，旨在为处理高度多元化环境中系统全生命周期和信息系统相关的安全风险提供灵活而动态的方法。当前，美国政府各机构均须遵循 RMF，并将其整合到信息系统管控流程中。2019 年，RMF 被纳入美国国防部指令，导致众多组织为遵守 RMF 起草独立的执行指南。RMF 方案包含六个关键步骤：

（1）对系统进行分类，基于系统的某一风险维度进行分类，并据此登记备案。

（2）选择适当的安全控制措施，结合系统分类和其他因素，确定核心组件类型及每个控制相关的初始控制集。

（3）实施定制的安全控制策略，确保与安全文档一致，并应用完整性监控规则，以确保对系统结构的更改具有控制权和可见性。

（4）持续评估安全控制措施，监视控件、配置和设置，将安全控制状态报告与系统的其他测试和认证活动保持一致。

（5）对信息系统进行授权，追踪和提供失败控制的状态信息，同时提供对失败控制的豁免、责任分配和操作日期，以确保遵守安全管理规范。

（6）持续监控安全控制，提供对系统核心组件和配置的记录，记录任何意外更改等安全事件。

在电力网络和信息系统安全领域，采用风险管理框架是关键的。以下是一个通用的流程：

(1) 建立组织结构和责任。确定负责安全和风险管理的团队，并明确他们的责任。这可能包括安全团队、IT 团队、电力网络运营团队等。在核心团队和各个部门内明确责任和职责，确保每个团队成员都了解他们在风险管理中的具体角色。这可能包括定期参与风险评估、制定和执行控制措施、监控风险状态、报告风险状况等。此外，还需要制订有效的沟通计划，确保组织内的各个层级都了解风险管理的进展和重要信息。包括制定定期报告的机制、会议安排、问题解决渠道等。

(2) 资产识别和分类。确定所有关键的电力网络和信息系统资产。这可能包括通信网络、服务器、数据库等。对这些资产进行分类，以了解其重要性和潜在的风险。这需要对组织的电力网络和信息系统进行全面审查，以确定所有关键资源的清单。这可能包括硬件（例如服务器、交换机、传感器）、软件（操作系统、应用程序）、数据（客户信息、业务数据）、人员（系统管理员、网络管理员）等。通过与不同部门的合作，团队可以收集关键信息，包括资产的位置、拥有者、用途等。在资产识别的基础上，下一步是对这些资产进行分类。分类有助于理解资产的重要性，并帮助团队有针对性地进行风险评估。例如，对于电力网络，可能需要将关键的电源设备、传输线路和监测系统归为一类。对于信息系统，可以将数据库、网络设备和关键的应用程序进行分类。

(3) 风险识别。识别与电力网络和信息系统相关的潜在威胁和风险。项目团队需要制订风险识别计划，明确识别的方法和工具，包括使用专业知识和经验开展工作坊、采用专业的风险识别工具，以及收集过去事件的数据。在制订计划时，应考虑采用 ISO 31000：2018 等风险管理标准。此外，团队可以基于 ISO 标准的指导，采用系统性的方法对潜在风险进行分类。这可能包括对自然灾害、人为攻击、硬件或软件故障等进行分类。这有助于整理风险，使其更易于管理和评估。团队还需要利用过去的事件和历史数据，分析过去的事故和故障。通过这种方式，可以识别出在类似环境下的潜在风险，并为当前项目提供深刻的教训。团队要将识别到的风险整理成清单，并对每个风险描述其特征、潜在影响和可能性等信息。这有助于为后续的风险评估提供数据支持。

(4) 风险评估。对已识别的风险进行评估，确定其潜在影响和概率。使用合适的工具和技术来量化风险，以便更好地理解和比较它们。这包括概率分析、影响分析和风险级别的计算。在电力网络和信息系统安全中，可能会使用统计数据、历史记录、专家判断等方法来量化风险的概率。影响的量化可能涉及业务中断的成本、信息泄露的后果、系统故障的修复时间等。风险评估的过程中，可以应用多种风险管理标准，其中包括 ISO 31000：2018。该标准提供了一个通用的风险管理框架，强调组织在确定和评估风险时考虑上下文、关注利益相关者并采取适当的措施。ISO 31000：2018 还鼓励组织使用合适的工具和技术，以便更好地理解和比较风险。在 ISO 27001 框架下，可以进行信息资产的风险评估。考虑到业务连续性，则使用 ISO 22301 框架评估与业务关联的风险。

（5）风险控制。制定和实施控制措施，以减轻或消除已识别的风险。这可能包括制定安全政策、实施技术控制、培训员工等。首先，制定安全政策是确保组织风险控制有效性的基础。安全政策是一份明确的文件，规定了组织在安全方面的承诺、目标和责任。这可能包括对电力网络和信息系统的安全要求，以及员工在处理敏感信息时应遵循的准则。在这个过程中，组织可以应用 ISO 标准，如 ISO 27001，以确保安全政策的制定和实施符合国际标准的最佳实践。其次，技术控制的实施对于保障电力网络和信息系统的安全至关重要。这可能包括网络防火墙的配置、入侵检测系统的安装、加密通信的实施等。采用 ISO 标准，特别是 ISO 27001，可以帮助组织确定适当的技术控制，并确保其符合信息安全管理体系的要求。标准提供了一系列技术控制的建议，以帮助组织保护其信息资产免受潜在的威胁。此外，员工培训也是风险控制的重要组成部分。在电力网络和信息系统的环境中，员工可能是控制潜在风险的关键因素，因此他们需要了解安全最佳实践、风险意识和应对措施。ISO 27001 也强调了员工的培训和意识提高，以确保他们能够识别潜在的威胁并采取适当的行动。ISO 22301 框架则指出需定期测试和演练业务连续性计划。

（6）监测和审查。建立监测机制，以持续跟踪电力网络和信息系统的风险。定期进行审查，以确保控制措施的有效性，并根据需要进行更新。首先，建立监测机制需要定义关键的性能指标（KPIs），以便度量和监测电力网络和信息系统的各个方面。这可能包括网络的可用性、信息系统的完整性和机密性、业务连续性的恢复时间等。这些 KPIs 的选择应该与制定的关键目标和风险管理标准相一致，确保全面覆盖组织所关注的风险领域。在监测机制的实施中，可以应用 ISO 31000：2018 风险管理标准的方法。首先，进行定期的风险识别，确保新的风险因素能够及时纳入监测范围。这可以通过持续的风险评估流程来完成，包括对潜在威胁的定期扫描和漏洞分析。此外，对已经识别的风险进行定量和定性的评估，使用适当的量化工具和技术，以更好地了解风险的严重性和可能性。ISO 31000：2018 提供了一套通用的评估工具，包括风险矩阵、敏感性分析等，可以根据组织的具体情况进行定制。在监测的过程中，组织还可以借助 ISO 27001 信息安全管理标准，审查和监控信息系统的安全性能。这可能包括对访问控制、加密、日志记录等关键控制措施的评估。同样，ISO 22301 业务连续性管理标准可用于审查业务连续性计划的有效性，确保组织在面临紧急情况时能够迅速而有效地恢复业务。

（7）制订应急与培训计划。制订并测试应急计划，以便在发生安全事件时能够及时、有效地应对。确保所有相关方了解应急程序并能够迅速采取行动。定期测试应急计划，包括模拟各种安全事件的发生，以确保团队能够迅速而有效地执行计划。按照 ISO 标准的要求，进行定期的应急演练，评估计划的有效性和团队的应对能力。这也有助于发现和纠正潜在的问题。为所有相关方提供安全培训，以增强其对潜在风险的认识，并教育他们如何采取适当的安全措施。对所有相关方进行培训，确保他们了解应急计划的内容和实施细节。这有助于提高团队的应急响应能力。制订定期的培训计划，以确保新成员加入时也能够迅速了解应急程序。

（8）验证合规性。确保电力网络和信息系统的安全实践符合相关的法规和标准，以降低法律风险。结合风险管理标准，进行综合的风险评估，将法规和标准的要求与实际风险关联起来。这有助于确定哪些法规和标准对组织的风险有更直接的影响。基于法规和标准的要求以及风险评估的结果，制订合规性计划。这包括确定必要的控制措施、流程改进、培训计划等，以确保组织的实践符合法规和标准。建立定期监控机制，确保合规性措施的有效性。此外，进行定期的内部和外部审计，以验证组织的实践是否符合法规和标准的要求。

（9）不断改进。建立一个不断改进的流程，以及时适应新的威胁和技术发展。定期评估和更新风险管理框架，确保其与组织的需求和环境相适应。

6.2　组织架构与责权设计

在这一部分，笔者聚焦于构建风险管理组织架构以及遵循的基本原则。笔者深入研究了如何建设一个健全的风险管理体系，包括明确定义角色和责任、建立有效的沟通机制，以及确保持续的监测和评估。同时，笔者强调了遵循基本原则的重要性，这涉及透明度、责任分担等。本部分旨在为读者提供在电网企业复杂的业务环境中有效管理安全风险的实用指导，以确保企业在面对挑战时能够稳健、灵活地应对。

6.2.1 组织架构建设

建立适当的组织架构是支持风险管理至关重要的一项措施。一个明确的、有效的组织结构能够为风险管理活动提供必要的支持和指导，有助于确保整个组织在面对潜在威胁和机会时能够做出及时、有效的决策。

首先，一个良好的组织结构可以明确在风险管理过程中的责任和权限分配。明确指定负责不同风险阶段，如识别、评估、控制和监控的部门或个人，有助于确保每个环节都得到足够的关注和专业处理。此外，由于风险管理通常涉及多个部门和业务单元，建立适当的组织结构有助于促进跨部门的协作和信息共享。确保每个部门在风险管理中拥有明确的角色和职责，有助于打破信息隔阂，使得组织能够全面、协调地应对各类风险。风险管理需要涉足多个领域，包括法律、技术和财务等。具备专业知识的团队能够更好地理解和评估不同类型的风险，提供更为精准的建议和决策支持。其次，适当的组织结构有助于确定风险管理决策的层级和流程。将风险管理融入组织的决策层级中，确保高级管理层了解并参与关键的风险决策，从而更好地维护整个组织的利益。当然，在风险管理中，及时、准确的信息至关重要。适当的组织结构可以确保风险信息迅速传达到相关决策者手中，以便他们能够迅速做出反应。组织结构应该支持培训和发展风险管理团队成员。建立明确的职业发展路径、培训计划和认证机制，有助于提高团队的专业水平，使其更能够应对日益复杂和多样化的风险环境。透明的流程和报告机制有助于组织更容易证明其在风险管理中的合规性，降低法律责任风险。总体而言，适当的组织结构为风险管理奠定了坚实的基础，促进了协同合作、专业发展和决策流程的优化，从而使组织更有效地应对各类风险，确保其长期可持续发展。

电力网络和信息系统供应链的安全团队涉及多个关键角色，每个角色都有其独特的职责，以确保整个供应链的安全性。如图6.3所示，安全团队包括领导层、管理层、职能部门等层级中的多个角色。

首先，领导层包括首席信息安全官（CISO）和首席技术官（CTO）。前者负责领导整个安全团队，制定和执行安全战略，与高级管理层沟通安全风险和策略，确保整体合规性以及发布最终的信息安全政策。后者则是与首席信息安全官合作，确保技术和信息系统的整体安全性。此外，首席技术官还要制定适当的技术战略，确保其与安全目标一致，保证技术架构的安全性和稳定性。

第 6 章　风险管理体系的运营与实施

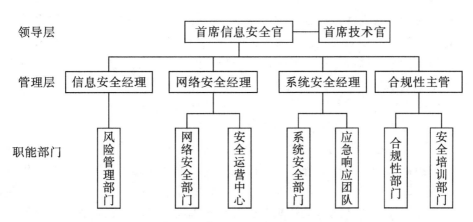

图 6.3　电力网络和信息系统供应链的安全团队

管理层作为上下层级部门之间的桥梁，负责向领导层汇报安全情况、领导具体的职能部门。管理层主要包括以下岗位：

（1）信息安全经理。领导风险管理部门，负责整体安全策略的实施；协调风险管理、合规性和推动安全意识培训；主导安全事件响应和应急计划的管理，根据国家和行业的信息安全战略、法律和法规，批准公司整体信息安全策略规划、管理规范和技术标准；监督和督导公司整体信息安全工作的贯彻执行情况；制定相关信息安全、网络安全以及信息、网络的应急管理制度。

（2）网络安全经理。管理网络安全部门和安全运营中心，确保网络设备和通信的安全性；负责入侵检测和防御措施的实施；协调网络漏洞管理和安全评估。

（3）系统安全经理。管理系统安全团队和应急响应团队，确保硬件和软件系统的安全性；协调系统漏洞管理和安全配置；管理身份验证和访问控制。

（4）合规性主管。管理合规性部门和安全培训部门，确保组织的安全实践符合相关法规和标准。

具体职能部门包括风险管理部门、合规性和法规团队、安全运营中心、应急响应团队、安全培训部门等。

（5）风险管理部门。承担全面的风险评估和管理责任，包括管理风险注册、定期报告风险状况，并协助制订和执行风险缓解计划。该部门贯彻执行公司信息安全领导小组的决议，协调并规范公司的信息安全工作；按照信息安全领导小组的工作部署，具体安排和落实信息安全工作，组织审查重要的信息安全工作制度和技术操作策略；负责拟定信息安全总体策略规划并监督执行，协调、督促各职能部门和相关单位的信息安全工作，参与信息系统工程建设中的安全规划，并监督安全措施的执行；组织信息安全工作检查，分析信息安全总体状况，提出分析报告和防范安全风险的对策；负责接收各单位的紧急信息安全事件报告，及时组织调查，分析事件原因和涉及范围，并评估安全事件的严重程度；提出信息安全事件的防范措施，并及时向信息安全工作领导小组、上级有关部门和单位报告。

（6）网络安全部门。首先需要全面了解整个电力系统的拓扑结构，包括监控和控制系统等组成部分。对于信息系统，关注点涵盖了数据中心、服务器、数据库、通信设备以及各种连接到网络的终端设备。通过深入了解这些组件，网络安全团队能够更好地识别潜在的风险和脆弱性；负责定期进行网络漏洞扫描和安全审计，以发现系统中可能存在的漏洞和弱点。通过使用先进的威胁情报和安全技术，团队能够检测和识别各种网络攻击，包括恶意软件、网络钓鱼和零日漏洞等。一旦风险被识别，网络安全团队将参与风险评估的过程。这包括对潜在威胁的定量和定性分析，评估其对电力网络和信息系统的潜在影响。这个过程需要深入的技术知识，以了解各种攻击可能对系统造成的影响，从而为后续的风险缓解计划提供基础。针对已识别的风险，网络安全团队制订和执行风险缓解计划。这可能包括更新和强化网络防御措施，修复系统漏洞，加强身份验证和访问控制机制等。网络安全团队还会协调与其他团队的合作，例如系统管理员、应用程序开发人员和安全运营中心，确保整体的风险管理工作得以协同进行。在电力网络和信息系统中，网络安全团队必须密切关注业务连续性和供电可靠性。他们需要确保防御措施的实施不会影响系统正常运行，同时在发生安全事件时能够快速而有效地响应，最大程度地减小潜在的损失。除了日常的风险管理工作，网络安全团队还需要保持对新兴威胁和技术的敏感性。他们需要不断更新自己的知识，关注行业动态，以及时调整和改进安全策略，确保系统能够适应不断演变的威胁环境。

（7）安全运营中心。首要任务是监控安全事件和发出警报。通过部署先进的安全监控工具和技术，安全运营中心实时追踪网络和系统的活动，监视各类日志、流量和警报数据。这种实时监控有助于迅速发现任何异常行为、未经授权的访问或潜在的攻击迹象。安全运营中心成员通过分析监控数据，识别异常模式，并采取必要的措施，例如发出警报、加强防御措施或启动应急响应。另外，安全运营人员在电力网络和信息系统风险管理中还负责进行威胁情报分析和响应。威胁情报分析涉及收集、分析和解释有关潜在威胁的信息，以更好地了解攻击者的手段、动机和目标。安全运营团队应与外部的威胁情报源保持联系，获取最新的威胁情报，以便调整安全策略和加强防御。当发现新的威胁时，安全运营中心会立即采取行动，更新安全系统和制定相应的对策，以降低潜在威胁对电力网络和信息系统的风险。管理安全信息与事件管理系统是安全运营中心的另一个核心职责。这包括维护和管理用于存储和分析安全事件的系统，以及跟踪事件的生命周期。通过这个系统，安全运营中心能够记录和归档所有的安全事件，进行后续的调查和分析。这有助于提高对事件的理解，发现潜在的攻击模式，并改进未来的安全措施。安全信息与事件管理系统还支持合规性审计和报告，确保组织在必要时能够提供详尽的安全事件历史记录。

（8）系统安全部门。系统安全团队在电力网络和信息系统风险管理中担任着至关重要的角色。其工作焦点在于确保硬件供应链和软件系统的安全性，以应对日益复杂和多样化的威胁。系统安全团队通过一系列的任务和职责，为组织的整体安全性提供了坚实的支持。首先，系统安全团队致力于深入分析和评估硬件供应链的安全性。这包括对从制造商、供应商到最终交付的所有硬件组件进行严格的审查和验证。通过对硬件设备的物理安全性、集成性和可信度进行全面评估，系统安全团队能够识别潜在的威胁和漏洞，确保整个供应链的可信度。在软件系统方面，系统安全团队负责进行代码审查、漏洞扫描和安全配置审计。这些活动旨在识别潜在的安全问题，包括但不限于代码中的漏洞、弱点、不安全的配置和权限问题。通过采用先进的安全工具和技术，系统安全团队能够追踪和解决潜在的威胁，从而保障软件系统的完整性和稳定性。此外，系统安全团队还协助制定整体的系统安全策略和制订计划。这包括确定关键系统的重要性，识别潜在的攻击路径，以及规划和实施必要的防御措施。通过制订系统安全计划，团队能够确保整个信息系统在面对威胁时具备有效的防护机制，并能够及时做出应对。在风险管理方面，系统安全团队通过参与整个风险评估过程，为组织提供深刻的洞察。通过理解硬件和软件系统的潜在风险，团队能够为制订综合的风险管理计划提供有力的支持。这包括识别系统的薄弱点，评估潜在风险的影响和概率，并协助制定相应的风险缓解措施，以最大限度地降低风险。系统安全团队还积极参与应急响应计划的制订和实施。在面临安全事件或紧急情况时，团队负责迅速采取行动，确保系统的可用性、完整性和保密性得到有效的保护。这包括协助应急响应团队进行渗透测试和漏洞分析，以便更好地理解和应对潜在的安全威胁。

（9）应急响应团队。其首要任务是应对可能发生的安全事件和紧急情况，涵盖电力网络和信息系统的各种潜在威胁，如网络攻击、数据泄露和系统故障。团队成员需具备充分的专业知识,能够快速准确地识别和分析安全事件,以采取迅速有效的措施进行遏制。其次,核心任务之一是制订和实施应急响应计划,要在事前全面分析潜在威胁,确保团队能在紧急情况下有序迅速地采取行动。这包括指定责任人员、明确沟通渠道、准备必要的工具和资源等方面的工作。此外,团队还负责进行渗透测试和漏洞分析,主动发现潜在的系统弱点,并通过模拟真实攻击场景,提前修复和加固系统,有效减小潜在风险的影响。在实际应急事件发生时,团队需决定启动相应应急预案,负责现场指挥,组织相关人员协同工作,快速排除故障,恢复系统正常运行。高效的协调和沟通是关键,以确保整个过程有序、迅速进行,最大限度减小潜在损失。最后,团队每年组织对信息安全应急策略和应急预案进行测试和演练,通过模拟各类安全事件和紧急情况,不断改进响应计划,提高团队成员的应对能力,确保在实际情况下迅速、有效地做出反应。

(10) 合规性部门。深入研究并全面理解适用于电力网络和信息系统领域的各项法规和标准。这可能包括国家、地区或行业领域的法规,如电力行业的监管法规、个人数据保护法规,以及国际标准,如 ISO 27001 等。对法规和标准的深入理解是确保合规性团队能够有效指导和支持组织进行风险管理的关键因素。通过定期的审计,他们可以评估组织的电力网络和信息系统实践是否符合法规和标准的要求。这包括对系统配置、访问控制、数据保护等方面的详细检查。审计结果提供了有关组织合规性水平的实时反馈,为持续改进提供了重要的参考。协助制订和执行合规性培训计划也是该团队的职责之一。合规性团队需要确保组织的员工了解并理解电力网络和信息系统方面的法规要求,以及他们在日常工作中如何遵守这些要求。培训计划可能涵盖的主题包括数据隐私、信息安全最佳实践、合规性要求的变化等。通过提高员工的安全意识水平,合规性和法规团队有助于降低由于人为因素引起的潜在风险。团队还与监管机构进行沟通,解释法规要求,确保组织对法规的理解是准确的。他们需要保持对法规变化的敏感性,及时更新合规性计划,以适应新的法规要求。这种持续的监测和更新过程对于保持组织合规性至关重要,特别是在电力网络和信息系统领域。

(11) 安全培训部门。这个团队致力于建设具备高度安全意识的组织文化,以确保所有员工在日常工作中都能有效地应对潜在的安全威胁和风险。他们的任务不仅仅是提供一次性的培训,更是持续地推动安全意识的提升,使其贯穿于整个组织的运作。首先,安全培训部门负责制订并实施一系列全面的员工安全意识培训和教育计划。这包括但不限于面对电力网络和信息系统的特定威胁的培训,介绍最新的网络安全实践,以及如何正确处理敏感信息和数据。培训内容需要针对不同层次的员工，从基础知识到高级技能逐级提升，以确保所有员工都能理解和应用相关的安全原则。其次，安全培训部门在制定和实施安全政策和流程方面起着关键作用。他们与组织的其他部门协作，确保制定的安全政策能够适应不断变化的威胁和法规环境。这可能涉及制定密码策略、访问控制政策、数据备份政策等，以确保整个电力网络和信息系统的安全性符合最佳实践和法规要求。在监测和报告员工安全行为方面，安全培训部门扮演着监察者的角色。通过使用各种技术工具和系统，他们能够追踪员工在电力网络和信息系统使用中的行为。这包括监测登录活动、数据访问模式、敏感信息的处理等。通过实时监控，他们可以及时发现潜在的异常行为，并采取适当的措施来防范潜在的安全威胁。此外，安全意识培训部门还负责定期报告员工的安全行为情况。这些报告可能包括安全合规性的度量指标、培训成效评估，以及员工对安全政策和流程的理解程度。通过这些报告，他们能够为高级管理层提供有关组织整体安全状况的详细见解，为制定未来的安全战略和制订培训计划提供有力依据。

6.2.2 责权分配与协调

在构建企业风险管理组织架构时，应当遵循几个基本原则。其一，要坚持权责明确原则，确保在风险管理实施过程中权责分明。这包括避免不相容职务的合并，杜绝操纵现象的发生；通过合理分工，降低职责的冗余和遗漏；对权限层级进行清晰划分，明确规定风险管理层级的限额，并确保其有效执行。同时，保障报告线的完整性，根据企业管理结构和业务复杂性设立合适的报告线，以确保管理者能够及时获取本单位的风险管理情况。其二，应当遵循协同合作原则，强调在责权分配的同时，各部门和岗位之间要保持密切的协作与合作，形成高效有机的风险管理体系。首先，建立跨部门、跨层级的畅通沟通渠道，确保信息传递畅通无阻。其次，倡导协同工作的文化，鼓励部门间展开团队合作。此外，协同合作原则还注重共同的风险治理目标和战略。最后，建立有效的团队结构和协作机制，以促进协同合作的有效展开。

6.2.2.1 权责明确原则

首先，确保不相容职务相分离是权责明确原则中的关键。其重要性体现在三个方面：其一，防范利益冲突。不相容职务相分离有助于防范个别员工或部门出现利益冲突的情况。当一个人在职务上涉及多个关联的业务领域时，可能会面临利益冲突的风险，而分离这些职务可以减少这种冲突的可能性。其二，减少腐败风险。通过明确职务分工，特别是在涉及财务、采购等敏感领域时，可以减少腐败行为的机会。不相容职务相分离有助于阻止某个人在职务上滥用权力，从而减少贪污和腐败的风险。其三，提高透明度和信任。分离不相容职务有助于提高组织的透明度和信任度。员工和利益相关者更容易相信组织的运作是公正和透明的，因为没有人能够操纵系统以谋取个人或特定团体的利益。

在风险管理中，确立明晰的权责分工是至关重要的原则之一。通过巧妙的分工，组织能够更有效地适应复杂多变的风险环境，避免职责交叉和疏漏，提升整体风险管理的效能。首先，分工有助于资源的最优利用。通过有机整合不同层次和部门的专业知识，避免了资源的重复配置和浪费，使得组织能够更高效地进行风险管理活动。其次，明晰的分工可以降低错误发生概率。明确每个部门或岗位的职责范围，有助于减少由于沟通不畅或职责交叉导致的错误，也减少了工作的重复性和信息传递的复杂性，有助于避免风险管理过程中的操作失误。再次，合理的分工能够提高响应速度。当各部门专注于自身的职责领域时，可以更快速地采取行动，迅速应对潜在风险，降低潜在威胁的影响。最后，明确的分工有助于确立每个部门或岗位的责任。这样，当发生风险事件时，责任归属清晰，有助于追溯和汲取经验教训，从而改进风险管理策略。

明确权限等级，并制定明确的风险管理层级限额，是权责明确原则中的核心议题。这一点的实施对于电力网络与信息系统安全管理至关重要，因为它确保了在风险管理过程中的决策和执行过程是有序、透明且负责任的。通过对权限层级的明确划分，每个层级的责任和职权得以明晰，确保各个层级的人员在风险管理中知道自己的职责范围，避免责任模糊和推卸责任的情况。另外，明确的权限层级有助于快速、高效的决策过程。不同层级的管理者可以在其权限范围内独立做出决策，从而提高决策的迅速性和适应性，特别是在应对紧急情况和安全事件时。此外，严格规定风险管理层级限额可以有效地控制风险的扩散。每个层级在自身的权限范围内负责风险的管理，从而减少风险传播和蔓延的可能性，保持风险在可控范围内。对权限层级的明确划分有助于确保组织的风险管理实践符合法规和标准。通过设定明确的层级限额，可以更容易地进行合规性审计，降低法律责任风险。

确保报告线的完整性是电力网络与信息系统安全管理中权责明确原则的重要方面，对企业管理者全面了解本单位风险管理情况和制定决策至关重要。在电力网络和信息系统安全领域，及时获得准确的风险管理信息对预防潜在威胁、应对紧急事件以及制定战略决策至关重要。首先，保持报告线的完整性有助于确保信息传递的准确性和及时性。在电力网络和信息系统安管理中，风险状况可能随时发生变化，因此需要通过完整的报告线确保信息能够快速传递给企业管理者，使其能够在第一时间作出反应。若报告线不完整，信息传递可能受阻，导致管理者无法及时了解最新的风险情况。其次，针对电力网络和信息系统的特殊性，报告线的完整性有助于确保不同安全团队之间的有效协作。电力网络和信息系统安全管理通常需要多个专业团队协同工作，包括网络安全、系统安全、风险管理等。若报告线不完整，这些团队之间的信息共享和协作可能受到影响，降低了整个安全体系的协同效能。

6.2.2.2 协同合作原则

在构建风险管理组织结构时，确保畅通的信息传递，同时降低信息流动的成本至关重要。下层组织需要具备向上层传递风险暴露和政策执行情况的能力，而上层组织则应能及时向下层传达相关政策和战略。各部门之间的信息互通应保持顺畅，强化信息共享。为避免信息流动的复杂性和干扰，建议简化信息传递过程。在电力网络和信息系统安全管理中，各部门密切协作。通过建立跨部门的沟通渠道，可确保信息在不同部门之间顺畅传递，防止信息孤立和滞后。这种信息共享有助于更快速地识别、评估和应对风险。电力网络和信息系统的安全性涉及多个方面，包括网络、系统和人员等。透过跨部门的信息传递，各部门能够共同形成对整体风险的综合视角，而非仅关注各自领域，从而更全面地了解风险的本质和潜在威胁。

协同合作原则要求建立协同工作的文化，鼓励部门间的团队合作。这包括制定激励措施，奖励部门间成功协作的案例，以及建立共同目标，确保各个部门在风险管理中能够紧密协作，形成整体的风险治理效果。协同工作的文化鼓励信息和经验的分享，使得不同部门能够共同参与风险评估和感知。这有助于形成全面的风险认知，确保各个部门都能够了解组织范围内的潜在威胁，从而更加全面地制定应对策略。团队合作能够使得部门之间的响应更加协调一致。在发现风险事件或威胁时，各个部门能够迅速协同行动，采取一致的措施，提高应对威胁的速度和效率，减小潜在的影响。协同工作避免了资源的重复购置和浪费。各个部门能够共享资源，避免重复采购相似的安全工具或技术，从而优化了资源的利用，提高了整体的经济效益。团队合作为部门间提供了学习和共同进步的机会。通过分享成功的协作案例和教训，组织可以不断优化其风险管理策略，适应新的威胁和技术发展，实现不断地进步与创新。

协同合作原则还强调共同的风险治理目标和战略。所有部门和岗位都应该明确了解组织的风险治理目标，确保各自的工作与整体战略一致。通过建立共同的价值观和目标，可以促使不同部门在风险管理中形成一致的行动方向，提高整体的风险管理效能。共同的风险治理目标和战略确保了组织各部门在风险管理方面的一致性。通过共享相同的目标，所有部门能够朝着相同的方向努力，减少了因为各部门目标不一致而引起的冲突和混乱。这为整个组织提供了清晰的方向，使得风险管理更具有效性。共同的战略有助于建立一致的监测和评估体系。部门共享的目标意味着他们对于风险的监测和评估标准是一致的，从而确保了整个组织对风险状况的准确理解。这为更好地制订风险缓解计划提供了基础。

最后，协同合作原则要求建立有效的团队结构和协作机制。这包括建立跨部门的风险管理团队，确保不同部门的专业知识能够得到充分整合。同时，建立快速响应机制，使得在面临紧急风险时，各个部门能够快速、协同地采取应对措施，减缓潜在风险的影响。电力网络和信息系统的安全性涉及多个领域，包括网络安全、系统安全、风险管理等。建立跨部门的风险管理团队能够集结不同部门的专业知识，形成综合性的解决方案，确保对多元化风险的全面覆盖。在面临紧急风险时，迅速地响应是至关重要的。跨部门协作团队能够实现信息的快速共享和协同决策，提高应对紧急风险的效率，降低潜在风险对电力网络和信息系统的影响。不同部门对风险的感知和理解角度不同。通过建立跨部门团队，可以促进建立全面的风险认知，确保涵盖了各个方面的风险，从而更好地保护电力网络和信息系统的安全。

6.3 运营与执行方案

本节聚焦于运营与执行方案，主要包括风险识别与评估、风险控制与应对，以及教育与培训三个关键方面。在风险识别与评估中，笔者详细探讨了风险评估的方法，包括识别风险、定量分析以及风险评估工具的实际应用。在风险控制与应对方面，本节内容涵盖了制定风险控制策略，包括减轻、转移和避免风险，并提供紧急响应计划以确保业务连续性。最后，在教育与培训部分，笔者强调了员工教育与培训的关键性，以提高安全意识和应对电力供应链安全需求的能力。

6.3.1 风险识别与评估

6.3.1.1 风险识别

风险识别，作为风险管理的第一步，也是确保电力 ICT 供应链安全的关键一步。这包括对组织、项目或活动中可能发生的各种不确定性因素进行系统性的、全面的分析和识别。这一步骤通常涉及与利害相关者的沟通、历史数据的分析、专业意见的征询等。

利害相关者一般包括外部供应商和内部人员。与这些供应链参与方的沟通是确保整个电力 ICT 系统安全性的重要一环。首先，与供应商沟通至关重要。供应商可能提供关键的硬件、软件或服务。例如，如果电力系统采用某个供应商提供的电脑设备，与该供应商沟通可以了解他们的软件安全性措施、固件更新策略以及数据加密等方面的实践。其次，合作伙伴的角色也不可忽视。合作伙伴可能与电力系统有数据共享或接口交互，需要了解他们的网络安全措施和数据隐私政策。例如，与能源市场数据提供商的沟通可以帮助评估其数据传输过程中可能存在的安全风险，确保数据完整性和机密性。此外，承包商在电力 ICT 供应链中可能负责具体的系统部署和维护工作。与承包商沟通有助于确保在部署和维护过程中遵循最佳安全实践。例如，与智能电网设备安装承包商沟通，可以了解他们在物理安全、访问控制和设备配置方面的操作规程，从而降低潜在的物理和网络安全风险。

与内部团队的沟通是电力 ICT 供应链安全管理的核心。内部团队包括电力系统运维人员、网络和信息系统管理员等。首先，与电力系统运维人员的沟通是关键的。了解他们在日常操作中可能遇到的问题，以及对系统稳定性和可用性的关切。例如，了解他们对设备升级的需求，以确保及时应用安全补丁，防范潜在的漏洞。其次，与网络和信息系统管理员的沟通也至关重要。了解他们对网络拓扑结构的看法，以及对入侵检测和防火墙规则的维护情况。例如，询问管理员关于网络流量监控、异常活动检测和响应计划的细节，以加强网络和通信风险管理。通过这些与内部团队的沟通，可以深入了解系统的实际运行情况，掌握实践中可能出现的风险，并及时采取相应的风险管理措施。这有助于建立一个紧密协作的团队，共同致力于提高电力 ICT 供应链的安全性。

其次，则是对历史数据进行分析。首先我们需要关注过去发生的安全事件，以深入了解系统可能面临的问题。通过回顾过去的网络攻击事件，可以识别攻击者的目标、使用的攻击方法以及攻击对电力 ICT 系统造成的影响。例如，过去可能发生过的拒绝服务攻击、恶意软件传播等事件，有助于预测未来可能的攻击方式。历史数据中的数据泄露事件提供了有关可能泄露的敏感信息类型、泄露原因以及影响程度的信息。电力 ICT 系统可能涉及用户数据、能源消耗模式等敏感信息，了解过去的泄露事件有助于采取更有效的数据保护措施。电力 ICT 系统的供应链可能受到历史故障事件的影响，如供应商提供的组件故障、交付延误等。通过分析这些故障，可以识别潜在的风险源，并采取相应的风险缓解策略，例如选择可靠的供应商、建立备用供应链等。

此外，通过审查电力 ICT 系统过去的漏洞历史，可以了解系统的薄弱点。这可能涉及网络安全漏洞、软件漏洞以及硬件安全性方面的问题。例如，先前的系统可能存在未及时修补的漏洞，了解这些漏洞有助于制定更强化的漏洞修复策略。基于过去的漏洞历史，可以预测未来可能出现的安全风险。如果在过去，某一类型的漏洞频繁出现，那么在未来可能会继续面临类似的问题。这为系统管理员和安全专家提供了指导，以便针对性地实施安全增强措施，预防潜在的漏洞利用。通过以上的历史数据分析，电力 ICT 系统可以更全面地了解过去面临的问题，为未来制定更有效的安全策略提供有力支持。这有助于建立更加强大、鲁棒的安全体系，以确保电力 ICT 系统的可靠性和稳定性。

再次，通过与安全专家和合规性专业人员的合作，电力 ICT 供应链可以更全面地识别潜在的威胁和合规性挑战，从而更有效地制定风险管理策略和提高整体安全水平。从电力 ICT 的角度，首先，组织可以寻求电力 ICT 领域安全专家的意见。这些专家通常具有深厚的电力系统安全知识，了解该行业独特的威胁和挑战。例如，一家电力公司可以征询网络安全专家的建议，以确保电力供应链中的信息系统不受网络攻击威胁。安全专家可以提供对当前电力 ICT 供应链面临的威胁的深入了解。他们可能指出电力系统网络面临的特定攻击类型，如拒绝服务攻击或远程执行代码攻击。此外，安全专家还可以介绍最新的安全标准和最佳实践，帮助组织在不断变化的威胁环境中保持安全。

电力 ICT 的合规性专业人员在确保系统符合相关法规和标准方面发挥关键作用。他们了解电力行业特定的法规要求，例如电力系统的数据隐私规定或供应链合规性标准。通过与合规性专业人员合作，电力 ICT 供应链可以确保其系统符合电力行业的法规和标准。例如，如果电力公司存储用户数据，合规性专业人员可能会建议实施强化的数据加密和访问控制措施，以符合相关的隐私法规。合规性专业人员还可以帮助识别可能导致违规的行为，并提供建议以及时纠正。例如，如果系统中的某个环节不符合数据保护法规，合规性专业人员可能建议采取必要的措施，如更新隐私政策、加强员工培训等。

最后，我们需要对整个系统架构和设计进行审查，以找出其中潜在的安全风险。对电力 ICT 系统设计的评估是确保系统整体安全性的重要环节。首先，审查系统架构，包括电力供应链中涉及的各个组件和模块。例如，考虑到电力网络的复杂性,确保系统在设计阶段就考虑了不同网络层级的安全性,以应对可能的网络攻击。评估中需要重点关注的方面包括:

(1) 身份验证和访问控制。检查系统是否具有强大的身份验证机制,以确保只有授权人员能够访问关键功能和数据。在电力 ICT 中,这可能包括对电力系统控制模块的访问权限。

(2) 数据加密。确保系统在传输和存储数据过程中采用了适当的加密措施,以防止敏感信息被未经授权的访问者窃取。在电力 ICT 中,这尤其重要,因为系统可能涉及用户用电模式等敏感数据。

(3) 安全更新和维护。确认系统设计中是否考虑了及时的安全更新和维护机制,以防止已知漏洞被利用。在电力 ICT 供应链中,这可能涉及设备固件的更新和系统软件的升级。

电力 ICT 系统通常会涉及使用第三方组件,例如开源软件、库文件或者外部服务。这些组件可能对系统的安全性产生直接或间接的影响。审查第三方组件的安全性是为了降低引入风险的可能性。具体来说,需要关注以下方面:①确认第三方组件的来源是否可信。在电力 ICT 中,应使用来自可靠供应商的硬件设备或来自官方渠道获取的软件组件。②评估第三方组件是否有已知的漏洞,以及供应商是否及时提供安全更新。在电力 ICT 中,这尤其重要,因为系统的可靠性和稳定性直接关系到电力供应的连续性。③确保第三方组件符合相关法规和标准,以满足电力 ICT 系统的合规性要求。这涉及确保使用的组件不违反电力行业的安全和隐私法规。

6.3.1.2 风险评估

电力 ICT 供应链的风险评估是确保系统安全性和可靠性的关键步骤。以下从不同方面介绍电力 ICT 的风险评估,包括风险定量分析和风险评估工具的应用:

1) 恶意软件与病毒风险评估。

(1) 风险定量分析。电力 ICT 系统在面临恶意软件和病毒的风险时,首先需要进行风险定量分析,以全面了解潜在威胁的影响程度和频率。通过回顾先前的事件,如勒索软件攻击、病毒传播等,可以评估这些事件的发生频率。同时,分析这些事件可能对系统造成的财务损失、系统停机时间和数据泄露的潜在成本,以便量化风险。

(2) 工具应用。电力 ICT 系统需要使用专业的工具来检测和防范恶意软件和病毒的威胁。以下是一些工具的应用。

(3) 恶意软件检测工具和防病毒软件。部署先进的恶意软件检测工具和防病毒软件,以实时监测系统中的异常活动。这些工具可以帮助及时发现并隔离潜在的恶意软件。

（4）漏洞扫描工具。运用漏洞扫描工具识别系统中的弱点，包括可能被利用的安全漏洞。定期扫描系统，确保及时修补潜在的漏洞，以减少恶意软件入侵的机会。

（5）渗透测试。定期进行渗透测试，模拟真实攻击场景，评估系统对恶意软件和病毒的脆弱性。这有助于发现系统中可能存在的安全隐患，以便采取进一步的防护措施。

2）网络和通信风险评估。

（1）风险定量分析。分析网络和通信风险可能引发的系统中断、数据泄露或未经授权访问。评估网络设备和通信链路的关键性，计算潜在的业务中断对电力供应链的影响。电力供应链中的关键系统，比如能源管理系统或远程监控系统，如果遭受网络攻击导致通信中断，可能会导致电力供应中断，对用户和企业产生重大影响。因此，风险定量分析需要考虑这些关键系统的重要性，量化潜在业务中断对电力供应链的影响。

（2）工具应用。在电力ICT中，使用入侵检测系统（IDS）和入侵防御系统（IPS）来监控网络活动是关键的安全措施。这些系统能够检测异常行为和防范潜在攻击。例如，如果有异常访问或恶意流量，IDS可以及时发出警报，而IPS可以主动阻止这些攻击，从而减小网络和通信风险。

（3）流量分析工具的应用。采用流量分析工具有助于识别网络流量中的异常模式。通过分析数据包，可以检测到可能的网络攻击，如DDoS攻击或内部威胁。在电力ICT中，确保电力系统的流量正常且无异常对于保障系统的正常运行至关重要。

（4）漏洞扫描工具的应用。使用漏洞扫描工具对网络设备进行定期扫描，识别可能存在的漏洞。例如，电力供应链中的远程监控设备如果存在漏洞，可能会被攻击者利用，导致未经授权访问。定期的漏洞扫描有助于及时修复这些潜在问题，降低网络和通信风险。

（5）加密通信协议的应用。在电力信息通信技术中，确保敏感数据传输的安全性至关重要。采用诸如SSL/TLS等加密通信协议可以有效地保护数据免受窃取或篡改。举例而言，在电力系统中，可能涉及用户隐私信息或关键运营数据，通过运用加密通信协议，能有效防范潜在的数据安全威胁。

3）数据安全与隐私风险评估。

（1）风险定量分析。评估数据泄露可能造成的影响，包括用户投诉、合规问题和潜在的法律责任。以电力供应链为例，假设攻击者通过网络入侵获取了用户的能源使用模式数据。这可能导致用户隐私泄露，损害用户信任，并触发合规问题，给电力公司带来法律责任。通过定量分析，可以计算数据完整性和机密性丧失可能导致的具体损害程度，为风险的进一步管理提供数据支持。

（2）工具应用。在电力 ICT 供应链中，运用数据加密技术是一种有效的数据保护措施。举例而言，电力企业在传输用户数据时可以采用端到端的加密，以抵御中间人攻击。同时，实施严格的访问控制策略也势在必行，以限制对敏感数据的访问权限，确保只有经过授权的人员能够获取关键信息。举例来说，只有通过身份验证的运维人员才能够获取电力系统实时用电数据。此外，引入数据丢失预防工具和隐私保护工具是确保关键数据安全的重要手段。这涵盖监控数据传输过程中的异常行为，预防数据泄露，并通过隐私保护工具对用户身份信息进行脱敏处理，从而降低敏感信息被滥用的风险。

4）供应链管理与漏洞风险评估。

（1）风险定量分析。这包括对整个供应链的结构、流程和关键组件进行仔细审查，以识别可能存在的漏洞。例如，由于电力系统的复杂性，可能存在与供应链环节相关的软件漏洞或硬件缺陷。通过综合利用历史数据、安全专家的建议以及内部团队的经验，对电力 ICT 供应链的风险进行量化分析。这可以涵盖系统中断可能导致的潜在损失，如停电、数据泄露或服务中断。

（2）工具应用。采用供应链安全工具，对供应商进行定期审查和评估。为了更加有针对性地应对漏洞，建议建立供应链漏洞数据库，记录和跟踪所有已知的漏洞信息。这可以包括供应商的历史漏洞、已采取的修复措施以及风险评估的结果。通过建立这样的数据库，电力 ICT 供应链可以更好地管理漏洞信息，及时更新修复措施，并在供应链中分享经验教训，提高整体安全水平。最后，加强对供应链的监控是至关重要的。这涉及确保供应商符合最高安全标准，与供应商建立紧密的合作关系，共同应对潜在的漏洞风险。例如，可以实施实时监控机制，检测供应链中的异常活动或可能的入侵迹象。通过这样的监控，电力 ICT 供应链可以更及时地发现并应对潜在的漏洞风险，确保整个系统的持续安全性。

此外，我们可以通过制定风险矩阵来确定风险优先级。这个矩阵通常由可能性和影响两个维度组成。可能性表示某一风险事件发生的概率，而影响表示一旦风险事件发生，可能对电力 ICT 系统造成的影响程度。例如，在考虑网络攻击的可能性时，可以参考先前的攻击历史、系统的漏洞情况等因素。对电力 ICT 系统影响的例子可能包括网络中断、数据泄露或供应链中断等。可能性和影响的评估可以基于历史数据、安全专家的建议以及系统特定的漏洞情况。

在确定风险优先级时，必须考虑潜在的损失程度。这包括财务损失、声誉损害和服务中断等方面。对于电力 ICT 系统而言，潜在损失可能导致电网故障、用户数据泄露、服务中断等，对电力系统的可靠性和稳定性构成威胁。例如，网络攻击可能导致电力系统服务中断，这将影响对用户的供电可靠性，同时也可能引起声誉损害。财务损失可能包括修复系统漏洞的成本、失去业务机会等。通过将可能性和影响的评估结果放入风险矩阵中，可以清晰地划分出各个风险的优先级。高可能性且高影响的风险通常被视为优先处理的对象。例如，如果在电力 ICT 系统中发现了一个存在漏洞的网络节点，可能性高且影响大的网络攻击就成为一个需紧急处理的风险。

6.3.2 风险控制与应对

6.3.2.1 风险减轻与控制策略

在电力 ICT 领域，强化访问控制是一项至关重要的风险管理策略。这涉及确保只有经过授权的人员能够访问关键系统和敏感数据，从而有效降低潜在的内部和外部威胁。在电力系统中，仅有经过身份验证和得到明确授权的运维人员方能访问控制中心或重要的电力设备。这种安全性的加固可以通过采用双因素认证、访问令牌等先进技术来实施，从而建立起更为健全的安全凭证体系。

对于在电力 ICT 中传输和存储的敏感数据，采用数据加密（图 6.4）成为一项不可或缺的风险控制策略。电力供应链中牵涉的能源消耗数据和用户信息属于极为敏感的信息，因此采用强大的加密算法在数据传输过程中维护数据的机密性变得至关重要。这不仅可以有效地防止未经授权的访问者获取敏感信息，而且确保在数据存储时采用相应的加密措施，以有效应对潜在的物理访问风险。

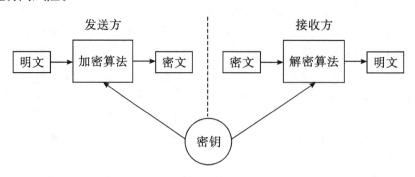

图 6.4 数据加密和解密过程

在电力 ICT 的安全战略中,及时修复系统中发现的漏洞是一个不可或缺的步骤。例如,一旦监测系统发现网络设备存在漏洞,迅速更新设备的固件或软件变得至关重要。为了实现这一目标,可以定期进行漏洞扫描和评估,并建立起高效的漏洞管理流程。及时修复漏洞不仅可以显著降低系统遭受攻击的风险,更能够提升整个系统的整体安全性,确保电力 ICT 的可靠性和稳定性。这一系列综合而又系统的安全措施将为电力供应链的安全性提供强大的保障。

6.3.2.2 风险转移策略

在电力 ICT 系统面临日益复杂的安全风险时,采取风险转移策略成为电力公司保障自身利益和降低潜在损失的关键一环。购买网络安全保险是一种广泛采用的策略,通过此保险,电力公司可以在面临网络攻击、停电或数据泄露等严重安全事件时获得经济赔偿。这种保险形式提供了一种经济支持,帮助公司更轻松地承担因安全事件可能带来的恢复和修复成本。以电力公司投保网络攻击保险为例,这种保险可以为公司提供资金支持,帮助其快速有效地应对网络攻击可能造成的业务中断和信息泄露风险。

除了网络安全保险,与供应商建立明确的合同和服务水平协议也是电力 ICT 中常见的风险转移策略。通过合同,电力公司能够将一定的责任和风险转移到合作伙伴,特别是硬件或软件供应商。在合同中规定明确的安全标准、隐私保护要求以及应急响应措施,有助于确保供应商对于系统的安全性负有明确的责任。例如,电力公司可以通过合同规定供应商需对其提供的智能电表系统承担特定的责任,并明确规范系统安全标准,以确保系统免受网络攻击的威胁。

这些风险转移策略不仅仅是对于潜在损失的一种经济保障,更是在电力 ICT 供应链中确保各方共同遵守安全标准和最佳实践的一种手段。通过这些策略,电力公司能够更全面地管理和控制系统安全风险,保障电力供应链的稳定性和可靠性。

6.3.2.3 风险避免与规避策略

首先,电力 ICT 系统中的备份与恢复计划制订是确保系统连续性和数据完整性的至关重要的步骤。在电力供应链中,特别是在智能电网系统中,大量的能源数据、运行日志等关键信息需要得到妥善保护。建立全面、可操作的备份与恢复计划定期备份关键数据,确保在数据丢失、系统崩溃或其他紧急情况下能够快速、完整地恢复业务运行。这对于电力系统的稳定运行和可靠供应具有重要意义。

其次,隔离关键系统是一种有效的风险规避手段。在电力 ICT 系统中,通过将关键系统与网络与信息系统进行物理或逻辑隔离，可以减少横向攻击路径，有效防止潜在的恶意软件或病毒从一个系统扩散到整个系统。举例而言，在电力传输网络中，采取物理隔离措施将监控和控制系统与企业内部网络分离，从而最大限度地降低网络攻击对控制系统的影响，确保电力系统的安全性。此外，对关键系统进行定期的安全审计和漏洞扫描也是风险规避不可或缺的一环。通过定期审查系统中可能存在的漏洞和弱点，及时采取修复措施，有助于预防潜在的安全风险。例如，定期对电力生产调度系统进行漏洞扫描，发现并及时修复安全漏洞，能够提高系统整体的安全性水平，确保电力供应链的稳定运行。这种系统的主动性防御策略为电力 ICT 系统提供了强有力的保障，确保其能够抵御各种潜在的威胁和攻击。

6.3.2.4 应急响应计划

在电力 ICT 领域，应急响应计划扮演着确保系统在面对潜在风险事件时能够快速、协调地做出响应的至关重要的角色。首要的组成部分之一是定期演练。通过定期模拟各类潜在风险事件，电力 ICT 团队能够全面检验应急响应计划的实际有效性。例如，假设网络受到未知攻击，通过演练团队可以验证其对攻击源的快速定位和隔离能力。这不仅提高了团队的协同应对能力，也确保在紧急情况下能够快速而高效地采取行动，从而最大限度地减轻潜在威胁带来的影响。

另外，威胁情报分析在电力 ICT 的紧急响应计划中扮演着至关重要的角色。建立威胁情报分析体系意味着实时获取有关新型威胁的信息，为团队提供了更灵活地调整和优化应急响应计划的能力。例如，当新型恶意软件或网络攻击手段出现时，通过威胁情报获取相关信息，团队能够快速调整响应策略，从而更有效地防范潜在威胁。这种实时信息更新是电力 ICT 应急响应计划能够持续有效的关键因素。

总体而言，电力 ICT 安全的应急响应计划需要具备高度的灵活性和适应性。通过定期演练和威胁情报分析，团队能够不断提升对各类风险事件的准备和反应能力，确保电力系统在面临未知威胁时仍能够迅速、有序地做出响应。这样一套全面的紧急响应计划将为电力 ICT 供应链提供更为强大的安全保障，保障电力系统的连续运行和稳定供应。

6.3.3 教育与培训

在电力 ICT 风险管理体系中，教育与培训是至关重要的一环，旨在提高员工的安全意识和技能，以有效预防和应对潜在的安全风险。以下将介绍电力 ICT 风险管理体系中教育与培训的几个关键方面：

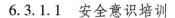

6.3.1.1 安全意识培训

在电力 ICT 供应链中,安全意识培训是确保员工了解并能够应对潜在威胁的关键步骤。电力系统中可能包括诸如服务器、远程监控系统等高度数字化的 ICT 组件,因此,员工需要充分了解与这些系统相关的安全风险。培训内容应当覆盖电力供应链的硬件和软件,培训对象包括电网运维人员、系统管理员等不同岗位,以确保全员具备相应的安全知识。安全意识培训的内容还应当包括针对电力 ICT 供应链的具体实例。例如,培训可以深入介绍在电力系统中可能存在的恶意软件和病毒,以及它们可能对电力供应链造成的影响。通过实际案例的讲解,员工可以更好地理解潜在的威胁,比如恶意软件可能通过侵入电力系统,破坏或篡改关键数据,甚至导致供电中断。

另外,安全意识培训还应关注网络攻击的识别和反制。在电力 ICT 供应链中,网络是关键的传输媒介,因此员工需要学会辨识异常网络活动和潜在的攻击迹象。通过培训,员工可以学到如何识别异常的网络流量,发现可能的入侵行为,并采取相应的反制措施,确保电力系统的网络安全。

6.3.1.2 技术培训与认证

电力 ICT 供应链中,技术培训对员工有效应对复杂技术挑战至关重要。由于电力系统涉及网络与信息系统,员工需要具备深入的网络安全、系统安全和数据加密等方面的专业知识。培训可以帮助员工更好地理解电力系统的特殊性,例如电网数字化转型中使用的新技术和系统架构。通过系统培训,员工将更具信心和能力应对不断演进的电力 ICT 安全威胁。在技术培训中,员工需要学习网络安全的基本原理,包括防火墙配置、入侵检测系统的使用以及网络流量分析等。对于系统安全,培训内容可能涵盖操作系统的安全配置、漏洞管理、访问控制等方面。此外,数据加密的培训将涵盖加密算法、密钥管理和数据隐私保护。通过将培训内容与实际电力 ICT 供应链场景结合,员工能够更好地理解和应用所学知识。在电力 ICT 供应链中,考虑到实时监测和控制的要求,员工可能需要接受针对 SCADA(数据采集与监视控制系统)的培训。培训内容可以包括 SCADA 网络的安全配置,以及如何应对可能的攻击,确保电力系统的实时监控和控制不受干扰。

在电力 ICT 领域,安全认证是衡量员工专业知识和技能的有效手段。员工可以通过取得相关的网络安全、系统安全或其他与电力 ICT 相关的认证,证明他们具备应对特定领域安全挑战的资质。这不仅提高了员工的信任度,也有助于组织建立一支高素质的安全团队。

6.3.1.3 应急响应培训

在电力 ICT 的环境中,制订应急响应计划是确保系统在面临安全事件时能够迅速、协调地做出反应的关键步骤。首先，团队应明确定义各种可能的安全事件，如网络攻击、数据泄露等。通过详细的风险评估，确定每类事件的潜在影响和紧急程度。然后，制定相应的应急响应策略，明确每个团队成员的责任和行动步骤。考虑到电力ICT可能面临的网络攻击，应急响应计划可能包括隔离受影响的系统、追踪攻击来源、通知利益相关者等措施。一旦制订了应急响应计划，就需要定期进行测试和更新，以确保其实际可行性。通过安全事件响应演练，团队成员可以在模拟环境中检验计划的有效性，并发现潜在的改进点。这也是评估团队成员对应急响应计划的熟练程度的机会。例如模拟一次网络攻击，观察团队成员如何迅速、协调地采取行动，以验证计划的实用性。培训员工在应对安全事件时的能力至关重要，需要为电力ICT团队提供定期培训，涵盖最新的威胁趋势、安全最佳实践以及应急响应技能，并且要强调员工在危机情况下的反应速度和应对能力，使其具备快速识别和响应潜在威胁的能力。此外，还要进行网络钓鱼模拟培训（图6.5），帮助员工辨识可疑的电子邮件，并完成正确的举报和报告程序。

图6.5 网络钓鱼

6.3.1.4 合规性培训

电力ICT供应链面临复杂的法规和合规性环境，其中包括对数据隐私、网络安全、供应链管理等方面的要求。合规性培训是确保员工了解并遵守这些规定的关键步骤。例如，在电力行业，涉及用户数据的收集、处理和存储，员工需要明确了解相关法规，如个人信息保护法，以确保用户隐私的安全。合规性培训旨在使电力ICT供应链中的员工了解并遵守相关法规，同时强调合规性的重要性。培训内容应覆盖电力网络和信息系统中的关键法规，例如电力行业标准、网络安全法等。通过合规性培训，员工将具备防范潜在法律风险的知识，减少非法访问、数据泄露等可能带来的合规性问题。

在合规性培训中，员工应学习以下内容：

（1）数据隐私法规。了解用户数据的收集、存储和处理必须符合的法规，确保用户信息的隐私和安全。

（2）网络安全标准。熟悉电力网络和信息系统的安全标准，包括如何防范网络攻击、确保系统稳定性等。

（3）供应链管理规范。了解供应链中的安全最佳实践，确保从供应商获取的硬件和软件是可信赖的，不会引入潜在的风险。

（4）合规性报告要求。理解合规性报告的要求，包括定期报告、事件报告等，以便及时向监管机构和利害相关者通报合规性状况。

合规性培训应采用多种教育手段，包括在线培训、研讨会、文档和实际案例分析。培训内容要贴近电力 ICT 供应链的实际情况，通过实例展示法规和合规性要求在具体操作中的应用。培训后，可以通过考核来评估员工的理解程度，并持续更新培训内容以适应不断变化的法规环境。

6.3.1.5 定期更新培训计划

在电力 ICT 领域，定期更新培训计划至关重要。随着技术的迅速发展和安全威胁的不断演变，确保员工的安全意识和技能与时俱进是保障电力系统安全的基本要求。本行业面临着来自网络攻击、恶意软件以及新型安全漏洞的持续威胁，因此定期更新培训计划是保障整个电力 ICT 供应链安全性的重要措施。电力 ICT 领域的技术日新月异，涉及包括智能电网、远程监控系统、数据分析平台等多个方面。这些技术的不断演进不仅提升了电力系统的效率，同时也引入了新的安全挑战。例如，随着智能电表的广泛应用，可能面临来自黑客的远程攻击，以篡改电表读数或干扰电力供应。定期更新培训计划的必要性体现在员工需要不断了解最新的网络威胁、安全漏洞和防护技术。以电力系统管理员为例，他们需要了解最新的网络防御措施，应对不断演化的网络攻击手法。员工在面对新型威胁时，通过定期更新的培训能够更加迅速、有效地做出应对，降低系统被攻击的风险。

举例来说，如果电力公司引入了新的智能电网管理系统，员工需要了解该系统可能存在的安全漏洞和防护策略。定期培训可以涵盖该系统的最新安全更新、配置最佳实践以及应对可能的攻击场景。这样，员工在系统运行中能够具备应急响应能力，保障电力系统的稳定运行。培训计划定期更新的内容应包括最新的安全标准、最佳实践、安全意识培训以及模拟演练。培训方法可以采用在线培训、工作坊、模拟演练等多种形式，以确保员工能够全面理解并运用所学知识。通过模拟演练，员工可以在真实场景中应对安全事件，提高实战能力。

第 7 章　数字新技术的风险和机遇

在本章中，笔者深入探讨了几个关键的新技术，旨在揭示数字化转型中的风险和潜在机遇。首先，通过第 7.1 小节"人工智能与机器学习"，剖析了人工智能在电力领域的广泛应用，包括预测维护、负荷预测和异常检测等方面。这不仅为提高电力系统的运行效率提供了机会，同时也引发了对人工智能安全性和可解释性的关切。接着，在第 7.2 小节"区块链与智能合约"中，研究了区块链技术的应用，特别是智能合约在电力供应链中的潜在利好。区块链的去中心化和不可篡改性为能源交易和合同执行提供了安全性，但也带来了新的技术和合规性挑战。第 7.3 小节"虚拟现实与元宇宙"进一步探索了虚拟现实和元宇宙对电力行业的影响。这不仅包括在培训和模拟方面的机遇，还涉及虚拟化对工作方式和用户体验的潜在颠覆。最后，在第 7.4 小节"云计算与边缘计算"中，分析了云计算和边缘计算对电力系统的改革。这两者的结合为数据处理提供了更多灵活性，但也带来了关于数据隐私和网络安全的新挑战。这些小节相互关联，共同构成了数字新技术在电力领域带来的复杂局面。笔者将深入研究每个领域的风险和机遇，以制定综合的数字化战略，确保电力系统在面对新技术潮流时能够稳健前行。

7.1　人工智能与机器学习

在数字新技术的风险和机遇中，人工智能和机器学习是引人注目的领域，既带来了巨大的机遇，也伴随着一系列安全和合规性挑战。首先，人工智能的应用已经在各行各业得到广泛应用，从自动驾驶汽车到智能家居系统，都展现了其强大的潜力。在电力供应链中，人工智能可以用于优化能源生产和分配，提高供应链效率。然而，这也引出了一个重要问题，即如何确保人工智能技术在电力领域的合理应用和安全运行。

其次，随着人工智能技术的广泛应用，安全风险也日益凸显。人工智能的安全性问题涉及恶意攻击、数据隐私泄露、算法偏见等方面。在电力供应链中，如果智能电表或能源监测系统受到恶意攻击，可能导致电力数据泄露或能源供应的不稳定。因此,探讨人工智能的安全风险成为确保电力系统稳健性的重要议题。

最后,人工智能的监管和合规性问题也备受关注。由于人工智能在决策制定、客户服务等方面的广泛应用,监管机构和政府部门需要建立相应的法规和政策,以确保人工智能的应用符合伦理标准和法律规定。在电力供应链中,监管和合规性问题可能涉及能源市场的公平竞争、数据隐私的保护等方面。因此,深入讨论人工智能的监管和合规性问题是推动电力行业数字化转型的必要一环。

通过探讨人工智能的应用、安全风险以及监管和合规性问题,企业可以更全面地了解在数字新技术时代电力供应链面临的挑战和机遇。这也为确保人工智能技术在电力领域的健康发展提供了有益的思考和方向。

7.1.1 人工智能的应用

7.1.1.1 预测维护

数字电网的预测性维护是利用人工智能技术提前预测电力设备的故障并进行及时维护的一项关键策略。首先,人工智能可以通过监测电力设备的运行数据和性能指标,利用机器学习算法学习设备的正常运行模式。例如,智能传感器可以收集发电机的振动、温度、电流等数据,构建设备的运行特征模型。一旦设备的运行状态偏离了学习模型,机器学习系统就能够识别出潜在的故障迹象,提前预测设备可能出现的问题。具体流程如下:

(1) 数据收集。收集与电力设备相关的大量数据,包括设备的运行状况、传感器数据、温度、湿度、电流、电压等信息。这些数据可以通过各种传感器、监测设备和智能电表等获得。

(2) 数据清洗和预处理。对收集到的数据进行清洗和预处理,包括去除异常值、填补缺失数据、标准化数据等,以确保数据质量和可用性。

(3) 特征工程。提取有意义的特征,后续用于训练机器学习模型。特征可能包括设备运行时间、负载变化、温度变化等。这一步骤的目标是为模型提供有效的输入。

(4) 模型选择。选择适当的机器学习模型,如回归模型、决策树、支持向量机、神经网络等,以根据历史数据进行训练并预测设备的未来状态。

(5) 模型训练。使用历史数据对选定的机器学习模型进行训练。模型通过学习设备的正常运行模式和潜在故障模式,能够预测设备可能的故障或维护需求。

(6) 实时监测。部署训练好的模型到实时环境,监测设备运行时的实时数据。模型根据实时数据不断调整预测,并发出预警信号,标识可能需要维护的设备。

(7) 维护计划制订。根据机器学习模型的预测结果,制订设备的维护计划。这包括确定维护的时间、维护的具体内容、所需的人力资源等。

(8) 实施维护。根据制订的维护计划,进行设备维护。这可以是预防性维护、修复性维护或升级性维护,以确保设备的稳定运行。

(9) 反馈和优化。收集维护后的数据,反馈到机器学习模型中,以不断优化模型的准确性和预测能力。这一步骤是一个循环过程,使模型能够适应设备运行状态的变化。

通过整合人工智能和机器学习技术,电力领域的预测性维护流程变得更加智能化和高效,有助于降低设备故障风险,提高电力系统的可靠性和运行效率。

再次,数字电网的预测性维护利用大数据分析来识别潜在的故障模式。通过整合历史维护记录、设备传感器数据、供电网络拓扑结构等信息,人工智能系统可以建立复杂的数据模型,识别出与设备故障相关的模式和趋势。这种模型可以预测设备未来可能出现的故障类型,为电力公司提供更准确的维护计划,避免了设备的突发故障对电力供应链造成的不利影响。

最后,预测性维护还可以结合实时监控系统,使电力公司能够在设备发生故障的第一时间做出响应。例如,如果智能监控系统检测到发电机的振动频率超过了预定的阈值,预测性维护系统可以立即发出警报,并建议维护团队采取相应的措施。这种即时响应能够最大限度地减少设备停机时间,提高电力系统的可靠性。

综上所述,使用人工智能技术进行数字电网的预测性维护是电力供应链中的一项创新举措。通过学习设备的运行模式、分析大数据、结合实时监控,电力公司可以更精准地预测设备故障,优化维护计划,提高设备可用性,为数字电网的可持续运行创造更加稳固的基础。

7.1.1.2 负荷预测

数字电网的负荷预测是一项关键的人工智能应用,通过分析历史数据、实时监测和机器学习算法,能够为电力公司提供更准确的负荷需求预测,优化电力系统的运行和资源分配。以下是在电力领域中负荷预测的具体流程:

(1) 数据收集。收集历史负荷数据,包括电力系统中不同时间段的负荷量。这可以涵盖小时、天、周、月等不同时间粒度的数据,并包括季节性和周期性的变化。如图 7.1 所示。

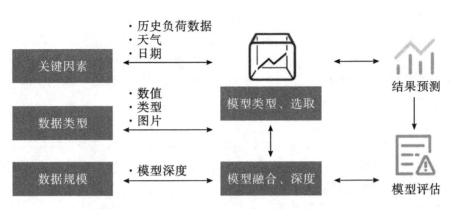

图 7.1　基于多源数据和模型融合的负荷预测方法[66]

(2) 天气数据整合。将天气数据纳入考虑范围,因为天气条件对电力负荷有显著影响。包括温度、湿度、风速等因素,这些数据通常来自气象站或其他气象服务提供商。

(3) 数据清洗和预处理。对收集到的数据进行清洗,处理异常值、缺失值,并进行数据标准化,以确保模型训练的准确性。

(4) 特征工程。提取有意义的特征,如时段、季节、天气指标等。这些特征将成为机器学习模型的输入数据,有助于模型更好地捕捉负荷的复杂性。

(5) 模型选择。选择适当的机器学习模型,例如回归模型、时间序列模型(如 ARIMA、Prophet)、神经网络等,以根据历史数据进行训练并预测未来的负荷。

(6) 模型训练。使用历史数据对选定的机器学习模型进行训练。这包括拟合模型参数,使其能够准确地捕捉负荷随时间的变化规律。

(7) 实时预测。部署训练好的模型到实时环境,对未来时间点的负荷进行实时预测。模型可以根据实时输入的天气数据和其他相关信息动态调整预测。

(8) 模型评估。定期评估模型的性能,使用新的数据来验证其准确性。如果模型的性能降低,可能需要调整模型参数或重新训练。

(9) 结果应用。利用负荷预测结果进行电力系统规划、能源市场交易和资源调度。预测结果可帮助决策者更好地分配资源,提高电力系统的效率和可靠性。

(10) 反馈和优化。收集实际负荷数据,反馈到模型中,以不断优化模型,使其适应电力系统的动态变化。

负荷预测的这一流程通过结合历史数据和外部因素,使电力系统能够更灵活地应对负荷波动，提高能源利用效率，降低运行成本。

首先，人工智能技术可以利用大量的历史用电数据和相关环境因素，如天气、季节等，构建负荷预测模型。这些模型能够识别负荷的周期性变化、特殊事件对负荷的影响，从而更精准地预测未来的用电需求。例如，当预测到高温天气即将来临时，系统可以预测到空调用电的激增，为电力公司提供足够的提前准备时间。

其次，实时监测和反馈机制是负荷预测中的另一关键元素。通过不断收集实时用电数据，人工智能系统可以动态调整预测模型，及时纠正预测偏差。例如，如果突然发生了一场大型活动，导致用电需求迅速增加，系统可以通过实时监测及时更新负荷预测，以更好地满足用电峰值的需求。

最后，人工智能技术的负荷预测可以支持电力公司制订更有效的电力生产计划和制定资源分配策略。通过提前了解未来的负荷需求，电力公司可以优化发电设备的调度，合理分配用电网络的资源，降低能源浪费，提高发电效率。这对于实现电力供应链的可持续性和经济性都具有重要意义。

综上所述，人工智能技术在数字电网的负荷预测中发挥着重要作用，通过精准的历史数据分析、实时监测和反馈，以及优化资源分配，为电力公司提供了更为智能、高效的负荷管理手段，有力支持电力供应链的稳健运行。

7.1.1.3 异常检测

数字电网的异常检测是通过人工智能技术实现对电力系统中异常行为的及时识别和响应，以确保电力供应链的安全性和可靠性。以下是在电力领域中异常检测的具体流程：

（1）数据收集。收集与电力系统运行相关的各种数据，包括设备传感器数据、电流、电压、频率、温度等，以及运维日志、故障报告等信息。

（2）数据清洗和预处理。对收集到的数据进行清洗和预处理，包括去除异常值、处理缺失数据、标准化等，以确保数据质量。

（3）特征工程。提取有意义的特征，如设备运行状态的变化、电流和电压的波动等。这些特征将作为机器学习模型的输入数据，用于发现异常情况。

（4）模型选择。选择适当的异常检测模型，例如基于统计的方法（如Z分数、箱线图）、基于机器学习的方法（如 Isolation Forest、One-Class SVM）等。

（5）模型训练。使用正常运行状态的数据对选定的异常检测模型进行训练。模型学习正常模式下的数据特征，以便在未来发现偏离正常的异常情况。

(6) 实时监测。部署训练好的模型到实时环境，监测电力系统运行时的实时数据。模型根据实时数据不断调整异常检测的阈值，以适应系统的变化。

(7) 异常检测和警报。当模型检测到与正常运行模式不一致的情况时，触发异常检测并生成警报。这可以包括设备故障、电流异常、频率波动等。

(8) 根本原因分析。在检测到异常后，进行根本原因分析，确定异常的具体来源。这有助于采取正确的纠正措施，防止问题再次发生。

(9) 实施措施。根据异常的严重程度和根本原因，采取适当的措施，可能包括设备维护、隔离故障设备、调整电力系统配置等。

(10) 反馈和优化。收集处理异常的结果，并反馈到异常检测模型中，以不断优化模型的性能，提高其准确性和灵敏度。

通过应用异常检测流程，电力系统可以更及时地识别并处理潜在的问题，提高系统的可靠性和安全性。

首先，人工智能可以利用机器学习算法学习电力系统的正常运行模式，构建基准模型。通过分析历史数据、设备运行状态以及电力网络拓扑结构，系统能够建立一个对正常行为的理解。一旦有异常出现，比如电力波动、频率变化等，人工智能系统就能够迅速识别并标记异常，触发进一步的调查和处理。

其次，实时监控是数字电网异常检测的关键组成部分。通过智能传感器和实时数据采集，人工智能系统能够实时监测电力系统的运行状态。例如，如果某个区域的电力负载突然剧增，系统会立即检测到这一异常情况，并发出警报。这种实时监控机制有助于迅速发现潜在问题，减少故障对电力供应链造成的影响。

最后，人工智能技术还可以结合先进的数据分析和模式识别技术，发现隐匿的异常行为。通过深度学习等高级算法，系统能够识别那些通过传统方法难以察觉的异常模式，提高异常检测的准确性和敏感性。例如，在电力网络中，通过分析电力流数据，人工智能系统可以发现不寻常的电力流动路径，进而识别潜在的网络攻击。

综上所述，数字电网的异常检测依赖于人工智能技术的深度学习和实时监控等关键能力。通过建立基准模型、实时监测和高级数据分析，电力公司可以更加全面地把握电力系统的运行状态，及时应对潜在的异常情况，确保电力供应链的稳健和安全。

7.1.1.4 总结

总体而言，人工智能和机器学习在电力领域的应用拓展了供应链管理和电力系统运行的新可能性。通过智能化的预测性维护、负荷预测和异常检测，电力公司可以更高效地运营，提高电力系统的可靠性，为电力供应链的可持续发展创造了可观的经济和环保价值，也为数字化转型和可持续发展打下坚实的基础。

7.1.2 人工智能的安全风险

在电网数字化领域，人工智能的广泛应用为提升效率和可靠性提供了机遇，但同时也引入了一系列安全威胁，比如对抗性攻击、数据隐私问题等。此外，人工智能算法的可解释性和公平性问题也在电网数字化中引起关注。电力系统的决策通常涉及公共利益和资源分配，因此算法的决策过程需要具有可解释性，以便相关方理解和信任系统的决策。同时，算法应保证公平性，避免对不同用户或区域的不公平对待。

因此，从电网数字化中人工智能的安全风险出发，必须认真对待对抗性攻击和数据隐私问题，同时探讨提高算法可解释性和公平性的解决方案，以确保电力系统在数字化转型中既能够获得效益，又能够保持安全和公正。

7.1.2.1 潜在安全风险

在电力供应链的数字化转型中，人工智能的引入带来了潜在的安全威胁，其中对抗性攻击是一个引人关注的问题。攻击者可能通过精心设计的恶意操作，欺骗电力系统中的人工智能算法，导致系统做出错误的决策。例如，对电力负荷预测模型进行对抗性攻击，攻击者可能通过向系统输入虚假数据，使算法误判负荷需求，从而影响电力资源的合理分配，甚至导致电力短缺或过剩。以下是一些与对抗性攻击相关的潜在安全威胁：

（1）对抗性样本。如图 7.2 所示，攻击者可能通过修改输入数据，制作出能够误导 AI 模型的对抗性样本。这些样本经过精心设计，能够欺骗模型，导致错误的输出，从而影响电力系统的决策和操作。

图 7.2　对抗性语音攻击例子

（2）模型欺骗。攻击者可能试图通过向 AI 模型提供虚假信息，使其学习到不准确的规律。这可能导致模型对电力系统的状态产生错误的理解，影响其对异常情况的检测和响应。

（3）篡改模型参数。攻击者可能尝试篡改 AI 模型的参数，以使其输出结果符合攻击者的意愿。这种攻击可能使得模型对于正常操作的判断产生偏差，影响其在电力系统中的应用。

（4）模型反向工程。攻击者可能试图通过分析已部署的 AI 模型，了解其内部结构和参数。这样的信息泄露可能为攻击者提供有关电力系统运行的敏感信息，增加潜在的威胁。

（5）注入恶意数据。攻击者可能试图通过注入恶意数据来干扰 AI 模型的训练过程。这可能导致模型学到不合理的规律，降低其在实际应用中的准确性和稳健性。

为了应对这些潜在的对抗性攻击，电力系统在引入人工智能时需要采取一系列安全措施，包括但不限于：

（1）数据安全性。确保从传感器和监测设备收集的数据受到保护，采用加密等手段防止数据篡改和注入攻击。

（2）模型鲁棒性。设计 AI 模型时考虑鲁棒性，使其能够在面对对抗性攻击时保持相对稳健的性能，例如通过使用对抗性训练技术。

（3）监测与检测。部署监测系统以实时监测模型的输出，并采用异常检测技术来识别对抗性攻击的迹象。

（4）访问控制。限制对 AI 模型的访问权限，确保只有授权人员能够对模型进行修改和更新，防止未经授权的篡改。

（5）模型解释性。提高 AI 模型的解释性，使其决策过程更加透明，便于发现异常和理解模型对输入数据的响应。

通过综合采取这些安全措施，电力系统可以在数字化过程中更好地应对对抗性攻击带来的潜在安全威胁。

另一个重要的安全威胁是数据隐私问题。电力系统中的大量敏感数据，包括用户能源使用模式、设备性能等，是人工智能算法学习和决策的关键基础。然而，不适当的数据管理和保护可能导致数据泄露和滥用。例如，如果电力公司的用户数据遭到未经授权的访问，个人隐私可能会受到侵犯，同时也可能被用于进行有害的对抗性攻击。

以下是一些与数据隐私相关的潜在安全威胁：

（1）敏感数据泄露。电力系统中涉及大量敏感数据，包括用户能源使用信息、电力设备状态和性能等。使用 AI 进行数据分析和决策时，存在数据泄露的风险，可能导致敏感信息落入未经授权者手中。

（2）隐私推断攻击。攻击者可能通过分析 AI 模型的输出结果，尝试推断出训练数据中的敏感信息。这种隐私推断攻击可能揭示用户行为模式或系统操作的细节，损害用户的隐私权。

（3）误用用户数据。如果 AI 系统未受到严格的访问控制和数据使用策略的保护，恶意实体可能滥用用户数据，例如用于进行社会工程攻击、身份盗窃等。

（4）不当的数据共享。在合作或数据共享的情况下，不当的数据共享可能使得敏感信息暴露给不应该访问这些信息的实体，从而对用户隐私安全构成风险。

（5）模型披露信息。在 AI 模型中，模型的权重和结构可能包含训练数据的某些信息，攻击者可能通过逆向工程的方法获取模型中的敏感信息。

为了应对这些潜在的数据隐私问题，电力系统在引入人工智能时需要采取一系列安全措施，包括但不限于：

（1）数据加密。采用强化的数据加密技术，确保在数据传输和存储过程中敏感信息得到有效保护。

（2）访问控制。设立严格的访问权限，确保只有经过授权的人员可以访问和处理特定的敏感数据。

（3）匿名化和去标识化。对数据进行匿名化和去标识化处理，以减少对用户身份的识别风险。

（4）数据最小化原则。仅收集、使用和存储必要的数据，以减少潜在的隐私泄露风险。

（5）透明度和合规性。提高数据处理和模型决策的透明度，确保符合相关隐私法规和合规性标准。

（6）安全培训。对从业人员进行安全培训，提高对数据隐私的认识，强调保护敏感信息的重要性。

通过采取这些安全措施，电力系统可以更好地保护用户和系统数据的隐私，确保人工智能技术的应用不会对个人隐私权造成潜在风险。此外，人工智能算法的决策过程缺乏透明性可能成为一个挑战。在电力供应链中，如果决策算法的操作不容易理解和解释，那么相关方对系统的信任就会受到影响。这可能导致在关键领域，如负荷管理和设备优化中，人工智能系统的应用受到质疑。

综上所述，电力供应链中人工智能引入的安全威胁涉及对抗性攻击、数据隐私问题以及算法决策的可解释性。保障系统的安全性和可靠性需要综合考虑技术、政策和法规等多方面因素，以确保数字化转型带来便利性的同时不牺牲系统的安全性。

7.1.2.2 可解释性和公平性

在电力供应链的数字化转型中，人工智能算法的可解释性和公平性问题备受关注。首先，可解释性问题涉及人工智能算法生成的决策是否能够被理解和解释。在电力系统中，例如，一个负责决定能源分配的算法，如果其决策不可解释，电力公司难以向相关方（如监管机构或用户）解释为何某一区域得到了更多的能源分配。这种缺乏可解释性可能会引发不信任和争议，阻碍数字化转型的顺利推进。

其次，公平性问题涉及人工智能算法是否在决策过程中考虑到各种群体的权益，避免产生潜在的偏见。在电力供应链中，如果某一算法在负荷管理中对不同地区或用户群体产生偏见，可能导致资源分配不公平。例如，一个不考虑区域特殊需求的算法可能在高负荷时将电力优先分配给某些地区，而对其他地区造成不公平的用电限制。这种情况可能引起社会关切，对电力公司形象和业务运营造成负面影响。

最后，解决可解释性和公平性问题需要在算法设计和实施的早期阶段进行考虑。采用可解释性强的算法模型，如决策树或线性回归模型，有助于让决策过程更容易理解和解释。同时，通过数据偏见检测和调整算法参数，可以在设计阶段减少算法可能引入的偏见，确保算法在不同群体间更加公平。

总体而言，电力供应链中人工智能算法的可解释性和公平性问题需要综合考虑技术、法规和道德等多个方面的因素。通过确保算法决策的透明性和公正性，可以增加社会对数字化转型的接受度，促进电力系统的可持续发展。

7.1.3 人工智能的监管和合规性

在电网数字化领域，人工智能的监管和合规性是至关重要的议题。首先，笔者深入分析人工智能在电力领域的监管框架。这包括了各种法规、伦理准则以及其他规范性要求，如数据隐私法规。在许多国家和地区，有严格的数据隐私法规规范着个人敏感信息的收集、处理和存储。在电力系统中，涉及大量用户数据，因此必须遵循相关法规以保护用户隐私。如图7.3所示，欧盟《人工智能法案》从用途、功能等角度将人工智能应用风险分为4个层级。

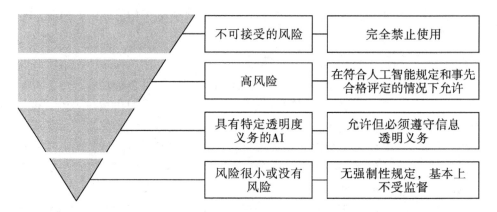

图7.3 欧盟《人工智能法案》对人工智能应用风险的分类

其次,探讨如何确保人工智能系统符合合规性要求。这包括在系统设计和运行阶段采取一系列措施以确保遵守监管框架。在电力领域,这可能涉及建立透明的数据处理流程,实施数据加密和匿名化技术,以及确保用户有权对其个人数据行使控制权。此外,还需要考虑伦理准则,确保人工智能系统的决策过程是公正、透明且不偏颇的。为了达到这些目标,可能需要在电力公司内部建立专门的监管和合规团队,负责监督人工智能系统的运作,并及时调整系统以满足法规和伦理标准的要求。

综合而言,人工智能的监管和合规性在电网数字化的发展中扮演着关键的角色。通过深入分析监管框架、确保合规性要求的满足,电力公司可以在数字化转型中更好地应对法规和伦理的挑战,提升整个电力供应链的可持续性和社会接受度。

7.1.3.1 监管框架

在电力领域,人工智能的广泛应用引发了对监管框架的制定。这些监管框架的存在主要是为了应对人工智能技术在电力供应链中可能带来的潜在风险和挑战。具体来说,主要包含数据隐私法规、伦理准则等方面。

首先,数据隐私法规在确保用户个人信息安全方面起着至关重要的作用。电力公司在数字化转型中可能涉及大量用户数据,如能源消耗模式和用电行为。为了保护用户隐私,各地区制定了严格的数据隐私法规。例如,欧盟的通用数据保护条例(GDPR)规定了在处理和传输个人数据时必须遵守的标准,强调用户对其数据的控制权。电力公司必须确保其人工智能系统的设计和运行符合这些法规,采用合适的安全措施,例如数据加密和访问控制,以防止潜在的数据泄露。

其次,伦理准则也是电力领域人工智能监管的一个重要方面。电力公司在采用人工智能算法时需要确保其决策过程是公正、透明且不偏颇的。例如，在电力负荷分配中，如果人工智能算法考虑到某一地区的需求，但区别对待其他区域，可能引发不公平对待的伦理问题。电力公司应该制定明确的伦理准则，确保人工智能系统的运行不会对社会产生不公正的影响。这包括在算法中消除潜在的歧视因素，以确保能源资源的公平分配。此外，一些国家和地区还制定了伦理准则，如加拿大人工智能伦理组织（AIEO）的伦理原则。这些监管框架在保障用户权益、确保公平竞争和防范潜在风险方面发挥着关键作用。

最后，监管框架的制定和执行需要紧密结合各地区的法规和标准。例如，美国联邦贸易委员会（FTC）对电力公司的数据隐私实践进行监管，确保其遵循消费者隐私法规。监管机构需要与电力公司合作，制定并审查其人工智能系统的监管合规性，以确保其在数字化转型中不违反法规，保障用户权益。

综合而言，人工智能在电力领域的监管框架需要同时考虑数据隐私法规和伦理准则。电力公司应与监管机构密切合作，确保其人工智能系统在数字化转型中能够安全合规地运行，维护整个电力供应链的可持续性。

7.1.3.2 确保人工智能系统符合合规性要求

确保人工智能系统在电力供应链中符合合规性要求是数字化转型中的关键挑战。原因包括：

（1）法规遵从。各个国家和地区都制定了一系列法规和政策，特别是涉及用户数据、隐私、公平竞争和伦理等方面。确保人工智能系统符合合规性要求是遵守这些法规的基本要求，有助于防范潜在的法律风险。不符合法规可能导致罚款、法律诉讼，甚至企业的关停。

（2）用户信任。合规性是建立用户信任的基础。如果人工智能系统未能满足法规要求，用户可能对其产生怀疑，担心其数据被滥用或个人权益受损。保障用户信任是维护企业声誉和客户关系的关键一环。

（3）社会责任。人工智能系统对社会产生广泛的影响，包括对就业、公平性和隐私的影响。确保系统合规是企业履行社会责任的一种方式，有助于减少系统可能引发的负面社会影响。

（4）防范潜在风险。合规性要求有助于企业识别和预防潜在的风险。这包括对数据泄露、歧视性算法决策、不公平竞争等方面的风险的防范。通过符合合规性要求，企业可以更好地管理和降低可能的风险。

（5）市场准入。在一些行业，尤其是受到高度监管的行业，确保人工智能系统符合合规性要求是获得市场准入的前提。许多政府和行业机构要求企业在使用人工智能技术时符合一定的法规和标准,以确保系统的可靠性和安全性。

综合而言,确保人工智能系统符合合规性要求不仅是法律义务,更是维护企业声誉、赢得用户信任、履行社会责任的必要步骤。这有助于建立可持续的数字化转型,为企业在竞争激烈的市场中取得成功奠定基础。

首先,公司需要建立强有力的内部合规框架,确保人工智能系统的设计、开发和部署符合国际、国家和行业相关的法规和标准。例如,在数据隐私方面,公司可以采用加密技术、访问控制和匿名化等手段,确保用户数据的安全处理,以满足各地区的数据隐私法规。透明度也是关键,公司应提供可解释的人工智能算法,以使监管机构和相关方能够理解系统的决策过程。

其次,公司应建立专门的监管和合规性管理团队,负责跟踪和理解不断变化的法规和标准。这个团队可以及时调整人工智能系统,确保其适应新的合规性要求。例如,如果某个地区修改了数据隐私法规,团队应该能够迅速调整系统以符合新的规定。此外,监管和合规团队还可以负责制定公司内部的伦理准则,确保人工智能系统的运作不会引发公众关切,如不公平的资源分配或歧视性决策。

最后,公司还可以通过与监管机构、行业协会和其他利益相关方的合作,建立开放性的对话平台,以确保人工智能系统的合规性。这种合作可以帮助公司了解各方的期望和担忧,同时也有助于共同制定更加全面和具体的合规标准。例如,在电力供应链中,与能源监管机构合作,公司可以更好地理解能源市场的法规,确保人工智能系统在市场交易和资源优化方面符合法规。

总体而言,确保人工智能系统符合合规性要求需要公司采取综合的战略和举措。通过内部合规框架、专门团队的建立以及与监管机构和其他利益相关方的紧密合作,电力公司可以在数字化转型中保持符合法规的运作,提高整个电力供应链的稳健性和可持续性。

7.2 区块链与智能合约

区块链技术作为比特币网络的基础支持,是一种通过去中心化和去信任的方式,由集体共同维护公共数据库的技术方案[67]。该技术依赖于密码学、共识算法、智能合约和分布式分类账等底层原理与运作机制,具有去中心化、开放共识、不可篡改、可追溯等显著优点[68]。因此,目前,它已成为国内外信息安全领域研究的热点。

区块链技术作为一项颠覆性科学技术，其去中心化、公开透明和不可篡改的特点，与电力系统的开放、对等、互联和共享理念相契合。它在电力系统中的应用将深刻改变传统能源交易方式和管理模式，为降低能源与电力系统的运营成本、提高系统安全性带来显著潜力。这表明区块链技术在未来电力系统发展中具有重要的前景和作用[69]。

7.2.1 区块链的应用

作为一项先进的分布式记账技术，区块链技术以其去中心化、公开透明和不可篡改的特性，为智能电网中的多方协作场景提供了坚实的信任基础。在电力行业，已经涌现出一系列关于电力交易、身份验证以及供应链跟踪等方面的应用尝试。这种技术的引入不仅使得电力行业更为高效和可靠，同时也为未来智能电网的可持续发展奠定了深厚的基础。

7.2.1.1 电力交易

随着中国电力体制改革的不断深化，电力市场正朝着更加透明、公平和自由的市场化交易模式迈进，并呈现出一系列显著特点[70]。其一，市场交易规模得到进一步扩大，中小用户逐渐融入市场，使得零售市场规模庞大且交易活跃，不再局限于批发市场。其二，电力现货市场运行平稳，分时节点电价充分还原了电力商品的本质特性。其三，交易品种更加多样化，除了集中交易，还出现了就近匹配的自由市场，以满足用户个性化的消费需求。其四，市场主体变得更加多元化，能源生产者和消费者的角色逐渐模糊，需求侧资源等分散主体都能参与交易。其五，市场信息更加透明，市场博弈更加复杂，因此对市场主体的描绘和评价变得更为重要。预计未来将会涌现专门的信息服务提供商，为市场提供更全面的交易信息服务。

区块链技术在电力交易领域具有核心的应用价值，主要体现在建立信任和解决信息世界中常见的信任问题上[71]。它的优势显而易见，包括但不限于可追溯性、公开透明性以及防止单点故障的特点。区块链技术在电力交易领域有广泛的应用，涵盖了电力批发市场、电力零售市场、分布式发电市场化交易、电力衍生品交易、源荷互动电力交易以及市场主体信用评价等方面。这一系列应用充分展示了区块链在未来电力市场中的卓越解决方案，可以实现群体协作和协调参与者权利与义务，为电力交易的可信和高效运行提供了坚实的基础。

7.2.1.2 身份验证

随着网络进入商业应用时代，我们面临着一系列紧迫的问题，其中包括商业交换过程中涉及的身份确认、身份采集和身份验证等复杂难题。传统的身份认证方式依赖于中心化机构来确认身份，并将所有身份信息存储在中心化数据库中，这种模式容易受到攻击和篡改的威胁[72]。为了解决这个问题，许多公司正在努力构建安全、防篡改的身份认证系统。微软目前正在开发一款开源的、高度自治的基于区块链技术的身份识别系统。与此同时，安永作为全球四大审计巨头之一，正在研发一套基于区块链的身份认证管理平台，旨在用于客户身份管理和验证，并具备应对内部数据管理和隐私方面挑战的能力[73]。

目前，国家电网公司信息通信分公司负责维护超过 200 个信息系统。然而，这些系统在运维标准、管理模式以及重要性上存在明显差异。其中一些系统还涉及敏感的用户信息和关键业务数据。一旦身份认证体系受到黑客攻击，将带来严重的后果[74]。因此，采用区块链技术来构建数字身份认证体系成为解决之道。区块链技术的不可篡改特性被充分利用，使得信息验证变得更加便捷和可靠。在这个体系中，每个实体在各个应用系统中留下的信息都经过脱敏处理，变成未知数据。在未获得个人授权的情况下，任何机构或个人都无法获取个人在网络中的真实行为数据。这基本上解决了目前频繁出现的信息泄露和网络诈骗等问题。基于区块链的身份认证方案具体包括如下三种[75]：

（1）硬件方案。在区块链上存储个人指纹、瞳孔等独特识别的生物特征，通过脱敏机制确保信息的安全性。最终，生成的哈希值会被嵌入实体中，用于记录数字身份。

（2）软件方案。通过在区块链上注册身份信息，用户可以直接登录相关业务系统，无须反复进行授权或注册。当然，前提是这些业务系统已经成功地与同一区块链进行了整合。

（3）企业整合方案。与前两种方式不同，这种方法首先了解企业当前的身份认证整合需求，然后定制一套独家的身份识别系统，为公司的信息记录、门禁系统和数据授权等方面提供便利。

7.2.1.3 供应链跟踪

当前，供应链已经成为产业组织中的一种重要形态。供应链的运作需要确保整个链条的稳定性和安全性，这使得如何准确、真实地跟踪和管理供应链各方信息显得尤为重要。区块链技术作为一种新兴的网络技术，以其不可篡改、公开透明等特点，为供应链信息的跟踪与管理提供了便利和发展的可能性。

供应链是一个由供应商、生产商、经销商、零售商和消费者等构成的复杂网络。其目标是建立信任基础，实现企业间的协同合作，从而提高整体效率，为各相关企业创造更大的价值和收益。然而，传统的供应链信息跟踪与管理存在一系列问题，包括核心企业控制力不足、溯源困难、信息孤岛现象和信任机制缺乏。在这种情况下，基于区块链的供应链信息跟踪与管理应用成为解决方案。通过区块链的不可篡改性和协同性，有效解决了信息不对称和沟通成本高等问题。基于区块链的供应链平台连接了供应链中的各个企业，实现了商品流、物流、资金流和信息流的整合，构建了互信共赢的供应链生态系统。利用区块链的不可篡改性和共识机制，企业可以快速建立信任关系，降低信息不对称，制定协作流程，形成灵活的动态企业联盟，提高企业应对不确定性的能力。结合物联网、大数据、人工智能等技术，区块链可以处理海量数据和信息，自动调整供应链规则，为企业提供更强大的经营支持。

7.2.2 区块链的安全风险

区块链作为一种整合多种技术的新兴服务架构，因其去中心化和不可篡改等特点，引起了学术界和工业界的广泛关注。然而，由于区块链自身结构的复杂性和应用场景的多样性，它面临着多方面的安全威胁。恶意攻击者可能利用区块链应用的底层技术漏洞和低耦合性等安全漏洞，以非法手段获取利益[76]。据区块链安全公司派盾（Peck Shield）的数据显示[77]：2019年共发生了大约177起区块链安全事件，给全球造成的经济损失高达76.79亿美元，环比增长了60%。随着区块链应用的不断推进，越来越多的安全问题和攻击方式出现在人们的视野中。这些问题包括对区块链技术架构的普遍性攻击方式，如数据层的后门攻击（backdoor attack）[78]、网络层的日蚀攻击（eclipse attack）[79]、共识层的51%攻击[80]、合约层的重入攻击（re-entrancy attack）[81]、应用层的交易顺序依赖攻击（transaction-ordering dependence attack）[82]等。这些安全问题不仅直接导致经济损失，还引起了社会各界对区块链技术的质疑，严重影响了区块链技术的发展进程。因此，只有采用有效的防御策略和相关技术，才能确保区块链拥有良好的网络环境，并推动区块链技术的快速发展。

7.2.2.1 后门攻击

密码算法、零知识证明[83]等工具的应用保障了区块链数据的机密性和完整性。然而，在实际的区块链开发中，开发人员往往倾向于直接使用现有的开源密码算法。然而，需要注意的是，这些开源算法可能存在被植入后门的风险，从而对区块链数据的安全性构成严重威胁。一个经典的案例是美国国家安全局在RSA算法中植入后门[84]，如果用户调用了被植入后门的RSA算法，攻击者就能够通过用户的公钥直接计算出私钥，从而解密并访问被加密的数据。

数据层攻击具有共同特点，即攻击者将目标定位在区块链数据上，其特征主要表现为数据隐私窃取攻击和恶意数据攻击。数据隐私窃取攻击的目的是获取用户的隐私信息，可以分为基于密码学工具的安全隐患和基于交易关联分析的攻击。而恶意数据攻击则是利用区块链技术的弱点生成恶意数据并上链，从而干扰系统的正常运行。尽管当前的密码学工具被认为是安全的，但随着新一代计算技术的发展，必须考虑替换更安全、高效的密码学工具，以确保长期的安全性。特别是在量子计算的兴起下，需要加快推进安全哈希算法和抗量子密码算法的研究，以确保区块链在后量子时代的稳固性和可靠性。

7.2.2.2 日蚀攻击

攻击者利用特定手段使目标节点只能获取被操纵的、伪造的网络视图，将其隔离在实际网络视图之外，从而干扰目标节点的正常运行，以达到特定的攻击目的。攻击者通过操作多个对等节点与目标节点保持长时间的传输连接，使其在线链接数达到目标节点的入站连接上限，从而阻止其他合法节点的连接请求。在这种情况下，目标节点被攻击者从P2P网络中"隔离"出来，导致目标节点无法正常维护区块链账本。

网络层攻击主要针对区块链底层的P2P网络，其特征包括信息窃取、网络路由劫持和恶意资源占用。信息窃取攻击涉及客户端代码漏洞和窃听攻击，可以通过进行安全开发生命周期评估和采用混淆交易方法来减轻风险。网络路由劫持攻击包括日蚀攻击、BGP劫持攻击和分割攻击，可以通过采用共识信誉机制和实时检测系统来提高防护能力。恶意资源占用攻击，如DoS和DDoS攻击，可以通过使用防火墙等工具进行防范，而BDoS和交易延迟攻击则需要依赖激励制度和社会工程手段来解决。

7.2.2.3 51%攻击

攻击者采用短程和长程的方式对区块链网络构成51%攻击的威胁。在短程攻击中，攻击者通过操纵记账权来影响特定的共识过程；而长程攻击涉及创建超过主链长度的支链。这些攻击的变体包括双花攻击、历史修复攻击、卖空攻击和自私挖矿攻击。此外，还存在其他攻击类型，如无利害关系攻击、预计算攻击和长距离攻击，它们对区块链系统构成潜在威胁。这些攻击可能导致数字货币贬值、交易不可逆转等问题。

共识层攻击的目标是影响区块链的共识过程。攻击者利用共识机制的特点或漏洞，提高竞争记账权的成功率，从而阻碍网络的正常运行，导致货币双花，并实现最大利益。在非授权共识机制中，攻击者需要控制超过全网1/2的"筹码"才能发动51%攻击，他们可能采用傀儡挖矿和贿赂攻击等手段来获取所需的"筹码"。防范这些攻击的措施包括入侵检测、惩罚机制、币龄计算方法，以及引入保证金奖惩机制。

7.2.2.4 重入攻击

攻击者利用智能合约代码中存在的重入漏洞，发动了一种特殊的攻击，即重入攻击。其中，最著名的案例是 DAO 攻击[81]。在这种攻击中，攻击者通过智能合约 A 向智能合约 B 发起提现请求。合约 B 完成向 A 的转账并触发 A 的回调函数。在这个过程中，攻击者在 A 的回调函数中插入了"合约 A 再次向合约 B 发起提现请求"的操作。因此，A 会不断发起提现请求，形成一个循环，直到最终提现失败（因为账户余额不足）。这一攻击过程的关键在于攻击者利用了智能合约中的回调机制，通过不断触发提现和回调操作，形成了一个看似正常但实际上存在潜在漏洞的循环调用。

合约层攻击的共同点在于攻击者试图通过干扰合约的正常调用来实现不同的攻击目标。其特点在于不同的攻击方式有着不同的目标和原理。攻击者可以利用智能合约的代码漏洞或合约虚拟机的运行漏洞，通过非正常的合约调用来实现非法获利或破坏区块链网络的目的。为了防范重入漏洞，在合约开发过程中应当设置参数验证机制。在智能合约 A 调用智能合约 B 时，必须确认并验证 B 返回的参数后才能继续执行。参数验证机制不仅可以防止攻击者通过在 B 中植入漏洞来进行重入攻击，还有助于防范攻击者进行误操作或异常攻击。这一设计措施为智能合约提供了有效的保护，确保其在运行过程中更加安全可靠。

7.2.2.5 交易顺序依赖攻击

在区块链交易场景中，交易的处理顺序对最终的交易结果有直接影响。以发布一个奖励丰厚的解题智能合约为例，攻击者可以监听与该解题合约相关的交易，并在目标解题交易即将被验证、打包上链之前发布一笔具有较高 Gas 值的交易。通过将解题合约的奖励降低为零，攻击者旨在最大限度地获取利益。由于矿工倾向于优先打包具有较高 Gas 值的交易，这导致解题者无法按照智能合约中原先声明的奖励获得相应的回报。

在区块链的应用层，攻击场景更为具体和复杂，因此攻击手段也多种多样。在挖矿场景中，攻击者常常利用社交工程学攻击的特性，通过挖矿行为来损害矿池或其他矿工的利益，从而实现自身利益的最大化。交易顺序依赖攻击属于扰乱交易顺序的攻击方式。它通过提高交易的 Gas 值来扰乱交易顺序，进而实现代币双花等目的。为了防止这类攻击，可以考虑在区块链系统中开设钱包的子账户，用户必须通过专门的子账户才能完成零确认交易操作，并由矿工单独进行打包和验证，以避免零确认交易与普通交易之间的冲突。此外，为了防止交易顺序被扰乱，可以要求矿工在打包交易时通过代币锁定技术缴纳保证金，然后再广播新区块。其他节点在接受新区块时可以遍历验证区块内的交易，通过举报矿工的恶意行为来获取矿工被锁定的保证金以及出块奖励。

7.2.3 区块链的监管和合规性

随着我国经济的迅猛发展和居民对电力需求的不断增长，电力行业作为国民经济的关键领域备受关注并蓬勃发展。电力改革、新能源以及储能技术等领域的快速发展，逐渐将电网投资的关注点引向电网智能化和配电网的建设。电网建设工程相对于一般工程而言更加复杂，物资合同的签订和管理对于涉及电力设备技术要求和专业生产的项目来说尤为关键。面对日益复杂的电力行业，区块链技术的应用成为解决合规性挑战的一种创新方式，尤其在处理合同法律效力、知识产权等问题上具有潜力。通过引入区块链技术，可以建立去中心化的合同管理系统，确保合同的透明性和不可篡改性，从而提升合同法律效力的可信度。此外，区块链还能为确保知识产权的安全提供支持，通过智能合约等机制实现对电力设备等关键技术的溯源和保护。

在现代化的电力行业中，每年都需要大量采购电力设备，用于电网工程的建设。由于电网建设环节的复杂性和所需物资设备的多样性，对于与众多供应商签署的物资合同的管理变得相当困难。物资合同代表电力企业与供应商之间的供货协议和约定。由于电网建设所需设备是根据具体场景和技术规格定量生产的，工程前期必须对物资采购合同进行有效管理，以便制定清晰的采购任务。通过合同管理，可以明确采购物资的型号、数量、成本、技术参数以及交货/验收方式。因此，合同的签订直接关系电力设备供应的顺利进行，对电网建设工程的进度有着重要而直接的影响。

另外，在电力行业，知识产权显得尤为关键。技术创新牵涉电力设备、新能源和智能电网等领域，为确保独占权，这些创新必须通过专利得到保护。商标的保护有助于维护企业形象，而著作权和软件的保护则关系到软件源代码的安全性。商业机密包括关键工艺和业务模式，需要通过机密协议进行保护。此外，合同中的知识产权条款清晰地规定了各方在合同履行中的权益和义务。这些说明，知识产权不仅仅代表技术创新，更是企业核心竞争力的象征，通过保护知识产权促进创新，维护公平竞争，可推动电力行业的可持续发展。

虽然，区块链技术在电力行业应用中显著提升了合同法律效力和知识产权的管理。通过智能合约，合同具备高度透明性和不可篡改性，自动执行条款，减少纠纷。在知识产权方面，区块链实现了技术溯源和去中心化保护，确保知识产权的安全性和合规性。但是，在利用区块链技术进行合同管理、知识产权管理等的过程中，电力行业仍面临着一些共同的挑战，具体包括：

（1）法律认可和规范。区块链技术的广泛应用需要得到法律制度的认可和明确的法规规范。当前法律体系可能未充分适应区块链的特点，缺乏对智能合约等新概念的具体法律规定。

（2）智能合约的法律效力。智能合约是区块链中的核心概念，但其法律效力在一些司法体系中可能存在争议。确定智能合约是否具有和传统合同相同的法律效力，以及智能合约的执行是否符合法定要求，都是需要充分探讨的问题。

（3）合同争端解决。区块链技术的去中心化和不可篡改性质可能使得合同的争端解决变得更加复杂。传统的争端解决机制可能需要调整以适应区块链环境。

（4）隐私和数据保护。区块链是一个分布式的不可修改的账本，但一些应用场景中可能涉及个人隐私和敏感信息。确保在合同交互中的隐私保护和数据安全，需要符合当地和国际的隐私法规。

（5）智能合约漏洞。智能合约的编写和执行中可能存在漏洞，导致合同执行不符合预期。确保智能合约的安全性和稳定性是一个重要的挑战。

综合而言，尽管区块链在电力行业合同法律方面面临着一些挑战和难题，但其技术特性为合同法律地位的提升带来了潜在的推动力。通过去中心化和不可篡改的特性，区块链有效提高了合同在存储和执行过程中的安全性和透明度，有力地解决了信息不对称和合同争议的问题。智能合约的自动执行机制确保合同条件得到严格遵守，减少了人为干预和误解的风险。这种技术应用不仅简化了合同履行流程，还增强了合同法律效力的可信度和执行力。在电力行业等多个领域，区块链的合同管理为建立信任和保障权益提供了坚实的法律基础，对于推动合同法律地位的重要性起到了积极而深远的推动作用。

7.3 虚拟现实与元宇宙

近年来，随着科学技术的迅猛发展，计算机软硬件性能持续提升，特别是在三维建模、图形运算和物理仿真等领域取得了显著进步。这些技术的飞速发展为虚拟现实（Virtual Reality，VR）技术提供了强大支持，成为一种能够为用户提供高度沉浸感的人机交互技术，引起了越来越多研究和应用领域的关注。而元宇宙作为虚拟现实的高阶发展产物，集成了虚拟现实技术、增强现实技术（Augmented Reality，AR）、混合现实技术（Mixed Reality，MR）、5G、云计算、人工智能、数字孪生等新兴信息技术，将成为下一代互联网的最新形态，使人类社会进入全新的网络时代。

随着科学技术的快速进步，自动化和智能化水平不断提高，虚拟现实技术和元宇宙技术在电力行业中展现出了一系列典型应用，并取得了显著成果，同时也呈现出广阔的应用前景。随着社会的不断进步和电力资源需求的持续增长，采用先进技术提升电力系统的自动化水平已成为电力行业未来的重要发展方向。在接下来的讨论中，笔者将深入研究虚拟现实技术与元宇宙技术在电力行业中的具体应用情况，以及它们所带来的机遇。

7.3.1 虚拟现实的应用

虚拟现实最早于 20 世纪 60 年代问世。在 1957 年，电影摄影师 Morton Heiling 开创了一种名为 Sensorama 的仿真模拟器[85]，通过三面显示屏实现了引人入胜的空间感。与此同时，虚拟现实的奠基人、著名计算机科学家 Ivan Sutherland 在 1968 年设计并推出了第一款头戴式显示器[86]，这些早期的概念和技术为虚拟现实技术的未来发展奠定了坚实的基础。

在过去的半个世纪里，虚拟现实技术的研究不断深入。一方面，人们致力于利用计算机、传感器、自动控制等手段，以提升虚拟现实技术的沉浸感，并不断丰富其交互方式。另一方面，人们关注如何应用虚拟现实技术来解决各行业的具体问题。随着科技领域的高速发展，尤其是计算机技术、计算机网络和通信等的进步，以及军事演练、航空航天、复杂设备研制等领域的需求增长，虚拟现实技术在 20 世纪 90 年代后进入了快速发展阶段[87]。如今，虚拟现实技术与智能硬件的共同发展引起了广泛关注。谷歌、苹果、三星等公司纷纷投入大量资源进行虚拟现实技术的研发，推动了手机与虚拟现实的深度结合，进而促进了 Mobile VR 的迅速发展，并取得了显著的经济和社会效益。

作为关系到国计民生的重要基础服务行业，电力行业随着科技的发展，自动化和智能化水平不断提高。虚拟现实技术为提高电力系统的自动化水平、优化运营管理提供了显著的帮助。这些应用包括但不限于智能电网的虚拟仿真、沉浸式模拟培训、电力事故演练、电力系统优化调度、电力系统运行控制以及电力系统智能巡检与故障诊断等[85][88]，取得了良好的效果。这些技术的应用不仅提高了电力系统的可靠性和效率，还为电力行业的未来发展描绘了更为广阔的前景。

7.3.1.1 智能电网的虚拟仿真

利用虚拟现实技术和智能穿戴设备，电力行业可以为变电站工作人员提供创新的培训和训练方式。通过将计算机中的多媒体和图像处理技术应用于虚拟场景，可以实现变电站的三维立体全息投影，为工作人员呈现逼真的视觉效果。这种技术使得工作人员的双眼在观察虚拟场景时产生微小差异，进一步增强了沉浸感。通过添加特效场景，工作人员可以模拟不同的天气情况，如雨雪天气、强风天气等，从而帮助他们构建应对极端天气情况下的电网系统抢修措施和方案。这种实践有助于提升工作人员的实际操作经验，为应对各种工作环境提供了可靠的基础。

7.3.1.2 沉浸式模拟培训

随着科技的不断进步，电力系统中的设备经历着快速的更新和升级。为确保工作人员的专业知识和技能与电力系统的最新发展保持同步，我们可以利用虚拟现实技术为他们创建设备内部结构的仿真环境。通过沉浸式的体验，工作人员可以进行虚拟拆解和组装，深入了解各种变电设备的内部结构和工作原理。这种身临其境的体验使工作人员能够更加牢固地掌握安全操作方法，提高操作的熟练程度，从而降低电网检修和维护的难度，并提高工作效率。

7.3.1.3 电力事故演练

通过应用虚拟现实技术对不同类型的电力事故进行模拟，工作人员可以反复练习处理各种电力事故的方式，从而在实际工作中能够快速判断事故的类型、原因以及可能发生故障的位置，并借助专业设备进行迅速处理。换句话说，利用虚拟现实技术对真实电力事故进行仿真模拟，并要求多名工作人员通过虚拟显示设备的联动功能同时进入电力设备的故障现场，通过沉浸式的交互体验共同处理事故，以增强工作人员的协同作业能力。这种模拟训练使得在故障发生和处理过程中，各个环节的工作人员能够在确保相关人员安全的前提下，尽可能减少电力事故带来的影响和损失。

7.3.1.4 电力系统优化调度

在电力系统的优化运行方面，虚拟现实技术可以通过预处理预先实例化的数据、优化计算多类数据的聚集以及在线聚集动态数据等技术迅速解析电网的关键数据。通过在虚拟环境中制定各电力设备的调度策略和信息处理策略,实现虚拟电力系统的灵活优化调度,从而提高电力系统的效率、智能化和安全性。通过比较虚拟现实系统和实际系统的运行调度,并考虑在虚拟电力系统中引入实时需求响应,可以在虚实融合的框架下实现电力系统在经济性、环境性和安全性方面的不同程度优化。在完全虚拟的场景中,调度运行人员可以同时获取多种调度策略的可视化和可互动结果,为优化调度提供更加直观生动的体验。

7.3.1.5 电力系统运行控制

虚拟电力系统是一种集成智能电网技术和应用体系的创新解决方案,通过整合多源数据、集成多种技术和建立分层控制结构,与实际电力系统有机融合,有效推动了电网的虚实结合。该系统的架构主要由控制层、区域电网层、设备层和应用层组成。在系统中,控制层负责审查电力系统的运营计划和响应信息,并通过电力系统管理平台实现对电力系统的有效管理。区域电网层采用集中式控制方式,对各个区域电力系统进行运行控制,以优化调度电能以满足不同需求。设备层包括各类实际电力设备和虚拟电力设备,是构建系统的基础实体。应用层包含多个虚拟和实际工厂、居民区、能源站和数据中心等元素,为系统的高级功能提供支持。电力交易平台根据优化结果进行交易,并将控制结果发送至控制层进行分析。控制系统随后将控制需求发送至电力系统管理平台,后者进一步将控制指令分发到用户层和应用层,实现电力系统的闭环控制。这种系统架构不仅有助于提高电力系统的效率,同时为电力系统虚实融合提供了重要的技术和管理支持。

7.3.1.6 电力系统智能巡检与故障诊断

虚拟电力系统能高效采集和分析实时监测数据和运行状态的信息。通过有线和无线设备的结合,可以在各种场景下采集和检测电力设备的状态数据。智能巡检平台的应用实现了全自动化和智能化的巡检,结合电力系统优化模块逐步实现对典型故障和潜在风险的智能识别。通过数据采集、积累和人工智能学习训练,系统逐步提升了故障分析等功能,提高了对数据的分析和处理能力,实现了巡检的智能化。在虚拟电力系统中,通过智能采集设备和感知控制技术,可以实时获取电力系统的信息。借助光纤通信技术和无线传感技术,系统能够实时监测电力系统和各种电气设备的运行信息。这种方式确保了电力系统实体的所有数据能够安全准确地传输到虚拟电力系统,从而降低了外部因素对电网的影响。

虚拟现实技术在电力领域展现出巨大的效益和广泛的潜在用途。首先,它为电力行业带来了全新的培训和模拟平台。通过虚拟现实,电力工程师和技术人员得以在高度仿真的环境中进行实际操作的模拟,有效提升其在电力设备维护、故障排除等方面的技能水平。这种实战模拟训练不仅有助于减少人为错误，还提高了工作人员应对复杂情况的能力。其次，虚拟现实技术在电力设备设计和规划方面发挥了关键作用。工程师可以利用虚拟环境模拟电力系统的运行，评估不同方案的效果，从而在实际建设之前进行全面的性能测试。这种应用有助于提前发现潜在问题，优化系统设计，降低项目风险和成本。在电力设备维护和监控方面，虚拟现实技术的应用显著提升了效率。通过虚拟环境，工作人员能够实时监测电力系统的运行状态，快速识别潜在问题，并进行远程操作和维护。这降低了对实际现场操作的需求，提高了响应速度，减少了维修时间。此外，虚拟现实技术还为电力行业的远程协作和培训提供了新的可能。工程团队可以通过虚拟环境实时协同工作，不受地理位置的限制。这对于跨地区、跨国合作的电力工程项目具有重要意义。综合而言，虚拟现实技术为电力领域带来了更安全、更高效的工作方式，同时也拓展了在电力行业培训、设计、维护和协作等方面的潜在用途。这一技术的广泛应用将进一步推动电力行业的现代化和智能化发展。

7.3.2 虚拟现实的安全风险

虚拟现实技术的迅猛发展为我们的日常生活带来了巨大便利，然而，伴随而来的是一系列潜在的风险和问题。在这个数字化时代，我们可以沉浸于虚拟世界的奇妙体验中，但也面临个人隐私被侵犯、虚拟财产争议等多方面的潜在风险。虚拟现实技术的广泛应用可能引发关于个人信息保护、数据滥用以及社交互动隐私的重要讨论。在这一背景下，平衡创新与安全隐私保护之间的关系变得尤为重要，促使我们深入思考如何在技术发展的同时有效应对这些潜在挑战，确保我们能够更安全、更明智地享受虚拟现实带来的便利。在本小节中，我们主要探究虚拟现实技术背景下，隐私泄露、知识产权侵权等可能发生的潜在风险，并提出相应的安全措施[89]。

7.3.2.1 隐私泄露风险

（1）风险描述。在使用虚拟现实和增强现实技术时，涉及个人信息的收集、存储和处理可能触及违反隐私法规的问题。这些技术通常需要获取用户的位置数据、行为习惯以及身体反应等敏感信息，如果未经用户的知情同意或未采取充分的安全措施，可能导致隐私泄露和滥用。

（2）应对措施。为减轻隐私风险，虚拟现实和增强现实技术提供商应确保用户在使用前充分了解其个人信息将如何被使用，并获得明确的知情同意。此外，数据的安全存储和传输也至关重要，可采用加密技术、访问控制和安全认证等手段来保护用户的个人信息。

（3）案例说明。以一款增强现实技术游戏为例，该游戏在用户注册时强制收集详细的个人信息，包括姓名、家庭住址和手机号码等，但未经用户同意将这些信息用于广告目的，涉嫌违反隐私法规。在此情况下，用户可以向相关监管机构投诉，并要求游戏开发商停止滥用个人信息。

7.3.2.2 知识产权侵权

（1）风险描述。在虚拟现实和增强现实技术应用中，存在未经授权使用他人知识产权作品的潜在风险。这涉及使用他人的图像、音乐、品牌标识或其他受版权保护的素材。如果未能获得权利人的明确授权或使用不符合版权规定的素材，就可能面临知识产权侵权的指控。

（2）应对措施。为避免侵权风险，虚拟现实和增强现实技术应用开发者应确保在应用中使用的所有素材都是合法的，要么获得了版权持有人的明确授权，要么使用符合开放源代码或版权许可的素材。此外，应该建立健全知识产权管理机制，对用户上传的内容进行审核和监控，以确保符合知识产权法规。

（3）案例说明。一款增强现实技术应用使用了一张知名画家的作品作为场景背景，但未获得版权持有人的授权，可能面临版权侵权诉讼。在这种情况下，版权持有人有权要求应用开发商停止使用其作品并追求赔偿。

7.3.2.3 版权侵权

（1）风险描述。在用户使用虚拟现实或增强现实技术创建和分享内容时，存在侵犯他人版权的潜在风险。这包括在应用中上传他人创作的图像、音乐、视频或其他受版权保护的作品，未经授权使用他人的创意作品。

（2）应对措施。为了避免版权侵权风险，虚拟现实或增强现实技术应用提供商应建立明确的使用规则和指南，明确禁止用户上传侵权内容，并鼓励用户使用自己的原创作品或符合版权规定的素材。此外，应该建立强有力的内容审核机制，对用户上传的内容进行细致检查和实时监测，以确保符合法律法规和知识产权规定。

（3）案例说明。一个增强现实技术应用允许用户在现实世界中放置虚拟物体，但未监控用户是否侵犯他人的版权。在这种情况下，版权持有人可以提出投诉要求应用开发商删除涉嫌侵权的内容，并可能追究法律责任。

7.3.2.4 虚拟财产争议

（1）风险描述。在虚拟现实和增强现实环境中，用户可能拥有虚拟财产，如虚拟货币、虚拟物品或虚拟土地等。然而，虚拟财产的所有权和交易可能引发争议，包括但不限于产权争议、交易纠纷和欺诈行为。

(2) 应对措施。为了减少虚拟财产争议，需要建立明确的虚拟财产所有权制度，并提供安全可靠的交易平台，确保虚拟财产的买卖和转让过程合法、透明和安全。采用具有不可篡改性和可追溯性的区块链技术，可以确保虚拟财产的产权记录和交易历史的可验证性，从而降低潜在的争议风险。

(3) 案例说明。一个增强现实游戏中的虚拟物品交易平台出现了安全漏洞，导致用户的虚拟财产被盗取或交易被篡改，引发用户之间的纠纷和争议。在这种情况下，建立安全稳定的虚拟财产交易平台是一种有效的解决方案。

7.3.2.5 虚拟身份冒用

(1) 风险描述。在虚拟现实和增强现实应用中，用户的虚拟身份可能会被冒用，导致身份盗窃和欺诈行为。恶意用户可能冒充他人身份进行虚拟交易、发布虚假信息或进行网络骚扰等活动。

(2) 应对措施。为了减少虚拟身份冒用风险，可采用先进的身份验证机制和加密技术，确保用户的虚拟身份具有真实性和安全性。例如，引入双因素认证、人脸识别或生物特征识别等方法来验证用户的身份。此外，平台可以建立健全账户安全管理系统，监测异常活动并及时采取措施，包括通知用户、冻结账户或进行进一步的身份验证。

(3) 案例说明。一个增强现实社交平台的用户账号被黑客入侵，导致用户个人信息泄露和虚拟财产被盗用，可能引发用户信任度的下降和法律纠纷。为防范类似风险，社交平台可以加强账户安全性，推动用户启用双因素认证，并提供实时的安全提醒服务。此外，建立用户教育机制，加强用户对虚拟身份安全的认知，也是有效的防范措施。

7.3.2.6 身体伤害风险

(1) 风险描述。使用虚拟现实设备时，用户可能面临身体伤害的风险，如晕眩、头痛、恶心、眼部不适等。这些不适可能是由于设备的佩戴不当、内容的刺激性或过度使用等原因造成的。

(2) 应对措施。为了减轻身体伤害风险，虚拟现实和增强现实设备制造商应提供明确的警示和使用指南，告知用户使用时可能出现的不适反应，并建议适量使用并休息。在设计阶段，应注重设备的舒适性和安全性，包括但不限于合适的重量分配、视觉调节和适应性等方面的考虑。此外，定期更新软件和内容，提供更加舒适的虚拟体验，也是缓解不适感的有效途径。

(3) 案例说明。一个虚拟现实体验中的运动模拟可能导致用户晕眩和恶心，因未提供警示而引发纠纷。用户可能要求赔偿或要求制造商改进设备的设计以减少不适反应。在这种情况下，制造商可以通过更新软件，增加警示信息，并优化模拟体验，提高设备的舒适性和用户体验。同时，制造商还可通过提供详细的使用指南，教育用户如何正确佩戴和使用设备，降低潜在的风险。

7.3.2.7 公共安全风险

（1）风险描述。在增强现实应用中，用户可能因为沉迷于应用而分散注意力，从而造成交通事故、伤害或其他公共安全事件。例如，在行人拥挤的地方使用增强现实应用时，用户可能没有意识到周围的真实环境，导致摔倒或与其他行人碰撞。

（2）应对措施。为了减轻公共安全风险，增强现实应用应提供更加充分的警示和安全提示，明确告知用户在使用应用时需要保持对周围环境的警觉。包括通过强化用户安全教育，向用户灌输在特定环境下的注意事项和行为规范，以及鼓励在相对安全的区域使用应用。此外，可以引入虚拟现实模拟的方式，让用户在虚拟环境中体验相关场景，提前感知潜在的安全风险，从而增强对现实环境的认知和警觉。

（3）案例说明。一款增强现实导航应用未提供足够的警示，导致用户在驾驶时分心看手机屏幕而发生交通事故，可能会引发法律纠纷和责任追究。在这种情况下，应用开发者可能需要考虑更新应用，增加更为显著的安全提示，并通过用户界面设计来降低对用户的注意力分散。同时，该应用还可以整合交通规则提醒功能，确保用户在驾驶时能够时刻保持对道路状况的关注。

7.3.2.8 虚拟暴力和淫秽内容

（1）风险描述。在虚拟现实和增强现实应用中，用户可能遭遇虚拟暴力或淫秽内容，引发道德争议和法律诉讼。这包括涉及性暴力、虚拟虐待和色情内容等。

（2）应对措施。为了减轻虚拟暴力和淫秽内容的风险，虚拟现实和增强现实应用提供商应当建立强有力的内容审核机制，以严格监管和限制虚拟暴力和淫秽内容的发布和传播。这涵盖了对应用内容的前期审核和实时监测，确保用户体验在合适的道德和法律框架内。同时，建立用户举报机制也是关键的，让用户能够方便地报告任何违规内容，使应用提供商能够及时作出反应并采取必要的措施。

（3）案例说明。一个增强现实游戏中出现虚拟性暴力场景，引发了道德争议和公众抗议，可能导致游戏被下架或制作商面临法律诉讼。在这种情况下，游戏开发者可能需要重新审查游戏内容，采取措施遏制涉及虚拟暴力的元素，并更加积极地与监管机构和社区合作，以确保其应用符合当地和全球的法规和伦理标准。

7.3.2.9　人身安全风险

（1）风险描述。在虚拟现实和增强现实技术应用中，用户可能面临人身安全的风险，如使用不合格的设备导致电击、火灾或爆炸等意外事故。此外，使用虚拟现实设备时也可能发生意外碰撞、跌倒或绊倒等伤害。

（2）应对措施。为了保障人身安全，虚拟现实和增强现实设备制造商应当严格遵守相关安全标准和规定，确保设备符合安全性要求，并提供清晰易懂的安全使用指南。这包括详细的设备操作说明、警示标识以及事故处理指南。用户在使用设备时应当仔细阅读并准确遵循这些指南，避免在危险或拥挤的环境中使用设备，以减少潜在的意外风险。

（3）案例说明。一个运行中的虚拟现实体验设备出现电路故障，导致用户被电击，可能引发用户的人身伤害索赔和对制造商的责任追究。在这种情况下，制造商可能需要积极展开调查，修复缺陷，并与用户妥善解决赔偿事宜，以维护用户和公众对其产品的信任。此外，制造商还应加强对设备的质量控制和测试，以确保产品的稳定性和安全性。

7.3.2.10　监管合规风险

（1）风险描述。虚拟现实和增强现实技术应用涉及的法律和监管要求可能会不断变化和演变，应用开发商可能面临合规风险。这包括许可要求、数据保护法规、广告规定等方面的合规性问题。

（2）应对措施。为了保持合规性，虚拟现实和增强现实技术应用提供商应当积极参与相关法规和标准的制定过程，并持续关注法律和监管环境的变化。为此，建议建立专业的内部合规团队，该团队应负责跟踪最新的法律法规和监管要求，并及时调整应用的开发、发布和运营策略以符合法规。此外，公司还应与律师事务所或合规专业机构建立合作关系，以获取专业法律意见和及时的合规建议，确保业务活动的合法性和规范性。

（3）案例说明。一个虚拟现实公司在未经监管机构批准的情况下发布了涉及健康和安全的产品，导致面临法律诉讼和处罚。监管机构可能要求公司停止销售该产品，并对公司进行罚款或行政处罚。为规避这类合规风险，公司在产品开发阶段就应充分了解并遵循相关法规，确保产品的合法性和符合监管要求。

虚拟现实和增强现实技术的广泛应用为人们带来了许多创新和乐趣，然而，随之而来的是一系列法律风险。在使用这些技术时，各方需认识到相关法律和合规问题的存在，并采取适当措施以降低潜在风险。与此同时，相关监管机构和行业组织也应积极制定相应的法规和标准，以促进虚拟现实和增强现实技术的健康发展。

7.3.3 元宇宙的未来展望

元宇宙作为一种新型的虚实融合的互联网应用和社会形态，是多种创新技术融合的结果。在"碳达峰、碳中和"目标的提出和新型电力系统的发展方向下，于元宇宙中构建电力系统正逐渐成为未来的发展趋势。在元宇宙中应用电力系统，可以借助数字孪生技术和物联网技术等手段来对元宇宙中的电力系统进行认知和分析。与传统虚拟现实技术不同，元宇宙具备虚拟与现实的融合、多元化的体验、沉浸感、经济系统以及文明等多个特点[88]。这些特征将为电力系统的未来发展提供全新的视角与可能性。

数字孪生技术在电力行业的应用将为整个行业带来深刻的变革。通过元宇宙中的数字孪生技术，我们能够创造电力系统的实时数字副本，实现对实际电力设备行为的高度精确模拟。

这为电力系统运营提供了全新的维度，使得运行状况能够在虚拟环境中进行实时监测和深入分析，从而预测潜在问题并优化系统性能。数字孪生的实时数据反映了电力系统的当前状态，使得系统能够更为精准地实施预测性维护。通过对虚拟环境中设备的深度分析，我们能够提前发现潜在故障，避免设备损坏，最大限度地减少停机时间，并在维护方面降低成本。此外，基于数字孪生的虚拟环境使电力系统具备实时优化的能力。借助先进的算法和分析工具，系统可以根据虚拟数据进行实时调整，提高能源效率，降低排放，进而实现对整个系统的创新与升级。数字孪生技术的引入将为电力行业赋予更高效、更灵活的运营模式，推动电力系统朝着智能化和可持续化方向迈进。

远程运维是基于网络和通信技术，通过远程监控、诊断和操作，实现对电力设备和系统进行维护和管理。元宇宙为远程运维提供了更广阔的应用空间。通过元宇宙平台，运维人员可以远程访问和控制电力设备，进行实时监测和故障处理，而无须现场到场。这不仅提高了运维的效率和灵活性，还降低了维护成本和风险。此外，元宇宙还可以支持远程培训和协作，使得专业知识和经验可以更便捷地共享和传递。

元宇宙作为一项潜在变革性的技术，对电力行业的未来展现出巨大的推动力。它将为电力行业带来革命性的变革，通过数字孪生和远程运维的应用，提供了一种全新的方式来监测、管理和优化电力系统。

事实上，元宇宙的出现为电力行业带来了巨大的变革。在元宇宙的世界中，电力公司工程师、运维人员和规划人员将能够以前所未有的方式与电力系统进行互动。他们可以通过虚拟的环境实时监测电力设备的状态，进行故障诊断和预测维护，从而提高电力系统的可靠性和效率。同时，远程运维应用也将成为常态，使得距离不再是限制，专业知识和经验可以实时共享和传递。未来，我们可以预见到元宇宙在电力行业中的广泛应用。它将推动电力系统的数字化转型，实现更智能、更可持续的能源管理。通过虚拟现实技术和互动性的增强，元宇宙将提供更直观的方式来理解和控制电力系统。这将加速能源转型的步伐，促进可再生能源的集成和智能电网的发展。总而言之，元宇宙将为电力行业带来全新的展望和机遇。它将推动电力行业迈向数字化时代，提升运维效率，优化能源利用，建设更可靠、更可持续的电力系统。我们期待着元宇宙为电力行业带来的变革，并将不断探索其潜力，以建设更美好的能源未来。

7.4 云计算与边缘计算

7.4.1 云计算与边缘计算的应用

在电力行业，云计算[90]的广泛应用为该行业注入了新的活力。其中，数据存储和计算资源共享成为突显优势的两个核心领域。这一数字化转型的趋势不仅为电力企业提供了更灵活、高效的数据管理手段，同时也为行业的未来发展奠定了坚实的基础。

7.4.1.1 数据存储

云计算的关键贡献之一是通过提供强大的数据存储能力，使电力公司能够高效地处理、管理和储存庞大的数据量。这些数据涵盖了来自各类传感器、监控设备以及多种电力系统的实时信息，形成了一个庞大而复杂的信息网络。通过借助云计算的强大存储能力，电力公司能够有效地应对海量数据，并确保其安全、可靠的保存。

（1）数据存储机制。高效的数据存储机制为电力公司提供了极大的灵活性和便利性。通过云计算平台，电力公司能够随时随地访问存储在云端的数据，而无须受制于特定的地理位置或物理设备。这种无缝的数据访问和管理方式使得电力公司能够更为迅速地响应各种需求，包括紧急事件的处理、实时监测和长期数据趋势的分析。

（2）历史数据分析。云计算一个重要的应用领域是历史数据的分析和利用。通过云计算提供的先进数据存储技术，电力公司可以轻松地检索、整合和分析大量的历史数据。这使得公司能够深入了解电力系统的运行历史，识别潜在问题和优化方案,并在未来的决策中获得更为全面的参考。这种对历史数据的深入分析为电力公司提供了宝贵的见解,有助于制定更为智能和可持续的运营策略。

(3) 智能化预测。云计算还为电力公司提供了先进的预测和规划工具。通过对大数据集进行深度学习和机器学习分析,电力公司能够预测用电趋势、识别潜在的能源需求波动,并提前采取相应的调整措施。这种智能化的预测能力有助于电力公司更好地规划资源、提高能源利用效率,从而在市场竞争中保持竞争优势。

7.4.1.1 计算资源共享

云计算的另一个显著贡献是通过极大地促进计算资源的共享,为电力公司处理大规模计算任务提供了高度的灵活性和效率。电力系统的运行和管理涉及复杂的计算任务,如电网仿真和负载平衡等,这些任务通常需要大量的计算能力和存储资源。

(1) 计算资源解决方案。云计算通过提供灵活的计算资源解决方案,使得电力公司能够根据实际需求弹性地调整计算能力,而无须投资大量的硬件设备。这种弹性计算的模式为电力公司提供了显著的经济和操作上的优势。在处理电网仿真等大规模计算任务时,电力公司可以根据具体需求快速扩展或缩减计算资源,从而更好地适应不断变化的工作负荷。

(2) 计算资源共享机制。计算资源共享机制不仅提高了电力公司的运营效率,同时也显著降低了成本。由于云计算平台的共享性质,电力公司无须为每个特定计算任务购买独立的硬件,而是可以通过云服务提供商按需租用计算资源。这种按使用量付费的模式使得电力公司能够更加经济地利用计算能力,避免了不必要的支出,从而使整体成本更为可控。

(3) 动态调整机制。云计算系统能够根据电力公司的实际需求进行实时调整,灵活部署计算资源,而无须一直维护大规模的计算基础设施。这种动态调整的机制不仅在经济层面上带来了明显的成本节省,同时也显著提高了计算资源的利用率。电力公司因此能够更加高效地应对不断变化的工作负荷,无须担忧资源过剩或不足的问题。

7.4.1.3 成本效益

通过采用云计算服务,电力公司能够将绝大部分基础设施和维护成本转嫁给专业的云服务提供商,从而避免承担庞大的硬件设备、数据中心建设和维护的费用。这种转变为电力公司带来了显著的经济优势,使其能够更加专注于核心业务而无须分心应对庞大的IT基础设施管理任务。云计算的成本效益体现在采用了按需付费的模式。这一模式意味着电力公司只需支付实际使用的计算资源，而不必提前投入大量的资金进行基础设施建设。这种灵活的付费模式赋予了电力公司更大的财务掌控权，使其能够根据业务需求实时调整支出，最大限度地优化资金运作。由此带来的经济效益不仅表现在降低了运营成本，同时也提高了整体经济效率。

综合而言，云计算在电力行业的应用为电力系统注入了新的动力。其强大的数据存储和计算资源共享能力有效支撑了电力公司面对庞大数据量和复杂计算任务时的需求。云计算的灵活性使得电力公司能够更好地适应不断变化的业务环境，而成本效益的优势则为企业提供了经济高效的解决方案。这种应用的成功不仅提高了电力系统的整体效率和可靠性，同时也为电力公司开辟了通往智能化运营和管理的道路。在数字化转型的浪潮中，云计算的引入为电力行业提供了创新的工具，为未来的发展奠定了坚实的基础。

7.4.2 云计算与边缘计算的安全风险

随着电网 ICT 供应链系统的数字化进程不断发展，云计算和边缘计算作为两项关键技术在推动系统升级和智能化的同时，也引入了潜在的安全风险。云计算是一种基于网络的计算模式，通过远程服务器提供数据存储、计算和服务，使用户能够通过互联网进行远程访问。而边缘计算强调在物理设备附近进行数据处理，减少数据传输到中心云的需求，以提高实时性和降低延迟。尽管它们为电网系统带来了高度灵活性和效率，但随之而来的安全风险可能对整个系统的稳定性和保密性构成威胁。这些安全风险不仅可能导致敏感信息泄露，还可能影响电力系统的正常运行，突显了电网在数字化转型中有效管理和缓解安全风险的紧迫性。

7.4.2.1 安全风险

云计算与边缘计算安全风险及解决方法总结如表 7.1 所示。

表 7.1 云计算与边缘计算安全风险及解决方法总结

安全风险	解决方法
数据传输问题	端到端加密：建立安全通信通道，防范恶意截取或篡改 虚拟专用网络（VPN）：在加密的隧道中进行数据传输，提高数据机密性和完整性
大规模数据的集中存储	生物识别和监控系统：限制物理访问，通过指纹识别等提高数据中心的物理安全性 入侵检测系统和防火墙：实时监测网络流量，防范网络攻击，并在网络层面提供隔离和保护

（续上表）

安全风险	解决方法
大规模数据的集中存储	多层次身份验证机制：采用双因素认证等手段，提高身份验证的安全性
	安全审计和漏洞扫描：定期评估整体安全性状况，及时修复潜在漏洞，防范攻击
边缘设备的安全性	合理布局和安装设备：通过合理规划设备位置降低物理攻击可能性
	引入防护外壳和安全锁：提高设备的耐损性，限制物理访问，防范未经授权的操控或破坏
	远程监测和固件更新：通过监测和更新，保障边缘设备及时应对潜在威胁，维护系统安全性
	建立安全响应机制：通过自动化的响应程序，迅速隔离受威胁的设备，最小化潜在威胁影响

（1）数据传输问题。在当前云计算环境下，数据传输问题成为一项关键挑战。随着云端服务器与终端设备之间频繁进行数据传输，安全性隐患逐渐显现。数据在网络传输过程中面临被恶意截取或篡改的潜在风险，这进一步强调了数据传输的脆弱性。漏洞存在的可能性使得敏感信息的泄露变得不可忽视，可能对个人隐私和机密业务数据造成严重威胁。当前情况下，网络传输中的安全性漏洞凸显了在数据传输过程中加密和使用安全协议的紧迫性，以保障信息的完整性和保密性。面对这一现状，业界需认真思考如何有效应对这些挑战，以确保数据传输在云计算生态中的可靠性和安全性。

（2）大规模数据的集中存储。在云计算的背景下，大规模数据的集中存储成为一个引起担忧的核心问题。将大量数据存储于云服务提供商的数据中心中，虽然带来了便捷的数据管理和访问，却也引发了一系列潜在的安全威胁。这种集中存储的模式使得整个系统成为潜在的攻击目标，一旦数据中心受到入侵，可能引发大规模的数据泄露，从而导致严重的隐私和安全问题。当前形势下，数据中心的集中存储引发了对数据安全性的深刻关切，尤其是在面临日益复杂的网络威胁和高级入侵技术的情况下。确保云服务提供商采取了高水平的数据中心安全措施，包括但不限于物理安全、网络安全和身份验证等，成为防范潜在威胁的至关重要的关注点。在这一背景下，业界需要认真评估和加强数据中心的安全防护体系，以确保云计算生态中的数据存储得到有效的保护，从而应对不断演变的安全挑战。

（3）边缘设备的安全性。在边缘计算领域，设备通常分散布置在广泛的地理区域，其中包括可能处于物理风险更高的环境，如户外设施或不受限制的公共区域。这样的分布特征使得边缘设备更容易受到各种威胁[91]，包括但不限于物理破坏、盗窃或未经授权的访问。当前情况下，边缘设备的安全性面临诸多挑战，其中物理环境的不可控性为其带来了极大的风险。对于这些设备而言，物理安全的不确定性意味着可能存在更为严重的威胁，威胁范围不仅限于软件层面，还涉及硬件和设备的实际物理完整性。因此，保障边缘设备的物理安全性成为确保整个边缘计算系统安全的关键环节。此外，固件的定期更新和远程监测也成为防范潜在风险的重要手段，以确保边缘设备能够及时应对不断演变的安全威胁，维护系统的整体安全性。在这一背景下，业界需要认真考虑和解决边缘设备安全性所面临的现实问题，以确保边缘计算系统在复杂的环境中能够安全可靠地运行。

（4）系统的分布式性质。在边缘计算领域，系统的分布式性质带来了管理和监控上的重大挑战。分布式结构导致边缘设备数量庞大，使得统一的安全管理变得更为复杂和困难。当前形势下，边缘计算系统的管理面临着极大的挑战，由于边缘设备的广泛分布，形成了一个复杂多样的网络拓扑。这使得对边缘设备的集中式监控和管理变得异常困难，因为设备可能存在于各种不同的地理位置、网络环境和使用场景中。由此产生的管理难题使得边缘计算系统的整体安全性备受考验。在当前环境下，建立有效的边缘计算安全策略成为确保整个系统安全性的关键一环。其中，身份认证、访问控制和设备管理等方面的安全机制显得尤为重要。然而，由于系统的分布式性质，这些安全策略的设计和实施变得更加复杂，需要充分考虑不同边缘设备之间的差异性和异构性。因此，当前情况下，边缘计算系统的分布式性质给安全策略的制定和执行带来了一系列实际上的困境，需要深入研究和解决，以确保系统能够在分布式环境中维持高水平的安全性。

当前数字化转型中，云计算和边缘计算的融合应用为电网系统带来了卓越的灵活性和效率提升，然而也伴随着一系列严峻的安全挑战。在云计算中，由于数据频繁传输，存在被恶意截取或篡改的风险，网络传输中的漏洞可能导致敏感信息泄露，对电网系统安全性构成威胁。同时，云服务商集中存储的大量数据，一旦其数据中心受到入侵，可能导致大规模的数据泄露，对电网信息的机密性和完整性造成威胁。边缘计算系统的分布性质使得设备更易受到物理破坏、盗窃或未授权访问。设备分布在广泛的地理区域，部分处于风险更高的环境，如户外设施或不受限制的公共区域，增加了系统的脆弱性。系统的分布性也使得管理和监控变得复杂，为恶意行为提供了更多可能性。因此，电网ICT供应链系统中云计算和边缘计算的安全风险凸显，对数据传输、存储和系统管理等方面提出了严峻挑战，需要深入研究和应对，以确保整个系统在数字化转型中能够安全稳健地运行。

7.4.2.2 解决方法

随着云服务的广泛应用，网络传输安全、数据中心存储以及边缘设备的防护成为业界亟待解决的挑战。本小节将针对这些安全风险提出相应的解决方案，以确保在云计算生态中数据传输、存储和边缘计算的可靠性和安全性。

1）加强数据传输安全性。为了有效解决数据传输中存在的安全漏洞问题，业界采用了一系列强化措施。

（1）端到端加密。通过端到端加密，确保在数据传输的整个过程中，数据始终得到有效的保护。这一技术的核心在于在数据发送方和接收方之间建立一个安全通信通道，以防范恶意截取或篡改。为了进一步加固通信安全性，业界广泛采用了安全协议，如 TLS/SSL。这些协议不仅能够加密通信内容，还能实施数字签名和身份验证，有效地确保通信双方的身份合法，防止未经授权的访问。

（2）虚拟专用网络（VPN）。为了提供额外的安全层，业界也积极运用虚拟专用网络（VPN）等技术。通过建立 VPN 连接，数据传输可以在一个加密的隧道中进行，进一步降低了潜在的风险。VPN 技术不仅能够有效保护数据免受中间人攻击，还能在公共网络上建立私密的通信通道，确保数据的机密性和完整性。这些综合的安全措施共同构成了一道强大的防线，为数据传输提供了全面的保护，确保业务和个人隐私的安全性。

2）强化数据中心安全防护。为了应对数据中心集中存储可能带来的潜在威胁，云服务提供商迫切需要采取一系列全面的安全措施，以确保客户数据的保密性和完整性。

（1）生物识别和监控系统。在物理安全方面，引入先进的生物识别技术和监控系统是至关重要的一环。生物识别技术，如指纹识别或虹膜扫描，能够严格限制对数据中心物理设施的访问，有效降低未经授权进入的风险。监控系统则提供实时的安全监测，对数据中心内部和外部进行全面覆盖，及时发现并应对潜在的物理安全威胁。

（2）入侵检测系统和防火墙。在网络安全方面，云服务提供商需采取进一步的措施，包括但不限于入侵检测系统和防火墙的建设。入侵检测系统能够实时监测网络流量，识别异常行为并迅速作出响应，从而最大限度地降低网络攻击的风险。防火墙则在网络层面提供了有效的隔离和保护，防止恶意入侵和数据泄露。

(3）多层次身份验证机制。强化身份验证机制也是确保数据中心安全性的不可或缺的一部分。通过采用多层次的身份验证，如双因素认证或多因素认证，可以有效地确保只有授权人员能够访问敏感数据。这种机制不仅限制了潜在的内部威胁，还提高了整体的安全性水平。

（4）安全审计和漏洞扫描。为了及时发现和修复潜在的安全漏洞，云服务提供商需要实施定期的安全审计和漏洞扫描。安全审计有助于评估整体安全性状况，而漏洞扫描能够及时发现系统中存在的潜在漏洞，并迅速采取措施修复，防范可能的攻击。

3）保障边缘设备的物理安全性。为有效解决边缘设备安全性问题，业界积极采取一系列物理安全性增强措施，以确保这些关键设备能够抵御潜在的威胁。

（1）合理布局和安装设备。首要之策是通过设备的合理布局和安装来降低物理攻击的可能性。通过合理规划设备的位置，将其置于相对安全的环境中，可以有效减少对边缘设备的直接物理访问，从而降低潜在攻击的风险。

（2）引入防护外壳和安全锁。引入防护外壳和安全锁等物理设备是增强边缘设备抗破坏性的关键手段。防护外壳能够在一定程度上防御外部物理打击，提高设备的耐损性。同时，采用安全锁等设备不仅可以限制设备的物理访问，还能有效防范未经授权的人员对设备进行恶意操控或破坏。

（3）远程监测和固件更新。为了应对动态的安全威胁，业界应通过远程监测和固件定期更新等手段，确保边缘设备能够及时应对潜在的威胁，从而维护整个系统的安全性。远程监测不仅仅关注设备的基本运行状态，还能对设备的网络流量、访问模式等进行深入分析，提高对异常活动的识别和应对能力。此外，定期更新设备的固件可以修复已知漏洞，提高系统的整体安全性，确保边缘设备在面对新型威胁时能够保持高效的应对能力。

（4）建立安全响应机制。在远程监测的基础上，建立一个灵活而高效的安全响应机制也至关重要。通过实施自动化的安全响应程序，可以在发现异常情况时迅速采取措施，减少人工干预的时间，提高整体的安全性。这样的响应机制应该能够及时隔离受威胁的设备或网络节点，并采取相应的修复措施，以最小化潜在威胁对整个系统的影响。

随着云计算的广泛应用，数据传输和存储面临的安全挑战日益复杂，需要针对性的技术手段进行应对，如表7.1所示。端到端加密不仅能够确保数据的机密性，还有助于防范中间人攻击，为云计算环境中的数据传输提供了强有力的保护。而对于数据中心制定全面安全措施，尤其是在大规模数据集中存储的情况下，已成为维护整个生态系统安全性的必然选择。物理安全性的增强和远程监测手段的引入，进一步提高了边缘设备在分布式环境中的安全性。这些方法的综合应用，不仅有助于降低潜在威胁，还为业界提供了有效的保障措施，确保云计算生态的可靠性和安全性。

在当前动态的安全威胁环境中，业界应当密切合作，共同致力于改进和加强安全措施。只有通过持续的合作和创新，才能更好地适应不断演变的安全挑战。这种协同努力不仅有助于及时发现并解决新型威胁，还能够推动整个行业向更高水平的安全性发展。因此，业界需要积极参与知识共享、经验交流，推动云计算和边缘计算领域的安全标准和最佳实践的不断提升，以确保数字化转型中系统安全性的全面保障。

7.4.3 云计算和边缘计算的性能与可靠性

在电网 ICT 供应链系统中，云计算和边缘计算的引入标志着电力系统架构迎来了深刻的变革。这两项先进的计算模式为电力行业注入了新的活力，从而显著影响了电力系统的性能和可靠性。云计算作为一种强大的中心化计算资源管理方式，通过将数据和应用程序集中存储于远程数据中心，为电力系统提供了更灵活、可扩展的计算能力。与此同时，边缘计算的崛起则在本地设备上处理数据，减少了数据传输延迟，从而进一步提升了电力系统的实时性和响应效率。这一全新的计算范式的引入不仅为电力系统带来了更高的效率和性能水平，还为实现智能电网、能源优化和故障预测等关键提升方向提供了更为强大的技术支持。

7.4.3.1 计算性能

首先，云计算的引入为电网系统注入了强大的计算动力。作为一种高度可扩展的计算资源池，云计算在电力系统中充当着关键的角色。其优势之一在于提供了强大的计算能力，使得电网系统能够更加快速、高效地处理庞大的数据流。在电力系统运行中，数据量庞大且复杂，需要进行实时分析和处理，以确保系统的稳定性和可靠性。云计算通过建立大规模的数据中心，将数据集中存储并利用强大的计算资源，为电力系统提供了处理海量数据的能力。

这种高度可扩展性对于实时响应也尤为关键，尤其是在面对电力系统突发事件时。云计算的架构使系统能够迅速分配计算资源，实现即时响应，有效减缓潜在风险。例如，在电力网络出现故障或异常情况时，云计算能够迅速调动大量计算资源，通过快速分析数据并提供相应解决方案，帮助系统迅速恢复正常运行。

这种灵活性和高效性的结合使得电力系统能够更好地适应复杂多变的运

行环境,提高了整个系统的鲁棒性和应对突发情况的能力。因此,云计算的强大计算能力为电网系统的运行带来了显著的优势,为提升实时性和系统响应效率奠定了坚实的基础。

7.4.3.2　系统容错性

云计算平台的容错性为电力系统提供了关键的支持,通过采用分布式架构和备份机制,有效地应对硬件故障或其他异常情况,确保系统能够持续稳定运行。这种容错性的实现在保障电力系统的可靠性和稳定性方面具有重要意义。分布式架构使得云计算平台能够将计算任务分配到多个节点上,当某一节点出现故障时,其他节点仍可继续工作,从而避免了单点故障对整个系统的影响。这种分布式的设计不仅提高了系统的可用性,也降低了因硬件故障而导致的服务中断的风险。

此外,云计算采用的备份机制进一步增强了系统的容错性。通过定期备份关键数据和应用程序,云计算平台能够在发生数据丢失或损坏时快速恢复到之前的状态,最大限度地减小了潜在的信息损失。这种备份机制不仅有助于应对硬件层面的故障,还能有效地防范由于软件错误、网络问题或其他异常因素引起的系统中断。

7.4.3.3　实时数据处理

与此同时,边缘计算的引入为电力系统注入了更为优化的性能。边缘计算的核心优势在于允许在离数据源更近的地方进行实时处理,从而显著降低了数据传输的延迟,有效提高了电力系统的实时响应能力。在电网系统中,这一特性具有重要的意义,因为系统需要快速而精准地处理大量实时数据,以应对电力需求的瞬时波动和系统运行中的突发事件。

边缘计算的实时处理特性使得电力系统能更迅速地捕捉并响应实时数据,为决策提供了更及时的支持。例如,在面对电力需求的迅速变化时,边缘计算能够在本地设备上立即处理数据,而不必依赖于远程数据中心的传输,从而减少了处理时间,提高了系统对于瞬时波动的应对能力。这种更为迅速的数据处理和响应机制有助于电力系统更灵活地调整运行策略,以满足实时的能源需求和确保系统的平稳运行。

7.4.3.4　智能优化算法

采用云计算和边缘计算的电力系统展现出了更为智能和高效的性能优化特性,通过智能分析和优化算法,有力地规划和管理电力资源,从而提高了整体能源利用效率。这种智能化的优化过程对于电力系统的可持续性和适应性具有重要意义。云计算和边缘计算的结合为系统提供了大数据处理和实时

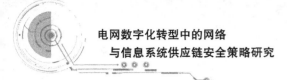

决策的能力,使其能够更全面、准确地了解电力网络的运行状况。

通过智能分析,系统可以实时监测电力网络中的各种参数和数据,识别潜在的效率瓶颈或能源浪费,并基于这些信息采取相应的优化措施。云计算的强大计算能力和边缘计算的实时处理特性共同促使系统更快速、准确地响应电力需求的变化,从而在电力资源的规划和分配上实现更为精细化的管理。优化算法的应用进一步加强了对电力系统的智能化控制,通过对历史数据和实时信息的深入分析,系统能够制订出更为有效的能源调度方案,使得整体能源利用效率得到提高。

7.4.3.5 高效容灾策略

然而,为确保电力系统的高度可靠性,性能优化仅是其中的一部分。容灾策略同样至关重要,特别是在面临自然灾害、网络攻击等潜在威胁时。通过合理设计容灾策略,例如,数据备份、多地域部署等,可以有效减少系统因不可预测事件而面临的风险。

在电力系统的运行中,不可预测的自然灾害或网络攻击可能对系统造成严重影响,因此建立有效的容灾策略是确保系统高度可靠性的必要手段。数据备份是其中一个关键的容灾措施,通过定期备份关键数据,系统能够在灾难性事件发生时快速恢复到之前的状态,减小数据丢失的可能性。多地域部署是另一种重要的容灾策略,通过在不同地理位置建立冗余系统,可以防范局部地区性灾难对整个系统的影响。

云计算和边缘计算的结合使用为电力系统提供了更全面、可靠的容灾解决方案。云计算平台的分布式架构和备份机制,以及边缘计算的本地实时处理能力,共同构成了强大的容灾网络。在面对突发事件时,云计算可以迅速调动分布在不同地区的计算资源,实现对数据的快速备份和灾后恢复。边缘计算则通过在本地设备上处理数据,减少了对数据中心的依赖,提高了在局部地区发生灾害时的系统自主恢复能力。

云计算和边缘计算在电网 ICT 供应链系统中的应用为电力系统带来了全面的技术升级。通过优化性能,提高实时响应和容错性,这两种先进计算模式不仅使电力系统更加灵活和高效,同时也强调了在面对不可预测事件时建立健全容灾策略的迫切性。性能的优化是通过云计算的高度可扩展性和边缘计算的实时处理,使系统更快速、精准地处理海量数据,实现了对电力需求变化的即时响应。容错性的提升则通过分布式架构和备份机制,有效应对硬件故障,增强了系统的稳定性。与此同时,容灾策略的强化是通过数据备份和多地域部署,为电力系统的可靠性提供了关键支持,确保在面对自然灾害和网络攻击等潜在威胁时,系统能够保持高效稳定的运行状态。

第 8 章 总结与展望

在本书前面的章节中,笔者对电网数字化转型中 ICT 供应链的发展现状、各种安全风险和防护策略进行了深入探讨。同时,还对电力 ICT 供应链的实时监测和安全实践的具体实现进行了介绍,建立了针对电力系统的风险管理体系和方法。此外,还探讨了数字新技术为电力 ICT 供应链带来的潜在风险和机遇。

在这一章中,笔者将汇总前面章节中的重要发现,为读者提供一个全面的视角,帮助更好地理解电力 ICT 供应链安全领域的现状和未来走向。首先,将回顾第 1 章至第 7 章的内容,对各个章节的内容进行概括,在此基础上总结本书的主要贡献点。其次,依托于前面章节的研究和案例分析,笔者将分析未来电力 ICT 供应链安全风险的趋势,讨论在不断发展和变化的 ICT 环境中应该关注的关键问题、可能出现的新挑战和新机遇。最后,将为电力 ICT 供应链安全领域的未来提出展望,探讨如何更好地应对不断变化的威胁和机遇,以确保电网数字化转型的可持续性和安全发展,为电力行业的数字化未来打下坚实的安全基础。

8.1 本书内容总结

在本节,笔者对本书内容进行全面回顾和总结。通过对每一章的要点进行概括,笔者将帮助读者回顾关于电力 ICT 供应链及安全问题的各个方面,加深对这一关键领域的认识和了解。同时,笔者还对本书的主要贡献点进行总结,以凸显其在电力 ICT 供应链安全领域的存在价值和影响。

8.1.1 章节内容回顾

第 1 章引言。主要介绍电网数字化转型的政策背景、对实现我国双碳目标的意义、发展现状和已取得的成果,阐述电力 ICT 系统的硬件和软件相互依存的紧密关系,对 ICT 进行简要介绍并对其安全风险进行概述,为读者提供全面的背景知识和信息。

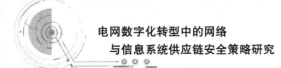

第 2 章电力 ICT 供应链现状。首先详细描述电力 ICT 供应链的结构，介绍电力 ICT 供应链的不同组成部分及它们在 ICT 供应链中的作用和地位，包括硬件供应链和软件供应链，说明电力 ICT 供应链的运作机制和相关实体。其次，介绍电力行业中常见的六大类软件（包括基础平台软件、应用软件、研发软件、专用软件、大型系统软件和安全防护软件），软件供应链的开发、交付和使用三大关键环节，软件供应链的特点和其信创占比。最后，介绍电力行业中常见的六大类硬件（包括芯片、系统基础硬件、网络通信硬件、安全防护设备、办公硬件和电力专用终端），硬件供应链的制造、分发和使用三大关键环节，硬件供应链的特点和其信创占比。

第 3 章电网数字化转型中的 ICT 供应链安全风险。这一章详细介绍电网数字化转型中面临的 ICT 供应链安全风险，主要包括恶意软件、网络和通信风险、数据安全与隐私问题以及供应链管理与漏洞。对于病毒、蠕虫、木马、勒索软件等恶意软件，笔者对它们的传播方式、影响范围及特点进行总结，并分析这些恶意软件在整个电力 ICT 供应链中传播的关键途径。对于网络和通信风险，笔者阐述 DDoS 攻击、恶意流量、入侵检测等网络入侵威胁的危害和影响，探讨可能导致的数据泄露和拦截的风险，分析电力 ICT 供应链中敏感数据传输和保护的问题。对于数据安全与隐私问题，笔者讨论了电力 ICT 供应链中面临的数据安全挑战，如数据备份、数据完整性、数据加密等，强调电力 ICT 供应链中的隐私保护和合规性问题。对于供应链管理与漏洞，笔者对 ICT 供应链管理中存在的挑战进行总结，探讨电力 ICT 供应链中的物理安全问题。

第 4 章 ICT 供应链安全风险防护策略。针对第 3 章总结的电网数字化转型中的 ICT 供应链安全风险，在这一章中，笔者给出每种安全风险的防护策略。针对恶意软件，介绍了签名检测、行为分析、机器学习等恶意软件检测与防范手段，并对流程步骤和局限性进行说明，探讨安全软件开发流程和标准，总结软件供应链审查的步骤。针对网络入侵威胁，对网络安全基础设施进行探讨（包括关键要素、安全配置和设施部署建议），介绍数据传输加密的原理和安全协议实施方法，提供网络监控与事件响应的必要性说明和建议。针对数据安全与隐私问题，给出详细的数据分类框架，提供综合性的数据保护策略，深入探讨数据备份与恢复方案。针对供应链管理与漏洞，对供应商审查、合同管理、监控体系等方面进行探讨，总结访问控制、设备维护系统、摄像监控、物理隔离等物理安全控制手段。最后，提供较为详细的紧急响应计划和业务连续性策略。

第 5 章电力系统各环节安全防护实践。笔者首先分析电力系统供给侧存在的网络安全风险和物联设备安全风险,提供对应的防护策略,并介绍了国家电网河南电力、国家电网福建信通等公司在电力系统供给侧进行安全防护的实践案例。接下来,详细讨论电力系统配置侧的 ICT 风险,描述针对控制系统安全风险、物理安全风险和网络安全风险的防护策略,介绍了四个电力系统配置侧安全防护的实践案例。最后,对电力系统发展新形势下在消费侧所面临 ICT 风险进行讨论,主要包括终端安全风险、边界安全风险和应用安全风险。同时,阐述这三种风险对应的防护策略,并深入解析了两个电力系统消费侧安全防护机制构建的杰出案例。

第 6 章风险管理体系的运营与实施。这一章对风险管理体系进行详细介绍。首先,笔者介绍风险管理的基本概念、目标和职能,分析关键步骤,包括风险识别、风险评估、风险控制等,探讨常见的 ISO 31000:2018《风险管理指南》等风险管理体系框架,研究如何将这些体系框架应用到电力 ICT 供应链安全中。其次,对风险管理的组织架构建设进行说明,介绍电力 ICT 供应链安全团队的角色和职责,探讨各部门和利益相关方之间的责权分配和协调合作。最后,提供详细的风险评估与监测方法、风险控制策略、风险事件紧急响应计划和员工教育与培训计划,为风险管理体系的运营与执行提供可行的解决方案。

第 7 章数字新技术的风险和机遇。在这一章,笔者总结和分析数字新技术带来的风险、机遇和相关监管手段,主要包括人工智能与机器学习、区块链与智能合约、虚拟现实与元宇宙、云计算与边缘计算四类新技术,为这些新技术在电力领域的健康发展提供有益的思考和方向。

8.1.2 主要贡献

本书的主要贡献可总结为以下三点:

(1) 本书为电力 ICT 供应链安全领域提供了一份综合性研究和实践指南。通过覆盖电力 ICT 供应链安全领域的各个方面,包括风险识别、防护策略、安全防护实践、风险管理等,读者能够获得对这个关键领域的深入了解。除理论性的讨论外,本书还强调实际应用和解决方案的重要性,提供具体的建议和实践,使读者能够将所学知识转化为实际操作,从而提高电力 ICT 供应链的安全性和可持续性。

(2) 本书特别关注数字新技术对电力 ICT 供应链安全的影响,不仅识别新技术可能带来的风险和挑战,还深入分析这些新技术所带来的机遇。这不仅为读者提供更多行业前沿和技术前沿信息,同时也强调在不断变化的技术环境中维护供应链安全性的必要性。这部分内容使读者能够更好地准备应对不断演变的挑战，同时积极利用新技术所带来的机会来创造价值。

（3）本书对电力 ICT 供应链安全领域的未来进行前瞻性展望。通过对其发展趋势的深入分析，提出未来可能的发展方向和可能面临的挑战等关键观点。这为读者提供有关电力 ICT 供应链安全领域的长远视野，能够帮助相关实体对电力行业的数字化未来做好充分准备。

8.2　电力 ICT 供应链安全风险趋势

电力 ICT 供应链安全风险趋势是一个持续演变的话题，受到技术进步、威胁演变和行业变化的影响。随着电力系统的数字化转型和智能化程度的提高，电力 ICT 供应链安全面临着新的挑战和风险。在本节，笔者将深入探讨电力 ICT 供应链当前和未来可能的安全风险趋势，以帮助读者更好地了解这个关键领域的动态，从而进一步采取相应的安全措施来保护电力系统的稳定性和可靠性。

8.2.1　电力 ICT 供应链的结构性漏洞与风险

随着电网数字化转型的深入，电力 ICT 供应链的结构将越来越复杂。在这个过程中，电力 ICT 供应链网络设计、组织结构和运作过程有极大可能出现缺陷或不合理之处，这些问题可以统称为结构性漏洞。这些漏洞可能导致电力 ICT 供应链的脆弱性和不确定性，使其容易受到多种风险的影响。接下来，笔者将对电力 ICT 供应链可能出现的结构性漏洞和风险及其原因进行分析。

（1）供应链结构设计风险。电力行业的 ICT 供应链可能涵盖多个国家和地区，涉及硬件、软件、服务等多个层面，如果供应链的产业结构设计存在问题，那么必然会产生潜在风险。首先，不合理的供应链产业结构可能导致资源浪费和低效率。例如，过多的中间商或步骤可能增加供应链的复杂性，并降低产品或服务的交付速度和质量。其次，不合理的供应链结构可能导致高成本，包括高运输成本、高仓储成本和高库存成本。再次，不合理的产业结构可能使供应链更脆弱，容易受到外部冲击的影响。例如，依赖过于集中的供应商或地理位置可能使供应链容易受到天气、自然灾害、政治不稳定等因素的影响。最后，不合理的供应链结构可能难以适应市场需求的快速变化，这可能导致产品供应不足或过剩，影响销售和客户满意度。

（2）供应链透明度风险。如果电力 ICT 供应链中存在信息不足或不透明问题，将会导致电力公司无法充分了解和监控电力 ICT 供应链中的各个环节和相关活动，特别是在全球化形势下。这会进一步导致电力 ICT 供应链中的电力公司等核心实体难以发现供应链中的不良事件，如供应商的廉价劳工使用、环境污染、违反法规等，并且无法及时采取纠正措施。同时，缺乏透明度可能导致电力公司无法准确评估电力 ICT 供应链中存在的风险，这可能会在供应链受到意外打击时导致严重问题。最后，透明度不足可能导致电力公司无法追踪 ICT 产品的质量、来源和制造过程。一旦出现产品质量问题，将会损害电力公司声誉和降低客户信任程度。

（3）核心实体道德风险。作为电力 ICT 供应链的上游实体，ICT 产品的制造商和供应商对供应链起着至关重要的作用。如果他们提供了不合格产品或不安全产品，可能导致电力系统的故障或中断，进而影响电力供应，出现停电或电力不稳定情况。不安全的电力产品还可能引发火灾、电击、爆炸或其他安全问题，这将危及相关人员安全和设备安全，导致人员受伤、设备损坏和财产损失。同时，由于电力 ICT 供应链涉及大量的电子设备和能源使用，制造商、电力公司等核心实体还需要关注对环境的影响，包括电子废弃物处理、能源效率和可持续性实践。如果未能采取适当的环境保护措施，可能会导致面临道德谴责和相关的法律责任。此外，物流企业也是电力 ICT 供应链的核心实体，他们也可能因不道德行为或渎职而导致问题。例如，物流企业可能会因不当的货物处理而导致货物损坏、丢失或延误。如果没有对物流企业进行有效监督和管理，可能会面临交付问题，严重时将使整个电力 ICT 供应链中断或者崩溃。物流企业还需要处理电力 ICT 供应链中的大量敏感信息，如货物跟踪数据、客户信息等。如果物流企业未能安全存储这些信息，一旦数据泄露或黑客攻击，就会导致信息安全问题。

（4）供应链变动风险。供应链变动风险是指供应链中出现不可预测或不期望的变化，这些变化可能对供应链的稳定性和业务运营产生负面影响。其中，电力 ICT 供应链最可能受到供应商变动的影响，包括供应商的合并、收购、倒闭或其他业务变化。这种变动可能导致电力 ICT 供应链中的关键组件或服务不可用，从而影响电力系统的运行和安全性。此外，供应链变动还可能导致技术标准的变化，需要调整或替换现有 ICT 系统，这将给电力系统带来额外成本和不确定性。

（5）供应链松散性风险。供应链松散性是指供应链中各个环节之间缺乏紧密的协同和协调，导致信息、物流和资源的流动不畅，通常表现为与供应链相关的各个实体之间的独立性较高，且缺乏密切的合作和协作。这种性质由多种因素所导致，包括供应链相关实体的决策分散和自身利益追求、实体间的信息不对称等[92]。这种情形将会导致电力 ICT 供应链出现生产和交付延误、库存问题、安全风险、战略不协调四点问题，具体如表 8.1 所示。

表 8.1 供应链松散性导致的四点问题

问题	具体说明
生产和交付延误	供应链缺乏协同作用可能导致电力 ICT 产品生产和交付延误，因为不同环节之间的计划和调度不够紧密
库存问题	信息在电力 ICT 供应链中传递不畅可能导致供应链参与方无法及时了解到供应、需求和库存的变化，难以准确预测需求和控制库存。这会增加库存成本、资本占用和资源浪费，降低资金的流动性
安全风险	电力 ICT 供应链松散性可能导致信息和物流的不安全性，使得供应链容易遭受数据泄露、恶意攻击或偷窃等。缺乏协同和协作可能使供应链脆弱，容易受到外部威胁的影响
战略不协调	不同环节之间的松散性可能导致战略不协调，使得电力 ICT 供应链无法有效地响应市场变化和竞争挑战

8.2.2 ICT 供应链断供风险

电力 ICT 产品在交付给最终用户的过程中，会涉及多个参与方，包括产品的制造商、供应商、系统集成商、服务供应商等。如果这些相关实体都来自单一的国家或地区，当供应链上游的厂商资源断供时，将会导致电力 ICT 供应链中断等安全风险，对电力系统产生巨大的影响。如果电力 ICT 供应链中的某些制造商或供应商位于地理上容易受到自然灾害、政治不稳定或运输中断的地区，可能导致供应链中断。此外，全球供应链中的复杂性和依赖度更可能增加断供风险，如贸易战、疫情或政治冲突等全球事件，都可能影响全球供应链的稳定性。例如，在中美贸易战中，芯片是核心竞争领域。从 2019 年开始，美国对中国半导体芯片领域进行限制，包括对华芯片出口限制、研发合作限制等，这直接导致华为、中兴等中国国内企业缺芯、主营业务无法正常开展等问题，引发 ICT 供应链中断风险。

8.2.3 新型恶意软件和网络攻击风险

随着电力 ICT 供应链的不断发展和数字化转型，新型恶意软件和网络攻击风险对该领域的安全性构成了日益严峻的挑战。这些风险不仅可能对电力系统的稳定性和可靠性产生重大影响，还可能威胁到国家的能源安全和信息基础设施的完整性。笔者将深入探讨这些新型恶意软件和网络攻击风险，有助于了解这一日益复杂的安全挑战，更好地采取措施来应对和预防未来的威胁。

黑客和恶意行为者不断提高攻击技术水平，采用更复杂和有针对性的攻击方式，如高级持续性威胁、勒索软件攻击、零日漏洞利用、云安全漏洞和物联网攻击。接下来，笔者将对这些新型攻击手段进行一一介绍。

（1）高级持续性威胁。高级持续性威胁是一种高度复杂和有组织的网络攻击，通常由专业的国家级黑客组织或间谍组织发起，其目标是持续长期地入侵和渗透目标系统，以获取敏感信息、进行监视活动或破坏目标。通常来说，他们使用高度复杂的攻击工具和技术，以避免被检测和追踪。此外，高级持续性威胁存在一定的国家背景，虽然他们可以由个体黑客或犯罪组织发起，但通常与国家或国家支持的实体有关。这些实体可能试图通过高级持续性威胁来获得战略优势或政治影响。有关数据显示，政府、国防军工、科研和能源是高级可持续威胁的主要目标，同时，电力系统也日益成为国内外敌对势力、恐怖分子破坏社会稳定、干扰经济运行、遏制国家发展的重要攻击对象[93]。

（2）勒索软件攻击。勒索软件攻击是指利用恶意软件对被攻击方的文件或系统进行加密，然后要求其支付赎金以获取密钥。电力 ICT 供应链中的任何关键组件或系统受到此类攻击都可能导致生产中断和数据丢失。随着技术水平的发展，勒索软件攻击不断进化，攻击者采用更复杂的加密算法，使文件更难以解锁。此外，一些攻击者还采用了"双重勒索"策略。此类策略是指攻击者会首先窃取大量的敏感商业信息，然后加密被攻击方的数据，并威胁被攻击方如果不支付赎金就会将这些敏感数据公开。在这种情况下，如果被攻击方不支付赎金，那么他们将会承受较大的数据泄露压力，以至于被攻击方有很大的可能性被迫支付赎金。同时，采用此类恶意软件的犯罪组织的攻击目标从个人用户逐渐转向公共机构、政府部门和大型企业等，因为这些组织的数据大多数都较为敏感，并且他们对这些关键数据依赖程度较高。一旦相关数据泄露，就将会造成不可估量的损失，并且影响范围非常广泛。

（3）零日漏洞利用。零日漏洞又称作零时差攻击，是还未被官方发现并打补丁的安全漏洞，当其被发现之后，在极短时间内就会被恶意利用，具有很大的突发性与破坏性。通俗地讲，黑客或攻击者对已知但尚未被修复的计算机程序或操作系统中的安全漏洞进行攻击，这类漏洞在被公开披露并获得补丁之前，甚至开发者和安全研究人员都不知道它们的存在。此类漏洞的威胁日益增长，攻击者也越来越依赖零日漏洞。在电力系统中，相关设备硬件和软件产品都有可能出现零日漏洞，产生被攻击的风险。例如，施耐德电气APC Smart-UPS设备在2022年3月曝出了3个危害巨大的零日漏洞，通过这些漏洞，攻击者可以在未经授权的情况下远程访问和控制不间断电源设备[94]。

（4）云安全漏洞。云安全漏洞指的是在云计算环境中存在的安全漏洞或弱点，这些漏洞可能被黑客或攻击者利用来入侵、破坏或窃取云基础设施、服务或数据。云安全漏洞的存在可能会对电力ICT供应链相关实体的敏感信息、隐私、合规性和业务连续性构成威胁。具体来说，云安全漏洞包括不正确的身份验证和访问控制设置、未经授权的配置更改和缺乏网络监视，如表8.2所示。

表8.2 云安全漏洞分类和说明

云安全漏洞分类	具体说明
不正确的身份验证和访问控制设置	不正确的身份验证和访问控制设置可能允许未经授权的用户或应用程序访问敏感数据或系统，这可能是由于弱密码和不适当的权限分配
未经授权的配置更改	云资源和服务的配置可能被黑客或内部人员未经授权地更改，从而导致系统不安全或不稳定。这包括存储桶、虚拟机、数据库和网络配置等
缺乏网络监视	缺乏对云环境的实时监视可能导致未及时发现异常活动，如入侵、数据盗窃或恶意软件感染

（5）物联网攻击。电力系统物联网攻击是指黑客或恶意行为者利用与电力系统相关的物联网设备、传感器、控制器和通信网络，入侵、破坏或干扰电力系统的正常运行。这种攻击可能对电力供应和分布造成严重影响，对国家安全和公共安全构成威胁。并且随着智能电网的逐步普及，物联网攻击将成为一个新的趋势。电力系统物联网攻击可以采取多种形式，包括物理入侵、远程入侵、恶意固件注入、拒绝服务攻击和数据篡改。攻击者可能试图破坏设备、中断电力供应、窃取电力数据或干扰通信网络，可能导致电力中断、设备损坏、数据泄露、用户隐私侵犯以及电力系统不稳定。这可能会对公共安全、国家经济和关键基础设施造成严重危害。

8.2.4 信息泄露风险

信息泄露风险是指组织或个人的敏感、机密或私人信息被未经授权访问、披露或泄露的风险。近些年由于信息泄露导致的数据安全事件在全球影响范围广泛，例如 2018 年 Facebook 数据隐私泄露事件，该事件的缘由并非出自 Facebook 本身，而是它在管理供应商上的问题，导致此次泄露。因此，要对第三方的服务和供应商有一个严格的标准，并且核心的敏感数据尽量不要开放给第三方供应商，对核心数据进行较严格的保护。当电力系统发生信息泄露时，它带来的影响主要可分为用户层面、电力公司层面和国家层面，具体影响如表 8.3 所示。

表 8.3 电力系统信息泄露影响说明

影响层面	影响内容
用户层面	用户的个人信息、家庭地址、用电习惯以及能源消费数据泄露，可能导致对个人隐私权的侵犯，数据可能被用于不法用途，如身份盗窃或欺诈活动。同时，电力系统信息泄露可能为攻击者提供有关用户家庭的重要隐私信息，包括电子设备、智能家居系统和电动汽车的相关数据。攻击者可以利用这些信息来实施网络入侵、设备控制或勒索威胁。此外，如果攻击者访问用户的电力账单和支付信息，他们可能会以不正当手段产生费用，导致用户经济损失
电力公司层面	信息泄露事件可能导致数据完整性问题，如数据篡改或破坏。这可能对电力系统的正常运行和数据准确性造成影响，进一步引发可靠性和安全性问题。如果信息泄露事件受到广泛报道，电力公司的声誉将会受到严重影响
国家层面	电力系统数据信息泄露可能成为国家安全威胁的源头。恶意国家或犯罪组织可能会利用泄露的信息来发动网络攻击，破坏电力系统关键基础设施，从而威胁国家安全。大规模信息泄露事件也会导致国家经济损失，包括电力公司的损失以及相关产业的受损，需要国家投入大量资源来应对和恢复

8.3 未来展望

随着科技的持续进步和社会的发展变革，电力供应链的安全性必须不断调整和升级，以应对新的挑战和机遇。在日益变化的威胁环境中，电力系统的可靠性和安全性必须得到保障，为社会的稳定和繁荣提供坚实的支撑。在本节中，笔者将深入探讨电力ICT供应链安全的未来趋势。通过本节内容，读者将对未来电力ICT供应链安全的前景有一个更详细的了解，为有效应对未来挑战做好充分准备。

8.3.1 技术

未来的电力ICT供应链将受到多种前沿技术的深刻影响，包括量子计算、人工智能、数字孪生技术、新兴的通信技术和网络安全技术[95]。这些技术的迅猛发展和广泛应用将塑造未来电力行业的面貌，提供更高效、可靠和智能的电力ICT供应链解决方案。

（1）量子计算。传统计算机使用比特进行计算，而量子计算机使用量子比特的超级位置和量子纠缠等奇特性质进行计算。这使得量子计算机能够以前所未有的速度解决复杂问题，其中包括电力ICT供应链中的多个关键领域。量子计算机具有传统计算机无法达到的大规模并行计算能力。同时，量子计算机与传统计算机之间可通过N-P问题互补等技术，最大限度提高扩展人类的计算边界。首先，量子计算可以应用于电力系统的优化和模拟。电力系统涉及大规模的能源生产、传输和分配，涉及复杂的优化问题。量子计算的处理能力允许电力供应链管理者更快速、更准确地解决能源分配、电力负载平衡和稳定性等问题。其次，量子计算还在网络安全领域发挥着巨大作用。电力ICT供应链需要高度安全性，以保护关键信息和系统免受恶意攻击。量子计算可以用于加密和解密，其独特的性质意味着它能够创建更加安全的通信和数据存储方式，抵御传统计算机上的破解尝试。这对于电力ICT供应链的网络安全至关重要。最后，量子计算还有潜力用于电力系统的仿真和预测。通过模拟电力系统的行为，包括电力生产、储存和分布，量子计算可以帮助预测电力需求、优化电力生产和分配策略，以及应对各种电力供应挑战。这将有助于提高电力系统的可靠性和可持续性。总之，量子计算技术将推动电力ICT供应链向更加智能、高效和安全的方向发展，为满足不断增长的电力需求和可持续发展目标提供了强大的工具和资源。

（2）人工智能。电力ICT供应链需要处理大规模的数据，从电力生产和传输到设备监控和供应链管理，数据量庞大而复杂。人工智能的强大数据分析和模式识别能力使其成为解决这些挑战的理想选择。首先，人工智能可以应用于电力系统的智能监控和运维。通过监测电网状态、设备运行情况和能源分布，人工智能能够实时检测并预测潜在的问题，帮助运维人员快速采取措施，减少故障和停电的风险。其次，人工智能在电力设备的维护和预测性分析方面发挥着重要作用。它可以监测设备的运行状况，提前识别可能发生的故障，并通过数据模型对设备的寿命和维护需求进行预测，有助于降低维护成本，提高设备的可靠性。此外，人工智能可以优化能源采购和分配，帮助供应链决策者做出更明智的选择，以满足电力需求并降低成本。最重要的是，人工智能有助于电力 ICT 供应链向数字化和智能化转型，提高了系统的适应性和可扩展性。随着电力需求的不断增长和可持续发展目标的推动，人工智能将在电力 ICT 供应链中发挥至关重要的作用。

（3）数字孪生技术。数字孪生技术是一种革命性的虚拟仿真技术，它在电力 ICT 供应链中有着广泛的未来应用前景。这项技术将会构建一个与真实世界原型密切对应的数字孪生模型，可以反映出各种操作、状态和性能。在电力 ICT 供应链中，首先，数字孪生技术可以用于模拟和优化电力系统的运行。通过建立数字孪生模型，供应链可以模拟各种场景，包括电力生成、传输、分配和消耗，以便更好地理解系统的行为和性能。这有助于制定更有效的运营策略，提高能源利用率，降低运营成本，并减少对环境的影响。其次，数字孪生技术还可以用于监测设备状态。通过将物理设备与数字孪生模型连接，供应链可以实时跟踪设备的运行状况，检测异常情况并预测可能的故障。这种实时监测有助于提高设备的可用性和可靠性，减少停机时间，提高生产效率。最后，数字孪生技术还可以用于预测未来的故障和优化能源分配。通过模拟不同的场景和方案，供应链可以预测电力系统可能面临的挑战，并采取预防措施。这有助于降低故障风险，提高电力系统的稳定性。

通信技术未来的 6G 通信网络具备令人兴奋的愿景，以"数字生活、智慧泛在"为核心理念，将深度融合通信、信息、大数据、人工智能和控制技术呈现出高度跨学科和跨领域的特点。这一网络构想将在技术上实现深度融合，充分利用 Sub-6G、毫米波、太赫兹、可见光等全频谱资源，支持灵活的网络重构，具备感知、通信、计算一体化协同能力，最终打造天、空、地、海全空间的全面覆盖的融合通信网，如图 8.1 所示。

6G 网络的关键特征包括卓越性能，峰值速率可达 100 Gbit/s 至 1 Tbit/s，精准定位精度可达厘米量级。此外，通过将卫星与地面通信系统深度融合，6G 网络能够实现更广泛的覆盖范围。网络将走向去中心化和扁平化，设备和终端产品将呈现平台化、软件化、IP 化、开源化，构建更开放、公平竞争的产业生态环境。为了更加环保和可持续，6G 网络将采用超密集组网，以有效降低成本和能源消耗，大幅提升网络能效。最后，6G 网络将进一步智能化，结合人工智能和大数据，以满足用户个性化、精细化和人性化的服务需求，推动电力 ICT 供应链和电力系统向更加智能、高效和可持续的方向发展。

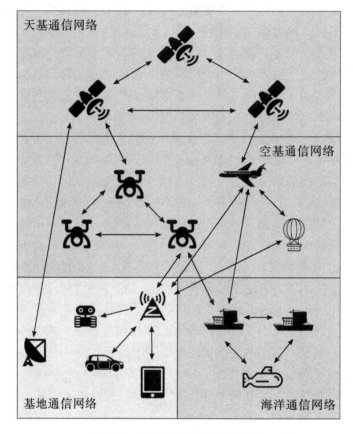

图 8.1　6G 融合通信网结构示例

（4）网络安全技术。随着新技术的涌现，电网的物理形态发生了变化，导致现有的网络安全防御体系在应对复杂和未知的网络环境时面临挑战。这需要电网企业重新审视和调整现有的防御策略，研究自主可控的网络安全技术，发展动态防御态势感知、可信计算和后量子密码等技术，形成多层次全方位的网络安全保障体系。

随着能源互联网的迅速发展，电力网络结构复杂且暴露面增加，网络攻击手段多元、攻击态势迅猛。现有被动防御体系存在"易攻难守"的态势不对称问题，需要发展基于拟态防御的内生安全技术，增强对未知安全威胁的防御能力。态势感知通过全面了解网络形势，预测发展态势，有效响应并防范网络攻击。目前，电网态势感知技术在态势理解和预测方面已有一定研究成果。但是，现有的网络安全态势指标往往针对某一方面或某一应用场景，缺少刻画对电力物联网环境下全局网络安全态势评估的指标体系，没有统一的评价标准。在电力物联网环境下，为了应对海量安全数据和快速变化的网

第 8 章 总结与展望

络安全态势，需要采取适当的网络安全态势评估方法。

在电力 ICT 供应链中，可信计算具有广泛的应用，因为电力系统涉及大量的计算设备、通信设备和数据传输，其安全性至关重要。可信计算采用多层次的硬件和软件安全措施，以保护电力系统免受各种潜在威胁的影响。首先，可信计算依赖于硬件层面的安全性，包括安全芯片和加密处理器等。这些硬件组件确保了计算设备的物理安全性，防止未经授权的物理访问或攻击。这对于电力系统中的关键设备非常重要，因为它们容易成为攻击目标。其次，可信计算涉及软件层面的安全性，包括安全引导过程、安全操作系统和应用程序安全性。这些措施确保计算设备在启动时不受恶意软件的感染，同时保护运行时数据免受未经授权的访问或篡改。最后，可信计算支持数据的完整性和认证。通过使用数字签名和加密技术，可信计算确保数据在传输过程中不会被篡改，并验证数据的来源。这对于电力系统中的数据通信至关重要，因为错误或被篡改的数据可能导致设备故障或安全漏洞。

后量子密码的关键目标是应对未来量子计算机对传统加密技术构成的潜在威胁。量子计算机的算法优势可能使它们能够更快地解决一些复杂数学难题，这些难题构成了传统密码学的基础。因此，传统的非量子密码可能不再足以提供充分的网络安全保护，特别是在电力 ICT 供应链等关键领域。电力 ICT 供应链涉及能源分配、监控、控制和数据交换等关键活动，如果这些信息被未经授权的人访问或篡改，将对电力系统的稳定性和可靠性造成严重威胁，甚至可能引发电力供应中断或安全漏洞。因此，后量子密码的研究旨在确保即使在量子计算机的威胁下，通信和数据传输也能保持机密性和完整性。这为电力 ICT 供应链提供了强有力的网络安全保护，有助于防范潜在的攻击、窃取或破坏行为，维护整个电力系统的稳定性和可靠性，以适应不断演进的技术威胁。

8.3.2 供应链管理

不论从宏观政策角度或是从行业企业角度，电力 ICT 供应链安全管理的未来趋势都是可信，即相关企业与供应链中的供应商建立的可靠、可信任的伙伴关系。这种关系在未来的电力 ICT 供应链管理中至关重要，因为它有助于确保供应链的安全性、可靠性和稳定性。电力公司等核心企业应该客观地辨别电力 ICT 供应链上的各个角色是否可信，需要破除固有的僵化思维，不要因为政治立场、企业竞争或是其他因素来影响自己对供应商的信任程度和产生盲目的敌视和焦虑。

因此，电力公司等核心企业需要进行供应商可信度评估，以确保供应商的可靠性和数据安全,这将成为电力 ICT 供应链管理中极为重要的一部分。笔者对电力公司等核心企业执行的供应商可信度评估内容进行简要总结,具体包括以下五点:

(1)定期评估电力 ICT 供应链中供应商的可信度水平。

(2)和供应商签订明确且可靠的合同和协议。

(3)和供应商之间应建立及时和透明的沟通渠道。

(4)要求供应商遵守相关的安全和合规性标准。

(5)建立供应商监控和评估机制。

总的来说,电力公司等核心企业需要投入时间和资源来管理和维护与供应商之间的关系,以确保电力 ICT 供应链的高度可信性,降低潜在风险。

参考文献

［1］关于加快推进国有企业数字化转型工作的通知［EB/OL］. 国务院国有资产监督管理委员会. 2020. http://www.sasac.gov.cn/n2588020/n2588072/n2591148/n2591150/c15517908/content.html.

［2］国家能源局关于加快推进能源数字化智能化发展的若干意见［EB/OL］. 国家能源局. 2023. http://zfxxgk.nea.gov.cn/2023-03/28/c_1310707122.htm.

［3］国网能源研究院有限公司. 能源数字化转型白皮书（2021）［R］. 2021.

［4］南方电网有限公司. 数字电网推动构建以新能源为主体的新型电力系统白皮书［R］. 2021.

［5］国家电网有限公司. 国外智能电网发展综述［J］. 物联网技术，2012，2：4-8.

［6］发展工业互联网平台推动工业经济数字化转型［J］. 现代制造技术与装备，2019（4）：1-2.

［7］刘贤刚，胡影，卿斯汉，等. 信息安全技术ICT供应链安全风险管理指南［Z］. 2018.

［8］吴江伟. 软件供应链安全及防护工具研究［J］. 中国信息安全，2021（10）：47-50.

［9］贵重，李艳，李云翔，等. 国产操作系统发展及分析［J］. 电信工程技术与标准化，2023，36（6）：76-80.

［10］任立国，郭佳，苏善文. 网上国网APP让电力服务更智能［R］. 中国经济时报，2023.

［11］2023年中国财务软件产业全景分析：市场需求持续增长，头部企业优势明显［EB/OL］. 智研咨询. 2023. https://www.chyxx.com/industry/1147863.html.

［12］何熙巽，张玉清，刘奇旭. 软件供应链安全综述［J］. 信息安全学报，2020，5（1）：57-73.

［13］电力信息化行业深度研究：把握电力信息化三大机遇［EB/OL］. IES-

Plaza 数字能源网. 2022. https://mp.weixin.qq.com/s/Mp-tUF24L8L5QHmzV8855w.

[14] 桌面和服务器操作系统市占率双第一！麒麟软件致力打造世界级操作系统中国品牌[EB/OL]. 中国版权协会. 2023. https://mp.weixin.qq.com/s/x6pPgMuZEHtqWHacfOj5yw.

[15] 2022 年墨天轮数据库大调查报告[EB/OL]. 墨天轮. 2023. https://www.modb.pro/edoc/726.

[16] 2023 年 12 月中国数据库排行榜：人大金仓跻身前五，南大通用、中兴热度再升[EB/OL]. 墨天轮. 2023. https://www.modb.pro/db/1731856399742345216.

[17] 2023 年中国信创产业研究报告重磅发布[EB/OL]. 第一新声. 2023. https://mp.weixin.qq.com/s/wGyi4o2II5pT5H72PNz3uw.

[18] 游勇. 国产工业软件的"软肋"与"铠甲"[EB/OL]. 数智前线. 2023. https://mp.weixin.qq.com/s/RcJ2C_XuKmlzb3YRFIIrNw.

[19]《2021 中国工业软件发展白皮书》正式发布：政策驱动高质量发展，国产替代效应明显[EB/OL]. 阿里云创新中心. 2021. https://mp.weixin.qq.com/s/QSwXj8ISKmuOs_hj0kU_oA.

[20] IDC：数据为核，云化持续——2023 年上半年中国 IT 安全软件市场同比增长 7.8%[EB/OL]. IDC. 2023. https://www.idc.com/getdoc.jsp?containerId=prCHC51321623.

[21] 智芯公司：工业芯片领头羊，再掀感知"芯"高潮[EB/OL]. 感知芯视界. 2022. https://mp.weixin.qq.com/s/5JUCYPzY-gEP4KGzHQLRmg.

[22] 预见 2023：《2023 年中国存储芯片行业全景图谱》[EB/OL]. 前瞻产业研究院. 2023. https://mp.weixin.qq.com/s/HctNssMeOXazeYftNhi3iA.

[23] 我国分布式存储市场现状分析华为、浪潮、新华三和中科曙光为行业巨头[EB/OL]. 观研报告网. 2023. https://www.chinabaogao.com/market/202308/649035.html.

[24] 2023 年全球及中国服务器行业发展现状及趋势，国内市场龙头效应显著[EB/OL]. 华经产业研究院. 2023. https://www.huaon.com/channel/trend/926259.html.

[25] IDC：竞争加剧——2023 年前三季度中国 IT 安全硬件市场规模同比增长 2.5%[EB/OL]. IDC. 2023. https://www.idc.com/getdoc.jsp?containerId=prCHC51498823.

[26] 李敏，徐茹枝，王硕. 面向新型电力系统中恶意软件检测模型的黑盒攻击方法研究[J]. 电力信息与通信技术，2023，21(2)：8-14.

[27] 李若翰. 网络病毒类型分析及网络安全体系构建 [J]. 电子技术与软件工程, 2023 (3): 9-12.

[28] LU Z, WEI W. A survey on the security of the advanced metering infrastructure [J]. IEEE transactions on smart grid, 2015, 6 (5): 2206-2219.

[29] LIU H, NING H, DU W. False data injection attacks against state estimation in electric power grids [J]. ACM transactions on information and system security (TISSEC), 2011, 14 (1): 13.

[30] LIU Y, XIAO H, CHEN J. A survey on the vulnerability and defense of power system against false data injection attacks [J]. IEEE transactions on smart grid, 2014, 5 (2): 1807-1818.

[31] LI W, ZHANG Y, WANG Z, et al. Smart grid data integrity attacks and defense mecha-nisms: A review [J]. IEEE access, 2017, 5: 1031-1049.

[32] ZHOU K, YANG S, CAO Z. Data security and privacy in smart grid: Challenges and opportunities [J]. IEEE transactions on industrial informatics, 2018, 14 (10): 4722-4730.

[33] MCLAUGHLIN S, PODKUIKO D, MCDANIEL P. Security and privacy challenges in the smart grid [J]. IEEE security & privacy magazine, 2011, 9 (5): 62-72.

[34] SMITH J, JONES M. Data security in smart grids: Challenges and solutions [J]. IEEE transactions on smart grid, 2018, 9 (3): 2650-2660.

[35] Department of Energy. Privacy and security in the digital grid: A guide to NIST framework [M]. Government Publishing Office, 2016.

[36] PARLIAMENT E. General data protection regulation (GDPR) [M]. European Union, 2016. (无明确出版地和城市)

[37] JOHNSON L, DAVIS M. User privacy and control in smart grids: A Survey [J]. IEEE transactions on industrial informatics, 2017, 13 (4): 1856-1865.

[38] GREEN E, BROWN D. The impact of GDPR on cross-border data transfers: A case study in the energy sector [J]. International journal of energy sector management, 2020, 14 (2): 123-145.

[39] International Organization for Standardization (ISO). ISO/IEC 27001: 2013 Information technology-Security techniques-information security management systems-requirements [J]. 2013.

[40] SMITH J. Malicious activities in ICT supply chains [J]. Journal of cybersecurity, 2020, 12: 45-60.

[41] JONES M. Supply chain security: Threats and solutions [C] //Proceedings of the Inter-national Conference on Cybersecurity. 2018: 120 – 135.

[42] BROWN A. Physical intrusions in ICT supply chains [J]. Journal of security engineering, 2019, 8: 78 – 92.

[43] WHITE R. Tampering detection in power systems [C] //Proceedings of the International Conference on Security. 2021: 210 – 225.

[44] YELLOW M. Effective supply chain partnerships in power industry [J]. Journal of business collaboration, 2019, 5: 210 – 225.

[45] 王志文, 刘广起, 韩晓晖, 等. 基于机器学习的恶意软件识别研究综述 [J]. 小型微型计算机系统, 2022, 43: 2628 – 2637.

[46] 卢晶, 董凤娜. 电网供应商数据应用与信用风险预警研究 [J]. 现代管理, 2020, 10: 491 – 497.

[47] AUTHOR A. The importance of data classification in cybersecurity [J]. Journal of cybersecurity, 2020.

[48] SECURITY EXPERT S. Data protection strategies: A comprehensive guide [M]. Tech publishing, 2019.

[49] BACKUP RESEARCHER B. Advanced techniques in data backup and recovery [C] // Proceedings of the International Conference on Data Security. 2021.

[50] PRIVACY LAWS TEAM P. Overview of Privacy Laws and Regulations in the Digital Transformation Era [R]. Tech Institute, 2022.

[51] 金倩倩, 张付存. 电力物联网全场景安全态势感知解决方案 [J]. 信息安全与通信保密, 2020.

[52] 国网河南电力全力推进特高压建设发展 [EB/OL]. 北极星输配电网. 2023. https://mp.weixin.qq.com/s/7rejHdjc9Vm3Pk0SnsFPXw.

[53] 优秀案例展播｜国网南平供电公司: 电力企业全场景网络安全防护体系应用 [EB/OL]. 闽电汇. 2023. https://mp.weixin.qq.com/s/pq8nrsNuImpZSj6HKn – iUg.

[54] 仲春林, 杨斌, 刘述波, 等. 电网信息物理安全风险及安全认证算法研究 [J]. 信息技术, 2023 (5): 95 – 100.

[55] Physical attacks on power grid surge to new peak [EB/OL]. POLITICO. 2022. https://www.politico.com/news/2022/12/26/physical-attacks-electrical-grid-peak-00075216.

[56] 李颖. 张家口下花园检察院成功办理盗窃光伏电缆案件为电力企

业挽回损失 4 万元［EB/OL］. 张家口新闻网. 2023. https://mguangfu.bjx.com.cn/mnews/20231127/134 5976.shtml.

［57］杨珂, 王栋, 李达, 等. 虚拟电厂网络安全风险评估指标体系构建及量化计算［J］. 中国电力, 2022（6）: 1 - 12.

［58］苏生平, 刘禹彤. 电力监控系统网络安全架构技术研究［J］. 信息技术, 2023, 47（11）: 179 - 183.

［59］刘林, 祁兵, 李彬, 等. 面向电力物联网新业务的电力通信网需求及发展趋势［J］. 电网技术, 2020, 44（8）: 3114 - 3128.

［60］数字赋能新型电力系统［EB/OL］. 兴业资讯. 2021. http://www.hxceshi.com/xingyezixun/2021/0723/32978.html.

［61］周洪, 要若天, 余昶, 等. 复杂微电网控制中的随机博弈与优化研究［J］. 智能科学与技术学报, 2020, 2（3）: 251 - 260.

［62］国网湖北电力公司绿色岸电助力长江大保护［EB/OL］. 中国电力网. 2022. http://www.ch inapower.com.cn/dww/zhxw/20221019/171309.html.

［63］国网江苏综合能源服务有限公司: 节能降耗举措实园区能效提升快［EB/OL］. 中国电力网. 2021. http://mm.chinapower.com.cn/dww/zhxw/20210812/94357.html.

［64］国家能源局关于印发《电力安全生产"十四五"行动计划》的通知［EB/OL］. 国家能源局. 2021. http://zfxxgk.nea.gov.cn/2021 - 12/08/c _ 1310442211.htm.

［65］国家能源局关于印发《电力行业网络安全管理办法》的通知［EB/OL］. 国家能源局. 2022. https://www.gov.cn/zhengce/zhengceku/2022 - 12/14/content_ 5731893.htm.

［66］范士雄, 刘幸蔚, 於益军, 等. 基于多源数据和模型融合的超短期母线负荷预测方法［J］. 电网技术, 2021, 45（1）: 243 - 250.

［67］SWAN M. Blockchain: Blueprint for a new economy［M］. O'Reilly Media, Inc., 2015.

［68］李晓坤, 邵娜, 刘清源, 等. 基于 BlockChain 的电子公文交换加密方法研究［J］. 电测与仪表, 2019, 56（12）: 37 - 43.

［69］刘敦楠, 唐天琦, 杨建华, 等. 面向能源互联网的微平衡调度交易设计［J］. 电力系统自动化, 2017, 41（10）: 9.

［70］谢开, 张显, 张圣楠, 等. 区块链技术在电力交易中的应用与展望［J］. 电力系统自动化, 2020, 44（19）: 10.

[71] 陈思捷,王浩然,严正,等. 区块链价值思辨: 应用方向与边界[J]. 中国电机工程学报, 2020, 40 (7): 10.

[72] 戚文静,张素,于承新,等. 几种身份认证技术的比较及其发展方向[J]. 山东建筑工程学院学报, 2004, 19 (2): 4.

[73] 张引兵,刘楠楠,张力. 身份认证技术综述[J]. 电脑知识与技术: 学术版, 2011 (3X): 3.

[74] 何永远,庞进. 区块链技术在电力行业的应用展望[J]. 电力信息与通信技术, 2018, 16 (3): 4.

[75] 张丽,赵洋. 身份认证技术的研究与安全性分析[J]. 计算机与现代化, 2007 (5): 3.

[76] 斯雪明,徐蜜雪,苑超. 区块链安全研究综述[J]. 密码学报, 2018: 458-569.

[77] 派盾. 2019年度数字资产反洗钱 (AML) 研究报告[R]. 2020.

[78] BERNDT S, LIŚKIEWICZ M. Algorithm substitution attacks from a steganographic perspective [C] //Proceedings of the 2017 ACM SIGSAC Conference on Computer and Communications Security. 2017: 1649-1660.

[79] HEILMAN E, KENDLER A, ZOHAR A, et al. Eclipse attacks on {Bitcoin's} {peer-to-peer} network [C] //24th USENIX security symposium (USENIX security 15). 2015: 129-144.

[80] BUDISH E. The economic limits of bitcoin and the blockchain [R]. National bureau of economic research, 2018.

[81] RODLER M, LI W, KARAME G O, et al. Sereum: Protecting existing smart contracts against re-entrancy attacks [J]. arXiv preprint arXiv: 1812.05934, 2018.

[82] ORDA A, ROTTENSTREICH O. Enforcing fairness in blockchain transaction ordering [J]. Peer-to-peer networking and applications, 2021, 14 (6): 3660-3673.

[83] DE SANTIS A, MICALI S, PERSIANO G. Non-interactive zero-knowledge proof systems [C] //Advances in Cryptology—CRYPTO'87: Proceedings 7. 1988: 52-72.

[84] SCHWENNESEN B, BRAY H. Elliptic curve cryptography and government backdoors [Z]. 2016.

[85] 陈昊,闫龙川,陈新鹏,等. 虚拟现实技术及其在电力行业的应用[J]. 电力信息与通信技术, 2017, 15 (5): 16-21.

[86] SUTHERLAND I E, et al. The ultimate display [C] //Proceedings of the IFIP Congress: vol. 2: 506-508. 1965: 506-508.

[87] 赵沁平,周彬,李甲,等. 虚拟现实技术研究进展 [J]. 科技导报, 2016, 34 (14): 71-75.

[88] 周博文,奚超,李广地,等. 元宇宙在电力系统中的应用 [J]. 发电技术, 2022, 43 (1): 1.

[89] 虚拟现实 (VR) 和增强现实 (AR) 技术 10 个法律风险及应对措施 [EB/OL]. 重庆大律师. 2023. https://www.sohu.com/a/680254198_120685946.

[90] ARMBRUST M, FOX A, GRIFFITH R, et al. A view of cloud computing [J]. Communications of the ACM, 2010, 53 (4): 50-58.

[91] SHI W, CAO J, ZHANG Q, et al. Edge computing: Vision and challenges [J]. IEEE internet of things journal, 2016, 3 (5): 637-646.

[92] 李维安,李勇建,石丹. 供应链治理理论研究:概念、内涵与规范性分析框架 [J]. 南开管理评论, 2016, 19 (1): 4-15, 42.

[93] 周劼英,张晓,邵立嵩,等. 新型电力系统网络安全防护挑战与展望 [J]. 电力系统自动化, 2023, 47 (8): 15-24.

[94] UPS 设备曝 3 个高危零日漏洞,可远程操纵设备执行任意代码 [EB/OL]. 极牛网. 2022. https://geeknb.com/18484.html.

[95] 新一代 ICT 及网络安全技术发展趋势 [EB/OL]. 国家电网. 2023. https://mp.weixin.qq.com/s/DbF4XHA2Ng1l7tC2CRdSXg.